马克思主义稀有文献《译书汇编》

第一册

张远航 主编

中央编译出版社
CCTP Central Compilation & Translation Press

图书在版编目（CIP）数据

马克思主义稀有文献．译书汇编 / 张远航主编．--
北京 ：中央编译出版社，2025.2
ISBN 978-7-5117-4710-5

Ⅰ．①马… Ⅱ．①张… Ⅲ．①辛亥革命—史料 Ⅳ．
①K257.06

中国国家版本馆CIP数据核字（2024）第058969号

马克思主义稀有文献：《译书汇编》

选题策划	张远航
责任编辑	郑菲菲
责任印制	李　颖
出版发行	中央编译出版社
地　　址	北京市海淀区北四环西路 69 号（100080）
电　　话	（010）55627391（总编室）　（010）55627392（编辑室） （010）55627320（发行部）　（010）55627377（新技术部）
经　　销	全国新华书店
印　　刷	廊坊市印艺阁数字科技有限公司
开　　本	710 毫米 ×1000 毫米　1/16
字　　数	1396 千字
印　　张	203
版　　次	2025 年 2 月第 1 版
印　　次	2025 年 2 月第 1 次印刷
定　　价	2800.00 元（全 6 册）

新浪微博：@ 中央编译出版社　　　**微　　信：**中央编译出版社（ID：cctphome）
淘宝店铺：中央编译出版社直销店（http://shop108367160.taobao.com）（010）55627331

前言

《譯書匯編》是中國留學生于一九〇〇年十二月六日在日本東京創辦的刊物。該刊物爲月刊，一九〇〇年末至一九〇一年，出版了九期，一九〇二年，出版了十二期。一九〇三年四月，改名爲《政法學報》，又出版了八期。

《譯書匯編》以譯載十八、十九世紀歐美和日本資産階級的社會政治學説爲主。開始不分欄，從一九〇二年第九期（一九〇二年十二月）起，改變體例，着重于『取他人之思想，而以吾之思想融會貫通之，……以同人數年之研究心得，借本編以發表之』。除了篇首刊登的幾則圖片，另設有政治通論、政治、法律、經濟、歷史、哲學、雜纂（《政治片片録》《覺醒録》）、附録（《留學界》）等欄。内容多爲抨擊清朝政府的時弊，宣傳西方資産階級民主思想，要求學習歐美、日本，實行改革，以救中國于將危將亡。

《譯書匯編》每期印刷超千份，這在當時留日學生僅百十人的情況下是不少的數字。由于在八國聯軍侵華戰争中戰敗，清政府迫于國内外形勢，表面上表示要實行新政，所以這本介紹新學、主張改革的學生雜志在國内銷量大增，還得到清政府某些地方官員的資助。

在《譯書匯編》的編輯和發行人看來，唯有取法泰西，仿行日本，中國才能從亡國滅種的危機中解脱出來。因此，他們翻譯和編譯了歐美、日本許多名人的著述。因而，《譯書匯編》成爲最早的系統地介紹西方資産階級政治學説的刊物，在當時介紹和傳播新學的思想啓蒙運動中起了重要作用。所有這些，對我們了解世界大勢，學習新的思想，探究西方所謂文明國家興盛的原因，認清弱肉强食的帝國主義掠奪本性，從而奮起改變中國落後挨打的狀況，無疑是有積極意義的。

《譯書匯編》改變體例後，除了繼續介紹西方資産階級政治學説，還發表了不少研究文章，闡述了他們對西方資産階級民主思想「融會貫通」的觀點，有着强烈的愛國主義精神和民主主義色彩。這是它的一個重大進步。此時，《譯書匯編》發表的文章，大多刊登在「政治通論」「政治」「雜纂」等欄。改名爲《政法學報》後，它的啓蒙宣傳并非僅僅局限在政法知識，還有哲學、生物學、物理學、倫理學等很多方面。《政法學報》在附録中還報道了中國留日學生的一些活動，這對于研究二十世紀初中國留日學生的活動，提供了頗爲重要的材料。

《譯書匯編》是早期傳播馬克思主義的重要刊物。一九〇一年《譯書匯編》第一卷第一、二、六、八期發表《近世政治史》一文，文中多次提及馬克思的名字及其領導的社會黨在德國議會取得席位的情况：「麥克司與拉沙來均以一千八百四十八年來倡自由之説，而兩黨之勢以熾。然而主義各不相同。」這裏的「麥克司」即馬克思，「拉沙來」即拉薩爾。文中還介紹了馬克思在科隆創辦《新萊茵報》，「麥克司始在可倫開設報館，倡均貧富之説，後爲政府所不容，竄與倫敦」。還談到了馬克思領導創立第一國際的情况，「一千八百六十六年，開總會于賽涅維，議定總會規約，麥克司自爲參事會長，總理全會』。此外，《譯書匯編》一九〇三年二月十五日第十一期，發表了馬君武的《社會主義與進化論比較》一文，首次刊出馬克思及其相關著作的英文譯名，文章指出社會主義發源于法國人聖西門、傅立葉，并由路易·勃朗、蒲魯東進一步發展，而在拉薩爾、馬克思時期達到鼎盛。

總之，《譯書匯編》及其續編《政法學報》的創辦、編譯、廣泛傳播，體現了中國早期留日學生的憂國意識和樸素的人民情懷，反映出他們奮發向上的求索精神。此次系統性地整理早期傳播馬克思主義、社會主義的原始書刊，旨在提供珍貴的原始文獻，進一步推動學者關于二十世紀早期馬克思主義在中國傳播的研究。如有不當之處，敬請批評指正。

目録

譯書彙編

一九〇〇年第一卷第一期

（明治三十四年一月二十八日第三種郵便物認可）

（每月一次定期陰曆十五日發行）

光緒二十六年十月十五日發行

明治三十三年十二月六日

譯書彙編

再版

第一期

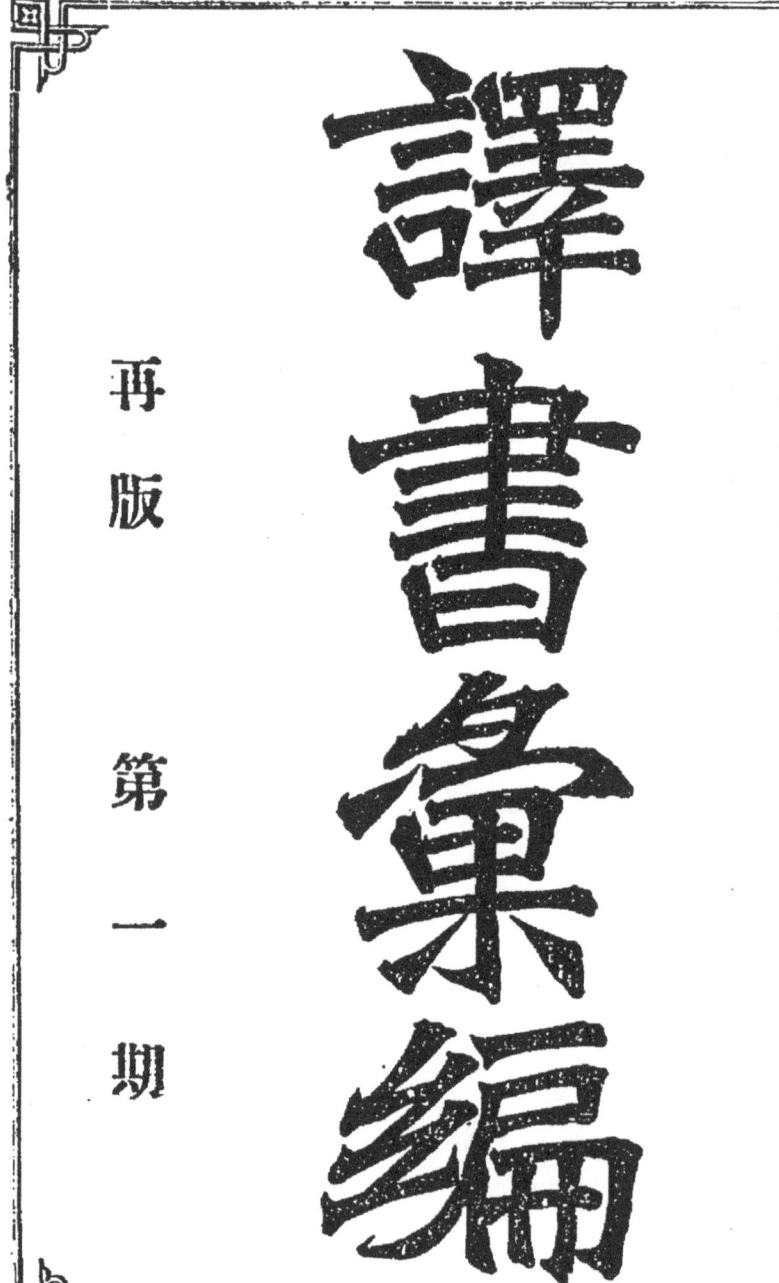

譯書彙編第一期

目錄

簡要章程

一是編所刊以政治一門爲主如政治法律理財歷史哲學各門每期所出或四類或五類間附雜錄

一政治諸書乃東西各邦强國之本原故本編首先刊行此類至兵農工商各專門之書亦有譯出者以後當陸續擇要刊行

一是編之外尚須刊刻譯成全部之書目錄均附於後

一是編由同人捐貲創辦尚祈同志之士慨與資助當酌量贈書以酬高誼

定價

一月一冊洋兩角　半年六冊洋壹元壹角

全年十二冊洋兩元　內地酌加郵費

購閱畧則

一定閱本編可函向譯書彙編發行所掛號每期當按址寄送外埠可就近向各代派處購取

一價銀必須先付掛號後若不付銀及已送滿所付之價均一律停止不送外埠同

一定閱本編以半年起碼概不零售

一代派照定價提二成作爲酬勞

本編告白

本編第一期所載社會行政法現因譯者中止故此次再版不再登錄又政治學提綱因原稿稍有改竄已併入第七期內刻出故亦抽去以免贅疣

民約論

盧騷小傳

盧騷名戎雅屈。匠人某之子也。一千七百十二年六月二十八日。生於瑞西日內瓦府。家貧窶。幼失母。天資穎敏。不屑事家人生業。而好讀稗官野乘。久之自悟句讀。遂涉獵於發朱惡募理英爾諸大家。及執弟子禮於鄉校師良邊西之門。得讀普魯達爾之書。慨然自奮曰。英雄豪傑。非異人任矣。自是刻苦砥礪。日夜孜孜。惟恐不足。嶄然有睥睨千古之概。成童時。其父以故去日內瓦府。屬盧騷於備書某。而盧騷意不自適。因從彫刻師某業焉。無何。又去某氏。漫遊四方。一千七百二十八年。入法國安西府。寄食瓦列寡婦某氏。氏憫其年少氣銳。常爲貧窘。又欲變化其狷介之氣質。恩遇周摯。若家人父子也。遂勸其遵奉耶蘇舊教。又命入意大利株林府教育院。既又出教育院。爲音律師。出入侯門。僅免凍餒。後益困。常執僕隷之役。卑賤屈辱。不能一日安其心。乃復投瓦列寡婦。婦善視之如初。及婦沒。赴里昂府。主大判事嗎當剌家。教授其子弟。一千七百四十一年。著音律書。於巴黎。爲伶人所沮。書不得行。當盧騷之在巴黎也。與牧師及諸名

二

流鄉老相往来。奢侈浮靡。頗爲都俗所眩。於是自請爲法國公使孟傾義侯記室。隨往意大利威內斯府。而傲慢自喜之心不少悛。侯數規之不聽。怒逐之。乃歸巴黎。一千七百四十八年。徵稅官猶磐招爲記室。一千七百四十九年。窮乏益酷。恒終日不得一炊。遂矯正其所著書。務求合俗。出而售之。僅獲旦夕之餉焉。一千七百五十年。埃戎大學校徵文天下。論工藝學術有益世教與否。盧騷方偕其友步遊街市。得大學校徵文之報。其友曰。子孰取焉。曰。吾將論其益。友曰。不然。與其論其益。何如論其害。以博名利於當事者之爲得也。盧騷沈吟久之。撫掌躍然曰。有是哉。謹聞命矣。後文出。果得優等。名噪一時。而盧騷不自足。日繕樂譜。爲衣食計。一千七百五十二年。著一書。顏曰度宛德蘭。專述己見。痛斥法國音律之弊。於是怨讟紛起。幾無容身之地。一千七百五十三年。埃戎大學校。又徵文於天下。盧騷乃著人類不等論。一時膾炙人口。靡然從風。兒童走卒。無不稱道之者。自是肆力於政治之學。而往往與學士宿儒不合。排之者衆。羣將摭拾其失。以起疑獄。大懼。避至日內瓦府。又奉耶蘇新教。欲爲共和國人民。瑞人阻之。不退意。而還巴黎。惠比倭夫人。賚以金帛。因著音樂辭書等數種。又著教育論。言天道之眞理造化之妙用。以排斥耶蘇教之豫言奇蹟者。巴黎議會。命燬議會。且將拘而置諸重典。乃奔瑞西。與其國人爭論不合。復還巴黎。會法政府命吏物色盧騷。搜捕甚亟。乃閉戸不敢外出。時或微服而行云。一千七百六十六年。應菲迷氏聘。赴英倫敦。與僚友有隙。又還法國。自變姓名。潛居諸洲郡。而屢與人齟齬。不能久居於一處。一千七百七十年五月。卒歸巴黎。自謂天下之人皆仇視我也。怏怏不樂。遂發狂疾。仁刺達伯惜其有志不遂。爲與田宅數畝。隱居自養。一千七百七十一年。著波蘭政體考。至一千七百七十八年業成。此書鴻富奧博。而於民約之旨。尤反覆三致意焉。是年三月。暴卒於英兒佘維。或云病斃。或云遭仇人之毒。官吏檢視。則自殺也。盧騷性銳達。少有大志。然好爲過激詭異之論。雖屢爲世人所挫折。而其志益堅。晚年自憤世人不已容。遂至發狂自戕。於戲。不其悲夫。當盧騷之身。前後數十年間。未聞有一語褒及之者。而與日革命之功。實以盧騷之自由論爲之發軔也。一千七百九十四年。改葬遺骸於巴黎之招魂社。又刻石肖像於日內瓦府。後數年。巴黎人購大理石。刻半身像於武良街。至今人稱謂戎雅屈盧騷街。縉紳大夫過其街者。必式禮焉。

第一編

盧騷著

正道公益。經綸天下。不可偏廢。以之立法。則得其當。而衆人亦因之以安。吾輩推究世之所謂光明正大之國政者。無他端在保全衆人各自之權利。及衆人一體之利益而已。客有問於余曰。子非帝王。又無立法之職。而徒事著書。論國政。議立法。寧無越俎之嫌乎。余因曉之曰。余非帝王。又無立法之職。固也。唯其非帝非王。又無立法之職。所以著書而論國政。操筆而議立法。使余爲帝爲王。而有立法之職。則余所欲者行之。余所否者革之。亦何必託之楮墨。而徒費時日也哉。夫余生於自由之國。即爲一國人民之一。豈無參預政事之權利乎。即不能參預政事。而深察國政。推闡新理。亦政治家不可不盡之義務矣。茲姑就余所見。輯成一書。其於國家適用與否。余固未暇計及。而要余志則唯有利於國家是求。如有採余說者。未始非一世之幸焉。

第一章　要旨

六

人生天地之間。於事物之輕重。行爲之取捨。皆不必假手他人。一唯我之所欲爲。此所謂自由權也。然人或不能保有此權。每至事物行爲不能任我自由。而爲他人所牽制。即如卑給於君長之人。其事物行爲。較之常人已多束縛。何也。所謂自由權者。皆有不羈獨立之性。一旦爲人干涉。則大而生死榮辱。小而起居食息。俱不得少參。已見桎梏之苦。無甚此者。而人或有習不爲怪者。竊爲余所不解也。

或曰國家成立之初。強者奮起。恃其威力。以脅弱者。當此之時。弱者自由之權。爲強者所奪。亦常道也。果如此言。則弱爲強制。出於不得已耳。苟一旦脫其鉗制。不得不謂之盛業也。明矣。蓋彼奪我之權。僅恃威力。我亦以威力復我之權。尚何可議之有。然則所謂國家者。不過殺伐之場已耳。強者吞弱。弱者吞強。干戈相尋。終無寧日。於此而欲成立國家之基。烏可得哉。夫國家也者。集衆人而爲之。相守相望。各人權利。不相輕侮。而後國家之基。於以成立。蓋國家之基。非由天然。而繫人爲之契約也。

第二章　社會之原起

人之相聚而成社會也。無如家族社會爲最古。余觀父子之間。慈愛之心。油然而生。亦僅於子尚幼穉。一切不能自爲之時已耳。迨其子漸長。自知生存之道。而後父子之間羈紲既絕。其父不得牽制其子。其子亦不必從屬其父。各歸自立之途而止。然於此時也。凡事物行爲。子猶與父諮商而後處置。則由父子之私情而非出於天然者也。執是言之。則雖曰父子。亦有契約存乎其間矣。夫人之各歸自立。不受羈束。亦本性然也。何獨於父子而不然乎。要之人之生也。以能自知生存之道。爲第一要義。蓋自能知之。則不受他人干涉。而隨在可以自給。然後事物之輕重。行爲之取捨。胥不仰給於人。一聽己之所欲。爲所謂自主自由之權。皆我固有者也。

人不云乎。家族社會。寔爲人民國家之原起。君猶其父。民猶其子。而有生之初。君民皆有自主自由之權。非利於已。各執所守而不變。故君守於上。民守於下。而國家於以成立也。此論似是。實有大謬不然者。夫國之與家。其趣不同。父子之間。慈愛出於天然。雖偶有一時不合。而互相徐順。終有償其失之一日。君則異是。始也不愛其民。已居於上。民羈於下。作威作福。妄自尊大。而獨自解曰。民猶子也。是亦悖理之甚者也。非特無益於民。直謂之虐民而已矣。

荷蘭學某士之說曰。人生行爲取捨之權。非民所有。一任官之所爲。且引希臘羅馬畜養奴

隸之事爲証。余究其要旨所在。不過助君爲虐而已。何也。希臘羅馬之制。定往古之暴政 八
也。

天下生靈億兆。而號稱帝王者。僅僅數十百人。將以億兆屬之數十百乎。抑以數十百屬之億兆乎。讀遍荷蘭學士之書。則直以億兆屬之數十百耳。英學士某亦襲其覆轍。要之彼等所論議。不過視人民爲牛羊。帝王爲牧人。帝王之保護人民。猶牧人之芻養牛羊而已。羅馬帝某及其學士某之說曰。君主之貴於人民。猶牧人之貴於牛羊。故君主爲神爲聖人民則爲禽爲獸。以神聖而制禽獸。亦天然不易之理也。

羅馬帝某及荷英學士之說。其旨皆同。蓋彼等所習聞之說。奉爲圭臬者。希臘人挨立司他脫爾之說也。挨氏言之曰。人之天性。至不平等。有賦有天者爲奴隸之性。有賦於天者爲君主之性。

挨氏之言。人或謂近理。實則不揣其本而齊其末之說也。夫生於奴隸之中。自不能無奴隸之態。當其始生之時。即束縛之驅馭之。以沒其天性。迨其長也。遂安於闒茸。而以賤業爲快。如希臘淫蕩之流。縱欲敗度。藉以自豪。絕無羞惡之心。習慣成自然。而後奴隸之心。竟若天縱之矣。蓋始則威之虐之。使其俯首聽命而不敢逆。已終則昏之愚之。使其雖欲自奮而無

所適從。於是逞臆爲譚者。僉謂奴隸之性。賦之於天。嗚呼。天果有以奴隸之性賦於人哉。

太古邈矣。不必遠論。草昧初闢。生靈悉罹洪水之厄。其免於難者。不過諾愛一人。後以世界之地析之爲三。而以其三子分主各地。其三子者。即亞細亞。阿非利加。及歐羅巴。各人種之始祖也。夫三人既爲人類之始祖。而其子孫蔓延至於今日。則雖至賤如余。亦其苗裔無疑也。若余審其譜系。則余或爲其嫡派。當享有王天下之權利。要未可知。而人亦不能非余者也。然此亦笑譚而已。使余縱有王天下之權利。將誰以余爲天下之王哉。且當諾愛稱王於天下之時。天下僅有諾愛一人。欲王則王。無牽制我者。如落平生之王無人島。亦其例也。神史謂落平生嘗航海。忽遇颶風。流至一島。極目荒凉。不見人跡。是與諾愛之世無異也。夫天下無人。則爭競不作。禍亂不起。政治法律。俱無所用。獨我一人安居其位。余亦安用此天下。而以不經之說。駭人耳目也哉。然當此之時。君之者我。民之者我。以一人而兼君民之役。豈即以一人而備神聖禽獸之貴賤乎。抑其性之賦於天者。具有君主奴隸之二性乎。余益見囂囂之說之不可通也。

第三章　强者之權

天下之强有力者必變其力爲權利否則不足以使衆天下之弱者必易其從順爲義務否則不可以事人故權利之所歸即强弱之攸分權在我則我强彼弱權移彼則彼强我弱强者制弱弱者服强執其權以制人裕如也而此權利世人每陽斥之而陰實用之余嘗求其故而不得夫所謂强有力者非由淫威而然乎曷謂之權利也其從順於强有力者或由顧慮切已之利害而出於不得不然又曷謂之義務也

强者之力非眞權也虛名而已凡人之以力服人者不顧理義之如何一旦我有力則即以制人設又有力甚於我而欲制我者我即爲其所制若是則成一爭競之天下日夜不足皆唯强力之是求我欲制人人欲制我將囂然不可終日矣且夫制也者非中心悅而誠服之力不足也是以出於不得已而爲人所制則其有力即欲制人也可操券俟之故曰强者之力非眞權虛名而已

教士輒曰從順强者此言也爲彼此情之所好而設則可若爲力不足不得得不然則不可蓋使弱者之從順强者不啻慫强者以暴力而使之虐人也教士又言曰人有權利受之於天弱者之從順强者亦勢爲之也此言也亦背理之甚者矣苟云受之於天則疾病流行亦

天所爲。人之療治疾病、延醫服藥、不得不謂之逆天矣。又使余忽遇匪徒、手持器械。余力不敵。遂以一身所有者與之。是彼匪徒之力。亦由天授。余欲保持所有。防範匪徒。則亦不得不謂之逆天矣。天下寧有是理哉。夫匪徒之力。在有器械以懼人。而所以懼人者。利人之弱而欲飽其私壑也。何得妄託受於天者之說哉。

是以強力不得爲權利。從順不得爲義務。雖在帝王。苟非光明正大之權利。猶不能從順。矧其他乎。余得而斷之曰。天下權利。非由強力。而由於契約也。

第四章　奴隸

人皆平等。無貴賤上下之別。既無從屬他人之責。又無制馭他人之權利。然芸芸之衆。不能無一人以統治之。而統治之者。既無藉乎強力。則不外由於治人者與治於人者之契約而已。

或曰。人有以一己權利。讓他諸人。而凡事悉聽他人之命者矣。若是則一國之民。讓其權利與君。而委身事之。一唯君命是聽。亦何不可之有。甚矣。其說之不可通也。夫讓也者。舉我所有。轉與他人之義。如奴隸輩。一己生計。不能自營。遂以身事人。不過爲衣食計耳。若夫民則

二三

固未嘗仰衣食於君。而君則實仰衣食於民者。何得視民爲奴隸也哉。或又曰。爲人君者。貨財不可不多。是何言也。夫民既舉身事君。而又欲悉歛其財。以饜私欲。則民將何以存其身也。

或曰。專斷之君。每使一國人民。得蒙安寧之福。是或有之。然使其君擅欲立功絕域。侵掠鄰封。銷耗府庫。殺戮將士。於民果何所益哉。又或苛歛人民。供其淫侈。將終致一國人民。流離顚沛。無所控告。其禍尤甚於兵燹。豈得謂蒙安寧之福哉。夫人心所好。莫踰安寧。然欲偸旦夕之安寧。而不恤其他。則雖在縲絏中。猶安寧也。往古希臘人。每謂陷於深山巨窟中。當其未飽狼虎之時。即爲安寧。或者之說。得毋類是。余不知人果樂有此安寧乎哉。

由是觀之。民之事君。不如奴隸之事人也明矣。夫得人價而與人以値。交易之道然也。若不得人價。而即舉身事人。天下之大愚也。直謂之妄人而已矣。至一國之人。不得其價於君。而舉一國之人。爲君之奴隸。則一國皆妄人也。有是理乎。且既曰妄人。則其言必不足徵。而其事又烏足責哉。

若夫人人竟舉其身以事人。而其子孫必不能與其祖若父同舉其身以事人。蓋其子孫亦

（未完）　七八

猶是人而賦自由權於天者也。而若父既甘爲奴隸而不悔。又欲强其子孫。聯袂而奴隸也。則欲直以奴隸世其家而百年無以自拔矣。換說天理豈得謂平。人民之於政也府亦然。順政府者因聽其自由。逆政府者亦任其自由。庶與專斷之政府不可同日語也。人之暴棄自由權者。即暴棄天與之明德而自外生成也。夫是之謂自暴自棄。人而至於自暴自暴。亦復何責。但既暴棄自由之後。其弊所至。當有不可勝言者。夫有自由者爲人。人而暴棄自由。則雖其具官骸。非我所有。動與心悖。行與事違。日爲善而不得爲善人。日爲惡而不得爲惡人。是與禽獸無異也。不寧唯是。契約之成立。奴隸不與焉。蓋契約云者。相互之辭。既爲奴隸。則不得仰首伸眉論列是非。唯供人驅策而已。蓋主人之於奴隸。雖逞其威福。嚴其壓制。而奴隸之屈服卑辱。猶終歲不得少息。且也終歲勞苦之奴隸。曾無絲粟之報。所得利益。主人之利益。非奴隸所得而過問。嗚呼。圓顱方趾。自顧不殊恒人。徒以暴棄自由之故。致終身不齒於人類。是亦大可哀矣。

哥魯智斯及其他學者。每謂奴隸之生。由於戰爭。其言曰。戰勝之國。虜掠數人。以其軍之既敗也。就虜之人。亦謂與其死於疆埸。寧舍自由而生。遂悉舉一己固有之權利。歸於主人。以全其餘生。於是主人人壓制。無所不至。蓋由彼之一生。以自由所易而得。雖苦壓制。而不能與主人相抗。是即奴隸之所以生也。執是說也。所謂主人者壓制使役。但求利己。奴隸者竭力奉事主人。以求保其餘生。是彼此所共利而合於契約之旨者也。然戰爭之國。肆意虜掠非理之公。今請明之如左。

太古之世。邦國未立。人人無不可爲之事。亦無不可不爲之責。或合或離。一任已之所欲。當此之時。旣無所謂和親。又無所謂戰爭。可知戰爭云者。非人固有之性也。迨後世立國結黨。便交際。通往來。於此而有阻我所爲者。不得已征伐他國。芟滅異黨。戰爭之風。於以啓。若是則於無國可立。無黨可結之世。與夫交際不通之地。俱無戰爭者矣。至人與人爭。則曰私鬬。不得謂之戰爭。凡有國者不特私鬬之禁綦嚴。即戰爭之事。亦不得不爲之制限也。

私鬬之始。雖萬殊不同。抉其原之所在。要不外乘一時之血氣。以抉其積忿而已。法王路易第九之時。許民私鬬。而使牧師操和事之權。實爲一國之弊政。而悖理之甚者也。

戰爭之始。由於國與國之公敵。而非由於人與人之私鬬也。釁端旣啓。不得不藉國人以捍禦外侮。於是以披堅執銳者爲兵爲卒。蓋所以示別常人而已。若是則當戰爭之時。仇視一國則可。仇視一人則不可。夫一人與一國固非同類者也。是說也。歷世不變者也。夫命將出師。征伐他國。必預以宣戰之書。播告遐邇。非預告他國政府。使得爲備之說也。蓋預告他國人民。使無辜者得以避禍。他徙不致臨時倉卒。妄遭荼毒也。播告之後。凡一國人民。除披堅執銳者外。舉其身命財產。悉措諸無虞之地。夫亦行我心之所安而示不與一人爲敵之至意也。若乘人不備。卒然襲之。肆行屠戮。則直豺虎之不若。豈國與國戰爭之所爲哉。秉義之君。伐人之國。入人之境。遇財產之爲官府所有者。取充軍實。其爲人民一己所有者。秋毫不得以力取。是重視人民一己之權利。即不敢侵人一己之自由也。且充戰爭者之量。不過欲墟人之國。子人之民。擴我版圖而止。豈唯戕賊人民之爲哉。故凡敵國之人。以械拒我。不得已而殺之。猶之可也。至捨其器械。束手就縛之時。則既不爲我敵。其所有器械。亦非敵我之器械。於此而猶悍然不顧。日唯嗜殺以爲快。余有以知其必無人心者也。設於戰爭之時。所如風靡。一舉而平其都城。再舉而覆其政府。凡府庫倉廩子女玉帛。舊日之爲敵國所有者。一旦爲我所有。則善守之。寶藏之。唯恐不至。其亦思人民亦我人民也。何忍以捕虜視之。哥魯智斯輩蓋亦返其本矣。

其以余說爲不然者雖百計羅織而無如中外古今斷無一爲人主擅作威福一爲奴隸歷徧艱辛之理即以契約而論亦豈有一人唯利是圖終身享之而不盡一人唯害是甘從此一蹶而不振者哉奴隸之說雖爲戰爭時相利之約然以一國之公敵而集矢於一人之身則不知國之與人其類本不相同固與理論相背馳要之天無私覆地無私載人無不平等者此理如日月經天江湖行地亘古不可磨滅聖人復起不易吾言矣

第五章　論契約爲立國之基

世人猶有以余說爲不然今請証以事實則排余者無所容其喙而即以明余說之非謬使天下後世不得引爲口實也夫依威福以馭人與執法以治國其得失利害相去奚啻霄壤今有一人也恃强制人受其制者雖累千萬亦不過以一主人而馭衆奴隸而已不得謂君其馭民也集其奴隸稱爲部落不得謂之邦國也又何政治之可施法律之可定貨財之可殖也哉蓋彼既恃威力以制人則所得利益悉歸一己曾不願以餘瀝溉人夫臨人而挾私利其分崩離析可翹足俟之譬諸怪松古柏雖蒼翠蓊鬱蔽日干霄一旦焚以烈火則灰燼且歸烏有復何枝幹之可識樹猶如此矧以獨夫而踞民上其又足恃乎哉

哥魯智斯曰。一國人民。不妨委其身於帝王。由是說也。一國人民。尙未委身於帝王之前。其民固亦有國也。亦既有國。則必有一國之制度。當創立制度之時。必取決於衆議、孰者爲是。孰者爲否。而後擇其數之衆者行之。此即基於契約之說也。故未有帝王以前。先由人民締結契約。集合人民。此立國之始基也。

設未有帝王以前。而人民不知締結契約。則安得有選舉帝王之事。當衆人相集之時。公舉一人。爲帝王。衆意僉同則可。苟百人中有十人之意不自適。則百人者亦何得以數之多寡。强人以必同哉。凡相集決事。固取決於數之衆寡爲最公。然此非相約於先不可。要之未有帝王以前無人民之契約則既無昔日之帝王又無今日之國家將長此獉獉狉狉至不可紀極之年代猶然洪荒初闢之日也契約一日不結則國家一日不立故曰立國之基始於契約也。

第六章　民約

邃古以來。天災人禍。流行不息。羣天下之人。厄於暴君汚吏者。數千百歲。夫天地生物。固無高卑之可別。歷古既久。遂大悖其初心。并一人固有之權利。亦屈而不伸。是必有阻我之物在也。於此阻我之物去之不竭其源拔之不絕其本則不特不能復我固有之權利人類亦幾於絕滅爲今之計世人所孜孜不可少緩之急務唯在變革事勢復我曩昔所失之權利爲世界之完人而已

人欲復我固有之權利。不得不盡去阻我之物。然一人之力有限以有限之力而當無窮不阻我之物是猶蚍蜉而撼大樹事之不濟無待蓍龜矣必也人人能其竭盡之力集合一氣分而不散誓盡去之而後已前者方仆後者踵至所謂衆志成城必有償我所欲之一日語曰。匹夫不可奪志也況芸芸者如此其衆乎舍是道也。有甘世爲奴隸供人驅策則已。其謂猶有他說可去阻我之物者。非余所敢知矣。

或謂人之生也。以能自保生存爲第一要義。今舉有限之力。爲國而竭。則無論無以謀一已之生。抑亦逆天行事。懼釀他變也。是說也請以余說明之。

人人竭其能盡之力。合而爲一。以去阻我之物夫亦以我一已之力去我一已之害也國也者人人之國即一已之國也一已之力不足去人人去國之害遂以人人之力共去人人之國之害其事半功倍實天下之至便且事半功陪之說即爲成立國家之始基而民約之

本源也。

民約之本源如是。不可得而易。可易者即為民約之虛名。而其効遂失。蓋民約也者。欲視而無形可見。欲聞而無聲可聽。欲言而無辭可設。先天地而始。後天地而終。為人所萬不可缺者。若有人也。欲得民約而破裂之。則將上無以立國。下無以為家。利害損益。俱任一己之私。是太古獉狉之風。復見於今日也。

雖然。民約之條目。棼繁其極。不可得而知。請以一言蔽之曰。各人舉其身體權利。投之於國。以成鞏固無弊之國家是也。且各人所投之權利。悉歸平等。無強弱多寡之分。既歸平等。則無相侵之患。而舉國之人。長蒙太平之福於無窮矣。

且夫一國。獨合社也。（集貲設立發同公司）一國之人。猶社員也。（猶云股東也）在社之員。各斂財產。納諸會社。而後可以孑然獨立。無匱乏之虞。譬諸置一器焉。以一人為之。則雖大有力者。猶懼不給。集十人為之。則雖中人之家。已裕如矣。此為天下至庸之理。孩提以上。無不知之者。然既集衆而為。忽有一人也。欲以衆人之權利。攫而納之私囊之中。則同社之人。群將起與為難。於此時也。必公選一人。俾長社事。凡社中是非。悉取決於社長。而後是者直之。非者曲之。一人之

私見不得逞即衆人之利益可以全否則各爲己謀棄蔑公理馴至儒者率爲魚肉而黠者肆其貪婪是雖存會社之名而與會社之實巳大相逕庭矣

不寧唯是。在社之員。非特斂其財產納諸會社之中。必且歛其財產納諸同社諸員之手蓋唯如是而後互相維繫不計私利得一益也同社享之遇一害也同社分之天下而有如是之會社則其業必盛其利必鉅其事必久非若市井之徒可以一言而撼其基徼利而離其羣朝夕而敗其功也此可爲豫言者也

是故民約之旨。在各人舉其身家權利。合而爲一務。取決時公理以。定治國之法。國一日不亡家一日不滅世界一日不毀則民約亦不可一日廢譬猶官之於骸不可須臾離者也

會社之集衆人而爲富。一國之合衆人而爲羣。皆基於契約也。迨其既集既合之後則一夫得失即與全体痛癢相關故得享起居食息之安樂悉出全体之所賜而原其功於契約然則契約之有益於人其功顧不偉哉

第七章　君主

余之所謂民約者。與民法之所謂契約之旨。大相逕庭。蓋民法之所謂契約者。無不可不盡

之責。循守與否。悉以己意決之。至民約則爲社會人民。互相締結之約。夫既以社會爲人民之全体。則人民必爲社會之一肢。而所結之契約。亦與己與己約無殊也。故人民之於社會固有不可不盡之責。而人民之君主。亦有不可不盡之責。請得而明辯之。

凡爲人民。各有二者應盡之責。一爲事之取決於社會全体者。一爲君主意見。已爲社會全体所議決者。俱不得妄以己見。以相排斥。而君主應盡之責。亦有一定不可變者。蓋君主之意見。即取決於衆之意見也。君主也者。亦即社會全体之一肢也。苟有人也。妄爲排斥。不已與成立社會之初心。自相刺謬乎。至民法所謂之契約。循守與否。取決己意之理非。余說所應有。其是其非。存而不可論也。要之取決於衆之事。即爲社會全体意見之所在。無論法之如何。終無可以壓制社會全体之理。余可自信此說之不謬也。

天下之事。不有前因。必無後果。夫取決於衆。推立君主。是爲民約之因。人民之於君主。有應盡之責。是爲民約之果。若夫君主妄逞己意。而與民約之旨法背馳。則君民之義既絕。應盡之責亦隨之而滅。且君主之中甚或有損本國之利。以益他人者。是猶臠割肢体以飼隣里。寧有是理哉。

積百千萬人而成一國猶其官骸而爲一身苟有害及全体則一國之人無或幸免故凡有可以害吾全体者必竭全体之力以除之凡有可以福吾全体者必竭全体之力以求之是百千萬人之於一國官骸之於一身皆痛癢相關患難相共而各有不可不盡之責也在如君主人民相合而爲國則君主之所利即人民之利也人民之所利亦君主之利也君主人民之間斷無利界之可分如欲攘竊人民之利益爲君主所私有則與割肉充腹之說無殊矣且夫天生民而立之君使司牧之充爲君之量亦唯有利於國使無一夫不得其所而已即在一國人民之所求亦何以加此余願治人者與治於人者交盡其責勿以一己之私而僨全体之公益也

或謂以一人之意見而決社會之公議則人必先私後公可知也所謂義務者盡之於我不見益而不盡亦無害於衆人故社會爲人民全体之說妄而已矣要之無論何人不盡義務而得權利亦何不可之有嗚呼是買覆滅社會之說也生民以來豈有欲營私利而蔑公益欲庇一己而毀社會之理哉余恐一己不可庇而暴横之虞隨其後私利不可營而敗亡之禍接踵而至也

如以民約之理而言。苟有一人不順公理。必合社會全休之力強之使順而後已。是謂默約此約已歷奏膚功。要亦使人人得自由於社會之間而已。蓋強人以順公理。為保持社會之要旨。而營私之徒。亦可由此而得社會之公益也。

第八章　人世

混芒初闢。上者為天。下者為地。行走於其間者。其臥徐徐。其覺于于。飢而食。食而息。穴居巢處以為室。木石鹿豕以為侶。即有所為。亦唯力是恃。奴彼弱者以營一己之私。是為天然之世。但窮溯太荒無稗學說。自天然之世。遞嬗而至人造之世。人心丕變。風氣斯殊。尊禮節重交際。曩之以力威人者。一變而為義務。曩之以力自給者。一變而為權利。舉凡營私自利之心。悉與革除。天然之世以質勝。人造之世以文勝。此人世之利益所由來也。在尚文之世雖不如尚質之世。可以清淨寂滅。老死不與人往來。而才技之精。智識之啓。與夫志量之高曠。實為人造之世之明効大驗也。雖時至今日。人世所為猶不能弊絕風清。而上追數千年來歷有進步。已非獉狉舊習之可同日語矣。是故以不識不知之人類。出而納諸軌物之中。使得優游於光天化日。以至於今也。亦足以明人治之功。而於社會創立之日。烏得不馨香禱視之哉。

人造之世。有因民約而有所失者。有因民約而有所得者。所失者何。則天然之自由及吾心之所欲而以力得之者也。所謂無限之權力也。所得者何。則人造之自由及吾人所應有而他人所不得而侵者也。所謂有限之權利也。據天然之自由。則強者益強。弱者益弱。而不能歸於一致。有人造之自由。則通國人民。不分強弱。一心從公而保平等之利益。不特此也。在人造之世。一身皆有自由之權利。必且出其權利以佐社會之公益。凡公益之所在。即可以一己之權利。使匹夫上儕於君主。而使君主下伍於庶民。特不得以營私之意介於其間爾。若為私慾所陷。妄有所為。則不得謂之自由。如從吾所好。制定法律。而自謂為無上之自由。則其所謂自由。為彼自制法律所治之自由。而非吾所謂自由也。

第九章　土地

當社會創立之時。一國人民。各罄其權利財產。納諸社會而不靳。蓋各人散其所有。不免為暴橫者所覬覦。集之於一。則安固無失。雖有黠者。亦無所施其技。或有以社會公同之權利。視為君主私儲之所存。是大謬也。夫社會云者。既集各人之權利財產而成。則社會之中。唯履公同之約而保持各人之權利財產為其定例而已在他國之人而言固不以此說為然視我所有不論為先得之權利而已何也吾人所有之國為吾人所先占使此地先為他人所得則此國即為他人之國於我何有而得之之後又必有以維其所得之權不然人之多欲誰不如我未有紀載以前求得此權者甚多此自然之理也迨既結契約各據其所先得之權利分土而治則苟非我權利所應有之地不得妄取絲粟其在天然之世先得權利恆惴惴焉懼為強者所奪至人造之世則至重可貴者莫逾於此苟有維之之術則何慮強者之奪余今決其得此權利之由厥有三說一必其地為無主之地二各守其界不得占越三既有土地而後蓄牧耕植次第播行以示有土地者之所作為而即以堅他人之信具此三說則雖有悍且黠者亦不得毫末損我蓋我所有之土地非他人之土地而定為我所應有者也

先得之權非不顧是非而恣任可擴張者也必也設限定制以謀增我國之福祉而無害他人之利益設有人焉偶一旦托足他人之地而即以己其地地之主又藉一時之勢力以其地之人徙之遠方迨其歸也謂不得復享其地之權利夫誰信之甚或蹂躪他人之土地肆

掠他人之物產以饜其無窮之貪欲。是道謂之殘賊而已矣何權利之足云於此時也而猶自釋曰伸我權也廣我利也不出於殘賊則我欲不得而償嗚呼天道好還悖而入者亦悖而出以殘賊之計而僥底成功斷無久享之理請以紐奇拔拉之事証之紐奇者西班牙人夙自貧渡南美占領全洲及南海諸島欲悉舉其地以擴要班牙之版圖無如計出殘賊而曩昔所謂一世之英雄一反手間皆煙銷影滅而不可復覩外不足以拒諸國之相侵內無以安各地之反側回首當日之志倘欲囊括八荒席捲五洲而卒至天地雖大求得七尺之地以容一身猶不可得此皆歷歷在人耳目豈非殘賊者理無久享之明証哉

人人集其占領之地相合而爲一國選立君主因以各人公同之權利假之於君此所謂社會之權利也以社會之權利散爲各人所有則所謂物權也人權也人民日用起居之需俱由物權人權而後得要其義則不可有戾於社會之權利而已是理也往古波斯司施的麥西騰諸王皆未嘗知之者也今日之所謂王有一國者如法蘭西西班牙英吉利諸國所稱一國之王者皆王其土地而并王其土地所有之人民也波斯司施的麥西騰諸王皆自謂人民之王則其所以謂王者僅爲人民之王而非一國之王也不亦可異哉

今也世人觀於社會所以成立之故而驚爲極造化之妙用此無他當社會集合各人占領之地非由剝奪而然也不甯唯是以剝奪之權利一變而爲社會眞實之權利以占領之權利一變而爲各人所有之權利昔日之以各人占領之地納諸社會是亦與社會以公有之地委諸各人無異也於是人民之於社會各竭其心力以圖社會永久之利遇有外患內變足以爲社會公益之害者必以全力去之是豈僅爲國家之益哉而於人民各人之利亦不可其言也

各人所占領之地無論其爲衆人所公有爲一人所私有而各人一己所有之土地及所有之權利不得與社會公有之土地及公有之權利爭不然則社會之綱紀頹廢各唯私利之是營而社會所有之主權亦歸烏有矣

此爲第一編結尾之章請以一言蔽之曰民約也者以爲人之天性雖有强弱愚智之不同而以義理所生之制限使强不得凌弱智不得辱愚天下之人悉享平等之權利立國之基即在是而萬國所行之政体亦於是立也

民約論第一編終

第二編

第一章　論主權上

洪荒之世。人各顧己。然而營私日甚。所感斯殊。每有己之所害。人以爲利。己之所利。人以爲害。彼此相持。騷然無寧日。於是集衆立約。遵奉法律。凡事之利害。與衆共之。一己爲輕。衆人爲重。而後好惡既同。自不至日唯私利是圖。而置衆人於不顧矣。蓋國之所以成立者。由於全國之人。併力一心。以衆人之利害。爲一己之利害。遇有利於衆人者。始終以之。遇有害於衆人者。誓死除之。否則人各一心。敝屣公義。雖野蠻之部落。亦不過如是而已。既不足以立國。而亦何所用其法律哉。故成立國家。準以衆人之利害。而定一國之趨向。是謂主權。主權者。所以定一國之趨向。而非可讓與他人者也。若可擅以一己之私。讓與他人。則謂之放棄其主權矣。猶君主爲一國之軀體。不得妄以他人代任其責。此盡人皆知者也。故以主權讓與他人者。或出於萬不得已。然而強奪主權。厥名暴橫。其有害於公益者。非淺鮮也。今欲使全國之人。急公罔私。同其利害。是固非朝夕所能至。即使全國之人。俱能如余之說。

亦不敢必其亘古不變也。凡一人之心。偏於私愛，不顧他人者爲多。所謂以衆人之利害爲一己之利害之說。名雖甚美。而核之事實。固相反也。故欲以公益變人之私愛。且欲使之亘古不變。是窮天下之大難。而非人力所可强。譬猶君主之所爲。以人民之所趨向爲的。人民今日之所尙。今日即爲之。人民明日之所尙。亦於今日爲之。則吾見其難矣。因勢更革。與時推移。進化日深。風氣丕變。非特明日所尙。不能豫期於今日。甚且今日所尙。亦將鄙棄而不屑道矣。若欲固執目前之見。以概將來。其弊將不可勝言也。

是以下之事上。甘居牛馬。而唯以畏葸卑陋爲尙。則余之說不可行。而進化更不可必。且復一日。且將失其天賦自由之本性。而上復豨豕之舊習矣。於此時也。有王者起。亦不過使其陰鷙闒悍之資。奴隸人民。而困人民於水深火熱之中。不得一覩吾輩所謂政治世界而已耳。

君主所爲之事。要於不昧公理。而使人民寔享自由之福者也。故君主雖有集思廣益之自由。亦有獨斷獨行之自由。若夫民智未開之時。而又拘文牽義。束縛君主。則一國之中。將終古長夜。無復開明之日矣。雖然專制之君。不能使人民寔享自由之福。而輒引余說爲口實。

自謂獨斷獨行者。亦君主之自由。則適見其不知自量而逆天悖理之甚者矣。

第二章　論主權下

一國所爲之事。合全國之人而爲者有之。集國中數人而爲者有之。其合全國之人而爲者。爲一國主權之所定。而著爲一國法律者也。集國中數人而爲者。爲政府數人之意見。以爲主權所未備者也。故主權所定者。旣以著爲法律。則全國之人。一律遵守。絕無疑義者也。此又主權不可分之說也。

主權之不可分既如此。然不可分者主權之體。不得不分者主權之用。此亦言政治者不可不知者也。徵稅判訟。宣戰構和。管理地方。訂立條約。與夫一切立法行政之權。不得不分別界限。各專其責。情勢然也。夫事之離合聚散。亦何常之有。君主也者。猶軀體也。人民也者。猶分支也。軀體分支。相合而成人。於是一身之中。手足耳目口鼻心腹。各司其動作視聽之用。各極其運化消積之宜。然後血脈周流。膚革充盈。而人亦得以優游終其天年矣。譬諸眩人之技術者。於座客前。臠割童孩。斷其手足。投諸空中。迨其墮也。童孩已完全如故。政治家之論主權曰。使通國人民。分任各事。而後以分任各事之人。合爲一國。亦不過如臠割童孩之

說而已

世之政學家。每於主權之說、不能得其要領、而又不能明辨體用之界。故凡與他國有和戰之事、皆視爲主權之所定。不知宣戰之書、構和之約、皆非主權所定之法律、不過遵奉昔日主權所定之法律而爲之施行也。爾此蓋主權之用、而政學家亦謂爲主權之體。何所見之左也。

余今廣集諸說。以明主權之不可分。而即以釋他人之謬見。夫國中立法行政之權、皆奉行主權所定之法律。而所爲之事。即爲主權所統治者也。或有不知己見之謬、而假爲天下無主權不可分離之說、不知既立爲國、即有一國之主權。主權所在、萬古不移、又何可分之有。國可滅、家可亡、而主權終無可分之日。雖然當日主權可分之說、一倡百和、言政治者深信其說、舉世若狂、不知其非、在彼倡此說者之意、不過欲分別君民之權而已。哥魯智斯、巴比爾者、所謂頴敏英邁之徒也、亦爲邪說所惑。哥魯智斯所著國法論第三四章中所言、其顯著者也。後以不善己國之所爲、避居法國。謁見路易第十三、獻其所著之書。推哥魯智斯所持之說。無非剝奪人民之權利、而以生殺予奪之權、奉諸君主、自返本心。一若無間然者。巴比爾又譯其書獻諸英王哲而治第一、嗚呼、可謂殘賊之尤者矣、先是奇狹媚者、黜雅屈第二之位、巳比爾力言雅屈自遜王位、而目奇狹爲悖逆之徒、妄逞私見、而欲以欺詐之說、掩飾天下耳目、其罪固不容誅、卒至其說不能通行於世、復何怪耶、噫、苟彼二人者、果能見理不阿、則千載後仰之爲聖賢、崇之爲豪傑、其片言隻語、皆足奉爲準繩、何至其書巳朽、而猶爲識者所唾駡、乃竟逞其謬說、流毒後世、徒陷斯民於窮乏束縛之地、而博身後不美之名而巳、嗚呼、立言之不可不愼也、有如是夫、

第三章　論輿論不爲外物所惑

觀於前章所論、可知全國之人、各盡其心、以求增一國之福祚、其意固爲公而溥也、然人民之所爲、責其必合於道、亦勢有所不能、雖其求保一身之權利、而使國人常蒙泰平之福、其心固孜孜不息、而於所以求之之理、茫然不知、則彼雖日求保吾權利福吾國人、其終也、非特不見其利、而害滋多矣、此直與求災招禍者、無所差別也、

人之思想、唯求有益衆人而便於一己也、爾其求有益衆人之心、即求便一己之心、相積而成者也、且也物我之間、利害相同、則一己之心、亦即衆人之心也、而又何公私之可分哉

一國人民。智識上達。發爲論議。互相競爭。迨中有一說。不能通行國中。遂設立黨派。各持門戶。傾軋攻擊。無或已時。一黨之中。自謂招集同志。所爲之事。不與輿論相背馳。然以全國之人。視之則各黨所爲。皆不過一己之私意已耳。故所立之說。必全國中意見相同者多。而後謂之不背輿論。若僅集數十百人。堅持一家之言。而竊附不背輿論之列。是亦可異之甚者矣。故各國黨派。每有一黨之說。行之不遠。而卒爲勢盛力衆之黨所壓制者。蓋自然之理也。

洵哉利吉慕之言曰。一國之人。皆有不背輿論之思想。則全國一黨。而論議亦歸於一轍。若一國之中。朝立一黨。暮立一黨。而各黨又竭力擴張。設法維持。使己黨各具不生異議。是亦可矣。而終不免有傾軋攻擊之嫌。抑何與不背輿論之旨剌謬乎哉。好立黨派者。可以觀矣。

第四章　君主之權限

一國之中。因締結民約。而所得無限之大權。賦之於天。譬猶人之身體手足。自有屈伸俯仰之權。而國中無限之大權。即爲一國輿論所統轄。故由集合衆人之生命財產。而結爲團體。因國民之趨向。而定爲輿論。夫而後國家成立。衆人有所思慮。可以裨益國家之所未備者。

皆爲國家所主宰而不可忽者矣試以機械觀之一輪有損全體爲之不便國家亦然全國之人既各以其所有之權利傳諸國家而國家即統轄人民之權利補其不足抑其過度然後底於平等而無弱肉强食之虞雖然國家也者無形之人無形之人不能爲有形之事乃選立一人俾長國事字曰君主君主也者即代執衆人之權利而爲之統轄之也如御者然東西南北一聽乘者之意御者不與也唯善爲駕馭使不至有顚覆傾側之危斯爲御者之專責耳

君主雖與國民相連合而代爲統轄國民之權利至各人所有天然之自由則不可委之於君主自由者天賦之權利也其君民共有之權利及君民共盡之義務俱不得與天賦之權利同類而其視者雖爲君主而其一身所有之權利應盡之義務與國民一人所有之權利應盡之義務無絲毫岐異者也故曰君民之於家國不可不享平等之權利亦不可不盡平等之義務此萬古不易之通例也

國家有應爲之事必藉國民之力則國民自應竭力爲之以盡義務但必詳審所爲之事有益國家與否若妄以一己之私而强國民盡無益之義務則直牛馬人民奴隸人民無復君

七

主之道矣。牛馬人民奴隸人民而可忍孰不可忍也

一國中所爲之事皆由締結民約而起事非民約所應爲則雖有君主之令亦決無遵守之理據民約之旨雖皆應盡之義務非求有益於君主也求保吾一己之權利謀增吾一國之福祚耳故吾之遵守民約者非他人強我而遵守也或有以維持民約之志陷於偏私謬妄而不顧國家之利害是謂天奪其魄而喪失固有之性者矣由是觀之人人有平等之權利衆人有相同之趨向皆天性然也所謂是非之心人皆有之良智良能孩提以上無不知之者也故法律之可統治國民者必爲國民所承諾之法律而後可否則置與論於不問而唯以一己之私箝制國民是謂獨夫是謂民賊極其弊必至一國之中公理滅亡暗無天日可爲豫言者矣司其責者可不愼歟

聚數千萬人於一國之中則其國之利害好惡應與國人共之忽有人焉妄求一己之權逾出他人之上則爭心將作而其原由於一己之私於此而欲執可行可守之法以評其曲直豈不甚善無如其說之不可通也譬諸甲乙相敵直甲則乙謂我私直乙則甲謂我私無已則取決於公論乎然一國公論亦變爲一偏之見則無曲直他人之權夫一國公論至無曲

直他人之權。尚得謂之公論乎哉。如雅典人民。任意廢黜其君長。而各有生殺操縱之權。凡政府之職。人民皆可擅自為之。然試問雅典一國。尚有公論與否。以余言之。則不過無主之國。而人民皆有自為官吏之權而已。 九

人民一己之意欲。為通國之公論。則其說有二。論議精當。萬世不易。一也。利益周普。一國共享。二也。而二說又必相輔而後行。惟問論議之精當與否。則必置利害於不顧。而民日以困。唯求利益之周普與否。則必舍是非於不問。而俗日以偷。語曰。不偏不倚。中庸之道。言利者不離於道。言道者不諱言利。此治人律己。不可磨滅之說也。

●民約既立。則一國之中。無尊卑上下之分。既賦圓顱方趾之形。即得享平等自由之福。故維持國民之範圍。保全國民之權利。使無一夫不獲其所。而民約之道尚矣。夫君主也者。人民之體。人民也者。君主之支。一國所立之民約。非上下相立之約。而支體相立之約也。一國之人。謀增一國之福利。益之所以公而溥也。君主有君主之權。人民有人民之權。各不相侵。國家之所以安而治也。一國之人。遵守民約而外。無可遵可守之事。崇奉公論而外。無可崇可奉之人。故君主應得之權利。即以君主之於人民所應盡之義務為準。人民應得之權利。即

以人民之於君主所應盡之義務爲準是爲民約是爲平等此義至精非淺知之夫所嘗夢見者也

君主之權雖爲至尊至大而不得越民約之限在民約之中所尤爲君主之財貨自由及一切權利則君主皆可舉而用之譬諸甲國君主於乙國人民即無應盡之義務應盡之義務既不可越其限則應得之權利亦不得越其限也可知矣君主而妄越其限以濟一已之私則一國之中人人得而誅之此亦人民固有之權也

君主之權限與人民之權限判若兩途天下萬國民約既立則各人所有之權永無損失之日或有時焉舉各人所有之權歸於君主非致輕棄所有以媚人也蓋欲求便其身家福其國人而一切權利較盛遜昔而已譬猶商賈棄其耗資虧本之業而更求他計亦人情之常一國之人各舉其權歸於君主自有不可已者在也且各人所有之權常藉國家爲之保護維持以底於安今爲國家而醫其權於君何不可之有不幸一國之中內亂紛起外患憑陵則爲人民者必視身家性命爲無足重輕之物而後各竭其力事成則社稷之福已亦得慶生還否則爲國流血俎豆千秋而國家卒賴其力以成獨立之業後世子孫席其餘蔭同享

太平或駕昔日而上之。固與妄逞臆見好勇鬪狠者不可同日語矣。

第五章　生殺之權

或謂各人擲棄一己之權。而不能自保其身家。甚至視性命爲身外之物。抑何疏於自衞之甚也。嗚呼。或者之說。是直外馳而不可通矣。夫人孰不愛生惡死。然國家有害波及一人。國之不存。人於何有。尚何身家性命之可計。與其爲亡國之人。不若爲國而亡之爲快。故遇國家有事。不得不舍身棄家以赴國難。芟滅害我之人。而保我固有之利。爲國即所以爲己。此亦人民應盡之責也。不幸爲國而死。亦無可如何。歸諸命數而已。譬諸一家遇火。主人衝戶破壁以救之。而誤傷其生。信如或者之說。則將以自殺律之乎。何不思之甚也。要之竭力爲國。不顧夷險。不避死生。利國而外。別無利己之方。此固萬世不易之常道也。如或者之說。則人皆飽食暖衣。閉戶不知世事。視國家之治亂。如秦越之肥瘠。嗚呼。爲人民者。豈不樂享此安閑之福。而爲獨樂之身乎。無如今日以往。大地之上。已無若是之國矣。

民約之義。在保護結約之人。然天下萬事。必先歷循艱辛。而後可以安享無怍。不覩開創之人驅猛獸。剪荊棘。闢草萊。生聚而教訓之。方足以立於大地之上乎。此蓋欲求他人保我之生命則我必出其生命以保護他人。報施之道宜然也由是言之人民之所以有權利者賴有國家國家之所以能鞏固者賴有民約則國家之治亂人民之責民約之存廢全國之責其理昭昭可以知矣故君主雖貴人民以死報國人民亦無以自諉蓋今日以前所得之安居樂業非彼蒼之所賦畀而實民約之所賜茲之捐軀以徇者即所以報民約生成之德也

殺人者死。立法宜然蓋好生惡死人情之常今出於常情之外負氣殺人則不得不甘受死刑。理勢然也反常之人得以反常之刑。所謂苦樂感應自業自得又何足怪

干犯國紀謂之叛逆叛逆之徒敝屣民約則一國之中不認為一國之人至盜弄兵器破壞大局則一國之人皆欲得而甘心者也當叛逆之徒擾亂國家之時逆徒存則國家亡國家存則逆徒敗無並立之理而國人之誅逆徒也不曰殺戮國人而曰撲滅國敵所以絕其人耳。故一國之中設立裁判各官。凡有違犯民約者。聽各官之判決然後定其可為國人與否播告通國。罪之小者。違犯民約者亦微則以禁獄科之罪之大者違犯民約者亦鉅甚為國家之公敵。則竄諸遠方處以死刑皆所謂仁之至義之盡也。又何可議之有哉。

雖然隆盛之世法尚簡。將亡之國法尚繁。故法之繁簡。即可以覘國家之治亂。且人性皆善

彼雖逞其血氣妄殺無辜。而究其良智良能、初無異於他人、特蔽其本性則爲惡、啓其天良則爲善而已。判訟各官、必先平心審愼、使兩造皆無怨對之心。不然、鍛鍊周納、何求不遂。致死者不可以復生、絕者不可以復屬。此所謂上干天和、下叢人怨者也。

赦罪之權、非爲君主市惠而設、行其權者、亦不多見。其在文明之國、囹圄空虛、非由政府之仁慈、而由人民之不輕攖文網也。叔季之世、法令滋章、吏議繁苛、衣赭衣者、半於道。嗚呼何其謬也。夫法令者治之具、非制治清濁之源、僅使民知所趨避而已、未聞有以刑法立國者也。昔羅馬共和之世、政府仁慈、非有加於後日、而民之陷於罪辟者少。近世屢頒赦罪之詔、而犯之者愈衆、然後知婦人之仁、不足以立國。余恐赦罪之說、不行於天下、將有日也。恨余未及見之焉耳。

第六章　法律

民約也者、猶一人之生氣也、法律也者、猶全身之脈絡也。故所定法律、皆賴民約之力、而後能流通往復、以保一國之生存。上鑑既往、下測將來、必使事事物物、不偏不倚、歸於中正而後已。

人之好善出自天性。雖未結民約者前已然矣。但人人好善之性。獨不藉夫民約之力。世之學者遂倡爲人性之善。源出於天之說。而奉天爲至善之眞宰。嗚呼是亦妄也。體國經野自有常道。若以人性之善。託諸於天。則一國之利害得失。俱非人間應問之事。不設政府不立法律不飲不食不作不息萃一國之人方屏足仰首以聽冥冥中之操縱。試執此說語之五尺童子。亦莫不笑其荒誕。矧欲援爲立國之道也哉。故舍良智良能而外。別無立國之道。因其良智良能立爲相守相望之約。使通國之人。無不盡義務之權利。亦無不得權利之義務。否則各任己意。論列是非。人所善者惡之。人所惡者善之。彼此擾擾。終無寧日。且君子所定之法。君子踐之。小人所定之法。小人樂之。於此時也。欲分權利義務之界。使各人歸於平等。舍民約法律外無他術矣。天然之世。非利於己。即無應盡之義務。是僅用諸日常瑣事之間而非立國之道也。立國之道維何。曰權利義務一律平等。而視法律爲界限。即視法律所定之界限。以維彼此之範圍。法律之旨。如是已耳。

人造之世。事有關於一國者。有關於一人者。一人爲私。一國爲公。既曰私事。則無與於衆人可知也。而私事亦有國內國外之分。國內私事。與一國人民。猶有相關係者。國外私事。則非已國權限之所及矣是以通國之人而決通國之事與我決我事無殊也即通國之中有一人所創之議異於衆人亦無分裂國家全體之理蓋二人之說終必決以輿論輿論之所在即公理之所在故曰法律者一國之定法也

一國法律歸於平等自天子達於庶人莫不遵守且有一定之權限而非一人所得而私故法律雖可保護利益而無予奪之權法律可以維持政府而無創立之權要之利害是非關乎一己之權利者非立法權所得而干預者也

由是觀之立法之權爲一國之人所公有所定之法決於輿論則謂爲國人無不應有立法之權可也君主雖貴而不得越法律之限蓋君主爲國家之一肢一肢之力不足以損全体者也既爲法律斷無偏倚之弊人雖至愚不聞有自立偏倚之法律以自治者也一國法律不得不遵人生起居動作法律之中皆纖載詳記者也

官吏文告可得而變更之一國法律則雖爲君主亦不得妄以一己之意少有增減凡有可增可減者不得謂之法律文告而已所謂文告者非由主權所頒政府之意旨而已

如余之說有能以法馭國者不問其政体如何皆可以共和視之蓋一國法律爲一國之人

一五

所公立則一國之事與一人一家之事無異也故立國必至共和政体而後其國不可亡職是故也

一國法律人民有遵守之義務即有干預之權利然聰明睿智者不可多得甚且善惡不知曲直不辨以至愚之人定一國之法律而求其不悖公理是亦難矣夫自求多福誰不如我而不知所以求之之理迨其終也福不可得禍害且隨其後故一國之人鑒往追來知一國之中不可無人以長之各人知識亦不可無人以啓之遂舉天縱特達之人俾長國事本其所知教導齊民於是各人聞見隨以擴張凡有可以益吾國人者無不知之上下一心肢體協力而其國遂無可亡之日所有主權亦鞏固不可動搖矣余是以知立法者之不可以已也

第七章　立法者

立法之人必其所具智識卓越尋常而所立之法皆適一國之人心而後可且也甘以其身家性命爲一國之犧牲不偏不黨維持公益積心處慮以求其令聞廣譽傳諸無窮而使一國之人長蒙平等之福立法者而能是如也始盡立法之責而無遺憾矣

希臘學士普拉頓嘗著一書。言君民權限。歸於不等。羅馬帝加里壽拉。又推廣其說。証以實事。二氏之說。皆有可觀。然謂爲君主者。必具絕類超群之資。則君主可常爲立法之人。是大不然。蓋所謂君主者。僅踐立法者所定之範圍。而無制定法律之權者也。立法者。猶創造機器之人。君主則猶司機之匠人耳。孟德斯鳩曰。上古之世。立法者即爲國家之元首。後世文明日進。則元首即在法律之中。洵哉言也。

余今謹爲制定法律。統馭國人者。正告之曰。因其既往。測其將來。臨事而懼。好謀而成。不顧夷險。不擇利害。心衆人之心。而後其國不可敗。人心不可離。所立之法。亦安往而不得其所哉。蓋一國之人。分之則弱。合之則强。今舉彼此不相聞訊之人。集爲利害相同之人。於是不得不出其天賦獨立不羈之權。委諸於人。分界而治。交讓其責。立法之人。雖亦有天賦獨立不羈之權。而定一國之法律。不得不藉一國之權。此自然之勢也。迨各人旣出其天賦獨立不羈之權。其一己所有之權。雖若不可得而見。而全体之權。已爲至强。且至鞏固。不可動搖者矣。所立之法。亦更歷萬世而無可疵議者矣。使各人不出其權以委諸人。則全体斷無成立之理。而一己所有之權。亦將爲强者所吞併。故合各人之力。爲全体所公有。與散全体之力爲各人所私有其曲直勝負判若霄壤此非余一人之私言天下萬世之公言也是以立法者必爲一國中非常之人既爲一國中非常之人必爲一國非常之事然立法之權與一國之政府不同又與一國之主權不同蓋有立法之權者必無治人之權有治人之權者必無立法之權不然法由我立人由我治不爲專制者幾希矣是豈余所論立法之本旨哉。

昔有里冠路者斯巴達之立法者也當創立法律之初先遜王位希臘諸國每以立法之權委諸外人伊大利奇哀坡諸國皆竊師其法而由是道也歷致齊民於衽席國家承平亦累世而不衰返觀羅馬則其國之不幸有爲仁人君子所不忍聞見者矣羅馬雖在極盛之時其人民之爲暴君酷吏所塗炭者較諸國叔季之世爲尤甚汝曰曷喪予及汝偕亡之說閭巷相傳無或已時此無他立法之權與行法之權爲一人所併有則所立之法偏於一人之愛憎民命不堪非其所恤末流之弊遂足以亡國而有餘無可深諱者也。

雖然羅馬立法者非有任意立法之權者也觀其立法之初詔示國人曰予一人所定條例必爲通國人民所承允然後著爲定律咨詢衆庶其各仰體斯意。

由是觀之羅馬立法之人不得操有立法之權爲人民者亦不得放棄其立法之權使立法

者。欲擭竊其權。爲一人所私有。則人民應出全力以抗之。何也。民約之公例曰。統治國人之法律。不得不以國人公定之法律。即以一人所定之法律。亦必經國人承允而後可。承允與否。悉聽國人之自由。不若是而求其所立之法。適用於通國之中。則余未見其可也。

或謂立法之事。非盡人可預者也。是又不然。一則一人智力。有所不逮。一則立法之初。必有無形之權利。而後立法之功可蕆。有是二理。非合通國之人。則余不知其法之能立矣。

天下之人。凡遇不如己者。而欲語以如己之所知。導以如己之所爲。則彼必冥然罔覺。木然不知。且以所語所導爲不經之誕事。避之唯恐不遠。故曰。非常之元。黎民懼焉。幸有不世偉人。應運而生。竭其材力。發爲光明正大萬世不休之鴻業。而非愚者知慮之所及。下流之徒。想望丰采。遂各以爲利一己之事。呼籲上聞。國家之利害。衆人之損益。不問也。是亦古今之通弊矣。故雖有盡善盡美之法律。而若輩不知美善法律之造福國人者。究爲何如。愚者所見。僅止於此。而欲責其奉公守法。處心平允。以國家之利害。爲一己之利害。衆人之損益。爲一己之損益。豈朝夕之間。所能遂厥志哉。必也播因於今日。而後異日或有獲果之期。至立法之恉。唯視衆人之趨向爲的。所立之法。俱順通國人民之趨向。則人人平等。通國人民無一夫可以不遵從者此猶天經地義無可曲解者也故立法之人無權可張無賞可發亦無威逼人民之權又無勸誘人民之理自有無形之權利使立法得以告厥成功是亦保持通國利平之福所不可易之常則也諺有之曰法律者爲福利之因福利者爲法律之果善因不有善果必不可得司其責者可以觀矣

荒漠無垠之理雖智者猶有所不知夫勸懲衆庶者不過懼以冥冥中之賞罰而已又爲頒布戒律善者天賞之惡者天罰之而後通國人民束身自愛榮辱愛憎之權皆懸諸天而不問立法者之所謂卓越尋常者其竊此智也循然與神相語或受神之訓誨非生人之所能即自謂代天宣化者亦誘導齊民之故態耳立法者當亦自引爲懿德者矣在立法之人始謂代天宣化者即爲立法之因而以立法爲宣化之果豈至論也夫刻石肖像以爲神或爲受有神命與神相通以之蠱惑衆庶愚蠢者流偶然嘗集售其欺者或有之而欲以此虛妄之說爲建國之基則三尺童子亦知其不可且譎詐之術雖或就緒於一時而無材力以維其後則日月遄征身名俱裂暴骨原野者趾相錯也然亦非可一概論也猶太教久行不替伊司配路教統馭世界之半天下之人稱道弗衰仰之爲神尊之爲聖而妄人輒指二教爲

幸享天下之愚福。是亦異端而已矣。在政家之徒。曾不以彼之是非。少壓於懷。蓋爲國者自有坦途也。余願立法者亦如二教之相傳不替道德流芳載之道路勿僅襲敗亡之跡而空嘆二教之永永無既也。

余說如此。或疑余說原於滑路皮氏之說。（英國有名之教法家）而不知政教相依之理。然學者熟玩余說。觀於人民之起原而後知宗教僅爲政治之一助。侈言教法者甚無當也。

第八章　人民論一

工人建屋。必先度其地之廣狹高低。而後知屋之可建與否。立法者當立法之初。亦必視其人民果能奉我所立之法與否。如不顧人民智力所及而立法之。心機熟於中。是猶工人不度其地之廣狹高低。妄築大廈於其上。夫亦徒勞而已矣。彌諾者庫闌託之名人也。（庫闌記者地中海之小島今名康奇）首出立法。制馭國人。彼所立之法。頗稱美備。無如其人民頑蠢之甚。幾不知法律爲何物。欲以遵奉之義責之。雖若登天。是不啻以美備之法。陷人民於極愚之地。夫不察人民智力所及。而貿然號於衆曰。吾立吾法以治吾國。則末流之弊。必至於此。抑又甚焉者也。昔者希臘學士普拉頓知挨路勤及希拉勤人。皆不可與以平等之權。因斥其立法之議。是誠於理至當之事也。

自有生民以來。錯雜繁賾。不啻恒河沙數。八荒之外。六合之內。星羅棋布。自成部落者有之。建邦定國者有之。然欲求其有至美極善之法。爲衆心所悅服者。則僵乎未之覩也。萬一天下竟有一國。其至美極善之法。且爲衆心所悅服。而爲智力所囿。不足以奉所立之法。則法之美善。將與朝露而俱逝。俛仰之間。徒爲成迹。於人民無裨也。夫一人與一國。其理不異。試觀人生少時。善爲教誨。類成偉器。及其既衰。則雖有賢師益友。面提耳命。而方且目眩神疲。假焉罔聞。少成若天性。習慣成自然。是之謂也。一旦欲以法律之權。變其數千百年所中之毒。豈易言哉。吾見其無益而有危也。人民之中。率皆怙惡不悛。間有出而革其故態者。竭力以抗之。倉皇以避之。其計唯恐不狡。譬猶瘋癲之徒。見有爲之針灸治療者。則必目張手支。大聲呼救。而不知所拒之人。即爲救我之人。然瘋癲之徒。猶可強之以力。投之以藥餌。或有可冀。唯人民之頑僻性成。卒不可變。術之神者。亦將斂手而謝不敏矣。

人生不能無疾病。偶患頭痛腦傷。人事不省。譬猶國家不能無治亂。卒有叛逆之徒。揭竿圖事。則政府號令。不能舉國通行。與頭痛腦傷之人無殊也。其疾已瘳。既往之苦楚。不復想見。

心神俱爽。無昏憒之憂。譬猶國家當內外交訌之時。上下惶恐。國力遂削。迨戡除敉平。則如槁木生春。蘇然復舊。此皆至庸之理。夫人知之者也。里寇路時之斯巴達。他路康後之羅馬。放逐暴君。廢斥汚吏。後之荷蘭瑞士。皆其例也。變革制度。倡自民間者。徵諸史策。已若習見不鮮。在若輩變革之功既遂。則盡若輩之生。不致再更其役。余嘗默究若輩倡義之故矣。草昧未開之世。人皆穴居巢處。所好者聽其自由。所惡者聽其自由。無厭人之權。亦無爲人所厭之責。後世有聖人出。正其疆界。別其人民。謂之爲國。通國利害。不得爲一人所左右。於是一人之所好惡。不若古昔之自由。遂羣起而倡革命。求復其固有之自由。而後一國之制度應變應革者。可任我之意。而無他顧忌者矣。但其機已裂。一國人民。皆渙散而孤立。如嚮之所謂穴居巢處也者。中有黠者。遂乘此隙。攏其既散之衆。整其既裂之機。而黠者且侈然自謂君長。衆人亦遂相安。中古以還。進化秩序。固如是也。然此之所謂君長者。非能恢復人民之自由者也。要之人民皆宜享有自由。自由之權。操之於己。不可放失。放失之後。不可不日求恢復之道。勿徒襲蠻野之人之迹。而爲黠者所賣。願享自由之人。其謹持此說。勿忘勿怠。庶有豸乎。

人生壯年。已非幼時之舊。雖其見聞之廣。知識之啓。不可與幼時同日而語。而欲以木立步行之態。復爲呱呱墮地之形。吾見其蹶躓而不可通也。故人民中之老少壯幼。譬猶一人身体之有老少壯幼也。立法之初。亦必先知人民之爲老爲少爲壯爲幼。法之程序。遂因之而有高下之分。然人民之爲老與否。察之綦難。迨知其已老。則如就木之年。既至無可作爲之日。而猶欲以成事責之。是何以異於擁抱死体而不知其無氣也。夫一國之中。有壯者也。有幼者也。壯者既卓然有所樹立。而後教掖幼者。導以美備之法律。俟彼少經陶育。更歷年數。奉法之心。油然出於至誠。智者愼始。職是也。爾執是言之。俄國人民。是誠無教可施者矣。蓋其進化之率。較他國爲速。其詣已造其極。而舉國人民。皆頹然爲老境所囿。沈迷不可復返。故也。彼得帝爲何如人也。觀其外貌。雖似頗具材力。要非創業垂統之主。試檢其所爲之事。有爲後人所稱勿道衰者乎。蔑如也。即有嘉言遺謨。亦必幾經變革。而後可以流傳至於今日。彼得帝當日。雖夙知俄人爲蠻野無識之流。返之於已。既不知涵養民智之術。又無立法之材。唯以首功爲上。使民嫻於殺伐攻奪之事。而爲文明進化之要。其是謂不揣其本而齊其末者矣。彼得帝之初志。統馭國人。而外並欲驅英德之民。亦歸其範圍之中。其志非不雄

七五

也。無如是血氣之私。欲舉億兆之衆。爲俄臣之臣。究其終也。欲求俄臣爲己之臣而不得。是可憫矣。近世法人之敎其子弟。每致力於幼稚之時。諄諄敎誨。一若唯恐其學之不成。行之不立者。利國之義。則敎之者不出諸口。受其敎者。亦不入諸耳。迨其旣長。其技不踰抄胥呫嗶之役。可勝慨哉。以余論之。俄人恃其兵力。懷吞倂歐洲之奢望。竊恐其自速滅亡之禍。而爲歐洲所吞倂也。如韃靼人。初爲俄國不侵不叛之臣。一旦乘機而起。遂擁有全俄。君其土地。子其人民。駸至蔓延歐西。是固勢有必至。理有固然者也。余願歐西各國。互相合從。起靖斯亂也可也。

第九章　人民論二

天之生人。必度其軀幹。爲定尺寸之限。過之則爲長大之人。不及則爲短小之人。起旣如此。國亦宜然。立國之初。亦必先度地之廣狹。而後定其勢力範圍之盈朒。然國家應擴之權力。亦有止境可循。過則內治損。不及則外交敗。而有國之人。每求擴其版圖。若夫懼損內治。甘讓一隅以飼他人者。未之聞也。無如好大喜功之心勝。則綱紀愈弛。是以小國之可以常保安寧。不若大國之一蹶不即振者。職是也爾。

試以實事證之。地大之國呼吸不靈一事宜革則阻之者多一事宜興則爲之者難譬諸一舉之石可以手握之若以舉石繫諸長竿之端則舉之不若前日之易且夫土地廣大則應爲之事隨之而劇邑有邑之政府郡有郡之政府大之則有藩鎭之政府中央之政府各政府中飲食起居下迨一草一木無不取自民間賦增愈高取之愈奢其亦思人民絞其膏血以供養此蠹我賊我之人閭巷之間不知其若何飲泣也洎乎人民習知政府愈多所耗愈重於民固無絲粟之利而徒爲握權施政者之利藪不若舉通國之事委諸中央政府以期節我之力此亦勢之所趨有所必然者也要之不顧民力如何而日以開疆拓土爲偉業則必有存亡決於須臾廢興懸於眉睫之時願有國家者先事預防勿致自速國破家滅之禍可也。

地大之國。不特人民所耗愈重而已也。凡人民中有不奉法者政府亦無暇責問宵小得志騷擾里閭者有之僻遠之地頑徒蜂起政府之中非特不能制於未發之先又不能遽施撲滅之策於其勢未熾之時任意猖狂蔓延全國者有之治人者與治於人者終歲不相通問人民不知誰爲治我之人已與治我之人有何相維之義敬愛中絕漠如路人者有之且也同里之人皆爲吳越見有他省來者則犬馬之不若苟欲語以家國相關善羣保種之道則冥然木坐與不聞不見者無殊也由是觀之風俗寒煖隨地斯異而欲以施諸甲地之法律行諸乙地必非至當之策若國中所行法律紛歧不一則不能互相統治利用厚生之道不能相通於是紛亂擾攘之患遂因之而無窮日矣天下而有若是之國是不過集衆人於一地人不相知雖曰舉賢進才而智者用達其所長愚者自蔽其所短惡人之罪不見罰善人之功不見賞上下相蒙官吏遇事繁劇則處事之權委之胥役於是左右擅政欺罔人民當是時也所謂政府者非能爲福人民唯爲招致禍亂妄事役使而已故土地廣大踰於所定之制是不啻負鉅石以壓己身而自招顚覆之危也

有國之人苟欲戡除禍亂文致太平必使人無他志朝無闕事而遵從法律之心油然出於至誠如是而後其功或有可蕆之一日使一國之人皆心猿意馬負隅相抗又欲侵凌他國求我所有之權日益擴張是與達斯加爾旋風之說無殊也故不知弱肉强食之理又無外敵相乘之虞則其國岌岌必有不可終日之勢語曰窮釋外患以靖內憂舍此不圖吾不知其道之所從矣

由是言之。國强則土地必廣。國弱則土地必縮。苟欲明於强弱之理。得乎中庸。以常保國力於不墜。則非聰明睿智之政事家不可。先哲有言。事有本末。物有終始。知所先後。則近道矣。是之謂也。夫國既强盛。而懷擴充土地之志。則其功在外而不在內。處之不得不後。國既小弱。而有減縮土地之虞。則其禍將不在內而在外。處之不可不先。此自然之理也。內治不固。奚暇騖外。內治之所至要且重者。創立確乎不拔之制度。使通國之人。莫不遵奉是也。且擴充土地所得之益。不若創立善政所得之益。爲公而溥。此理又無可疑者也。

嘗聞某國定律。以征伐他國爲要圖。內政如何。不問也。一若土地不廣。其國不足以自存者。舉國若狂。皆以奉此定律爲造福之具。無如滅亡之慘。與繁盛之極。諧而俱來。試觀某國所定之律如此。今日復尋其遺墟之所在。亦渺不可得。余說豈無稽耶。

第十章　人民論三

說國之强弱。其道有二。土地之廣狹。人民之多寡。是矣。土地人民。其權衡。必求其相等。而後可。人民相集。而後謂之爲國。各分疆域。足以容其相集之人。而後謂之爲土地。所謂權衡也者。土地無不足養載人民之虞。人民起居。亦不得過於所有土地之中。使土地之廣狹。出於權衡以外。則保護無術。耕耘之道既盡。而物產又無繁殖之望。且土地不足。人民衆多則地力不足以養相集之人。勢必仰給他國。漏巵日甚。亦足以耗國家之元氣。此其釀爲內亂之因。即爲自速外訌之所以也。夫窮通相尋。天理之常。轉貧爲富。轉弱爲强。自有坦途可循。而世人不知從事通商惠工之義。而欲於煙林彈雨之中。兼并他國。必其人民無治內之材。而後內外交逼。曾無已時。生命岌岌朝如危露。所謂郅治之隆者。無復夢見者矣。要之日耀兵威。詡爲盛之業以求我之所謂富貴。一旦遇有强於我者。力絀材盡之後。則彼必以我所施諸人者。反而施諸於我。是不啻自招其禍。且以所富所貴與夫盛大之業。拱手以資他國。譬猶以國家强弱爲孤注。得當則償我所欲。不得當則返轅以逝。千金之子不甘以僥倖之心輕試其所有。而有國家者每出此而不悟。大可哀矣。

今夫土地之廣狹。人民之多寡。非可尺度斗量者也。且地有沃瘠之不同。物產又有豐歉之異。與夫氣候之寒煖。人心之智愚。隨地而殊。或有沃土之民。所耗者儉。瘠土之民。所耗者奢。是皆言權衡者所不可不察者也。又如男女之多寡。賢不肖之衆。否生命之修短。軀体之强弱。職業之巧拙。有一不明。即無足以合我權衡之說。故立法者當立法之初。雖任一己之意。

而意之所起。必由所見所聞。有感於事事物物。而又不以小成自安。立法者之所以必爲非常之人。蓋由是也。雖然。强國之術。又有未盡者在。輶軒之跡。雖徧天下。而風土人情。每有不能盡悉者。然而國土之廣狹與否。有定則焉。山嶺之國應廣。凡樹林畜牧之事。不勞人力而已足。一國之人。皆可從事他務。且山嶺之地百里。不若平夷之地七十里。此又爲山嶺之國宜廣之證據也。瀕海之國宜狹。物產稀少。不得不以漁獵補其不足。互防海賊。又不得不互相團集。且地不過廣。則他日爲壓制束縛之政所苦。起圖自立。亦非所難。此其例耳。

立國之道。錯綜繁賾。不可得而盡悉。一言以蔽之曰。通國之人。勉求富貴。希望平和。是也。自有此說。而後千端萬緒。靡不由是而生。當國家始立之時。與將帥編列兵制無殊也。演習未純。則人皆競競自守。能不敗已。啻遑敢求勝乎哉。夫將帥猶不能以演習未純之衆。驅諸疆場。與他人角生死於呼吸之間。而况國家擾攘。民不聊生之時。不知安享平和之福。以營求富貴。而輒欲妄事興戎。不至失其所固有不已也。且於危急存亡之秋。竊引外訌。則爲人民者求一身之安寧。猶汲汲不遑。又以國難責之。勢必有不能應者。而竊引外訌之人。所志未遂。外人乘釁而入。則分崩離析之禍。亦足以起於蕭墻之間。可不慎歟。

嗟夫。多雜之國。何代蔑有。苟以治國馭衆之權。委諸務外遺內之政府。則使彼亡國。則有餘貴以與滅繼絕之義。是較強盲者以辨五色。聾者以別五聲。爲尤甚也。且獨夫民賊。每乘此機而起。彼觀一國之中。紛亂擾攘。人心又皇皇無主。有人出爲戡除其亂。則雖施以殘忍苛酷之政。亦必恬然就我之範。若是則顛覆之虞。烏得謂非人民自招之乎。是以暴君之所志。與立法者之所爲。萬無相同之理。立法之事。暴君不得妄參絲粟之權。相機而動。所執不堅。則必釀爲家國之隱憂。是爲立法行法之權不得委諸一人之說也。

然則必有如何之人。而後可以立法之權畀之。曰原始相同利益相共。契約無異。互相集合。而尚未受有法律之桎梏者。其不爲固執不變之惡習所中者。終身不啓外患。不與他國相通。而不救援他國者。爲衆人所知而不甘以不肖之身有忝其應盡之責者。無求於他國之人。而又不爲他國之人所求者。富貴不淫。貧賤不移。但然自足者。折衷於上古之質朴與近世之文稱之間而得其當者。必有如是之人。而後可以操有立法之權。所立之法。無名可求。無利可圖。而唯以適用爲的。故廢法之人。不煩舉手投足之勞。而使昔賢竭精敝神所僅底於成者。一旦自我而棄之。其亦大有類於不仁者之所爲矣。且夫天下之事事物物。各具氣質。不能强其相同。立法者必先觀其氣質之所近。而後導以適用之法。其案既難。其道尤難。亦不知其幾歷星霜而後所立之法。可以通行於一國。蓋立法之難。固如斯也。凡爲立法之人。必以余之所說夙銘於心。幷以余之所說見諸行事。非可强顏自飾者也。嗚呼。立法之材之難。不其然乎。世界之廣。各國之衆。眞能制定法律者。曾有幾人。立有美善法律者。曾有幾國。環顧歐羅巴中。稱爲法律至備之國。唯古爾斯塊然一島而已。古爾斯人類皆英邁卓犖。嘗恢復其所失之自由。以協禦外侮。日求保國之道。通國人民。遂蒙太平之福於無旣。是所謂魁閎豪傑者非邪。可爲天下師矣。他日舉彼蕞爾之區。震撼全歐。容有其時。余實不勝杞人之憂也。

第十一章　論各國政典之異同

國之所以立。人之所以生。必有至貴至重之物。以維其後。所謂至貴至重之物者。自由權。與平等權是也。使一人身体無自由之權。則一國身体亦必無自由之權。可知天下寧有是理歟。而自由權之常保勿失。與身体不可須臾離者。又無可求之平等之權以外。故自由權不可不重。而平等權又不可不貴。

自由權之說。前言已詳。今當更盡平等之權之說。所謂平等之權者。非富貴威望相同之謂也。雖有威望昭著富貴兼隆之流。而威望不足以勝法律。富貴亦不足以賤他人。是故威望富貴之流。愼其所發。不得妄以盛氣凌人。無力貧賤之徒。尤必戒其貪欲。不得自貶以仰他人之鼻息。各適於道。皆可俛仰無怍。心神俱泰者矣。顧不康哉。

世人或曰。平等之權之說。不過紙上空譚。名雖甚美。而驗諸實事。則廓然無當。豈其說猶有未盡。而不足堅人信乎。余曰否否不然。平等權之不得驗諸實事者。盡國之害深焉已也。凡一事有弊。則避之唯恐不速。此爲天下至庸之理。三尺童子莫不知之。而獨於盡國之害則能多留一日即爲如天之福。嗚呼豈不謬哉。且夫千里之行。起於跬步。涓涓不止。終爲江湖。今日有一弊。漠然置之。明日有一弊。漠然置之。於是他日弊竇叢生。通國之中。無復夢見公益之期。勢之所趨。無可曲解者也。然則平等之權。既爲天經地義。而猶欲以一國政治之力維其後者。蓋有阻我之力在也。去此阻我之力。則非法律不可。夫平等與自由之說。道彌天地。咫聞孔見之夫。駭爲奇譚。亦其素所習者然也。吾何責焉。

立國之道。自由平等之權以外無聞也。天下萬國。失自由而無平等者。則不足以爲善國。然而是說也。亦非可執一以論萬也。國土不同。所感斯殊。察其地勢之所宜。究其民情之所向。而後制之以限無過不及之弊。是雖爲政之要。而猶不足以盡爲國之極詣。唯由斯道者。亦無不可自務也。術試觀磽确不毛之地。或方里過狹。則舉國人民無不奔走於一技一藝之能。以其所有易其所無。皋皋焉終夜不休。不若是則無足以資其所生。苟膴平坦之地。邱林崇茂。物產肥饒。而又無人滿之患。則舉國人民。取給於天生之物。已足遂其仰事俯畜之心。終其身不識胼胝之勞爲何物。蓋農固足以繁殖人生。而工藝則僅就地之所有以養所集之人而已。故農有農之自由。工藝則有工藝之自由。若欲以農之自由強與工藝相平等。則不啻強奪農之自由。而與暴君污吏之所爲相去無幾矣。濱海居有航海爲業。漁獵爲生。與農相較。則風濤澒湧。水天一色。夷險之懸。奚啻霄壤。而亦各安其所。食息生字。彼此無殊狀也。要之。平等自由之於各國各人。譬如布帛菽粟。不可一日或無。而妄執一端。不能會其通。則實爲秕政之源。決而潰之。其禍有不可勝言者矣。往古希臘人。近世阿剌伯人。俱以教法爲治國之要。其雅典人則以文學。加術達額及畸術人則以貿遷有無。路士人則以航海。斯巴達則以戰爭。羅馬則以道德。各援所長。以立國於天下。萬法精理有謂立法者之覘國政也。必視一國元氣之所在。然後施以利導之術。舉例頗繁。余之所說。不過略揭大恉而已耳。其詳非所能也。

一國政治。眞能致乎其極。無復動搖之虞者。非有異術也。察其自然之理。知其風俗人心之所尙。而後制定法律。護持其所有。矯正其所失。能如是。是亦可矣。使立法者。不順輿情。矯揉强作。諸如自由壓制富貴貧賤治內伐外之常道。俱一一反而行之。以快其所私。則他日法律。就湮。政体紛亂。平日之所謂一世之雄者。轉瞬不可復睹。蓋邱墟禾黍之悲。已何於若輩言高氣盛之時。及爲末路所迫。則遺恨無窮。而足跡已絕於天壤之間。余不識人亦何樂而爲此。嗚呼。可慨也夫。

第十二章　法律之區別

整一國之紀綱。而於通國所公有之物。制以相當之限。其說頗衆。一曰全國與全國之交接。（即君主與全國交接之意）全國與全國相交接。所定之法。名曰國法。（亦稱大制）所定之法。不問其爲善爲惡。而不得不博採輿論。世界如此。其慮而齊國之道。容有不得其當者。然斷無甘以不當之法。自殃宗邦者也。

或有論議所立之法為可通行一國者。或謂猶有不足。應擷他國之所長。以裨所短者。是依順之。是違聽之。苟非至暴極酷之徒。即無籍人口舌之理。故所立之法不問其為君主之意與否。即立法者自謂至美極善。而人民亦可各罄所知。蓋法之得失。實為一國安危治亂之基。得固人民亦蒙其福。失則人民首被其禍。烏得不深長思之。且法雖無可疵議。而人民之力。或不足以奉所立之法。亦有難言者矣。

一曰人民之交接。人民交接之說。又分二系。曰人民與人民相交接。人民與全体相交接。是也。然人民與人民相交接。則當務其小者。人民與全体相交接。則當務其大者。譬諸物我之間。不以他人之故而輕失一己所有之自由。若夫與全体相交接時。則不顧事之輕重難易。必先放棄一己之自由。而後盡力以為全体之事。然勇敢不撓之心。不能歷久而不衰。必為求其所以作養之道。其道維何。曰國權之外無與術矣。於是立法之人。亦由是而生焉者也。

一曰人法之交接。（如一人犯罪科以刑法是為人法之交接）世人每謂刑法者。不過法律中之一端。而不知他法皆得刑法而益固。如奸宄踵出。文告所不能已者。刑以警之。使愿者益堅其所守。黠者亦因以自斂。諺有之曰。刑法為季世所必需。而又為盛世所不可無。洵哉斯言也。

三法之外。又有一法。爲諸法之所至重。萬事之所至貴。與一人身体不可須臾相離。唯目視之而不見。耳聽之而無聲。無名可傳。無形可狀。銘諸於心。印諸於腦。與有始以俱來。與無終而偕逝。卷之及乎屋漏之中。放之則襃乎天地之間。自有此法。而諸法於以定。自有此法。而滅者可以興。絕者可以繼。餘如風俗習慣之事。無不備具於此法之中。政學家之所不及知。哲學家之所不及察。迨觀既成之法。無不與此法相維繫。立法者於立法之初。亦莫不難有此法。非可遊神荒漠。而猥以一孔之見。制定法律者也。學者愼毋狃於所見所聞。而忽於無形之法焉可也。

民約論第二編終

各國國民公私權考

日本井上毅著

緒論

國之原質維何。曰國土與國民是已。國民者。生活於國土之上。而爲組織（建合成立之意）國家之一分子是也。生活於國土之上。而爲國家之一分子。此等之人。即應享有此國臣民之權利與服從此國臣民之義務。此定則也。

一國臣民之權利。可分爲二種。一曰公權。一曰私權。

公權與私權之區別何在。第一、私權者。指人民各營其生活而得之權利。所謂私益上之權利也。公權者。指社會中之一人。參預公共事務而得之權利。所謂公益上之權利也。故私法大抵以民法規定之。而公法大抵以憲法及其他國法規定之。第二、私權者。爲人民一身一家之計。故除明文禁止之外。外國人亦得許其享有。公權者。爲一國公民專有之特權。非外國人所得預聞。第三、私權者。人人享有。無男女老少之別。公權者。必有公民資格之人。如成年以上之男子。及未受刑法之剝奪者。始得享有。由此三者。公權私權之區別。其大略可知矣。

以上所述各種公權。指社會成立以後。憲法或其他國法法律所認定者。故憲法與國民之公權。尤有密切之關係焉。

試徵之各國法典。法國民法第七條云。私權之行用。與公民之身分。無所關係。公民之身分。由憲法而得之。蓋所謂公民身分者。即享有公權之謂也。其後一千八百八十九年、公布國民身分法。民法第七條改正如左云。私權之行用。與公權之行用。無所關係。公權者由憲法及選舉法而得之。

英國一千八百七十年歸化法（即入籍法、凡甲國人入乙國籍者、謂之歸化、）第二條云。外國人於一切財產及相續權。（受領遺產、謂之相續、）許其享有。其第二項又云。本條所載。若官吏或議會與地方之特權。外國人無享有之資格。由此觀之。未歸化之外國人。得與內國人同享私權。而不能同享公權。讀以上條文。公權私權之區別。可判然矣。

公權者。歐人稱之曰公民權。(法語 Droit civil. 德語 Staats burgerrecht.) 或曰政權。(法語 Droit politique.) 法國學者。政權之外。加以各種特權。（如發行新聞權及結會權等類）謂之公民權。德國有分政權與公民權爲二。而特以政權屬於內國人民者。（按、巴華里憲法第四章第一條云、巴華里之一切公民諸及公權私權、其得完全享有者、以有本國人之資格爲限、本國人之資格、或由出生、或由歸化而得之、依曉子耳之說云、外國人得與內國人受同一之保護者、惟私權爲然、其公民權、如營業權之類、外國人亦得享有、獨至公權、則內外人未有可以同等者、故外國人不得有何種政權焉、）又有於公民權中。分廣狹二義者。又有分公民權與國家公民權爲二者。其說不一。然此不過命名不同。至於以政權爲本國人之特權。則其主義一也。書而楷氏云。普國慣習汎稱本國人曰公民。由狹義言之。公民者。謂遵守憲法、參預國政、而有執行政權之權者也。故公民以本國人爲限。而尤以男子成年行狀無失爲要。有此資格者。始得爲公民。而有參預國政之公民權。法人則名之曰政權。公民權之最重者。第一、參預代議之事。即有選舉及被選之權。第二、參預裁判權之事。即陪審及充當裁判僚屬之權。第三、據法律之規定。而爲各種官吏之權。第四、參預自治之權是也。此說簡而易悉。足備參考焉。

公權之名不一。德語所謂（Offentlich recht.）或以爲合政權與公民權而併稱之。適爾氏則以爲即政權之別稱。（見前巴華里憲法）法語所謂（Droit publique.）或以爲指科學上政法門者有之。或以爲公民權之外。指憲法所載臣民之權利者有之。（如所有權及身體自由權等類。均包含在內。）本編所謂公權者。據日本刑法所載。即公民權是

二三

四

也。法語所謂（Droit civil.）德語所謂（Staats burgerrecht.）即係此語。恐譯者誤解。故於茲特申明之。

日本刑法。當憲法未立以前。已有剝奪公權之刑名。此立法上消極之作用。（消極者。猶言陰極無之謂也。與積極相對。積極者。猶言陽極。有之謂也。）始有公權私權之區別。茲引鮑沙那特刑法註解之說如左。以資參考焉。

「民法權者。除特例以外。即外國人亦得享有。故民法權者。即私權也。公權反是。公權為國民所特有。此著之明文者也。公權者。由權利之性質言之。為國民之固有物。無論何國。雖立法寬厚。而亦不能假手於外人也。」

第一章　私權

內外人公權私權之關係。單就性法上論之。固無不可。然參照各國慣例。有屬乎交際法者。其古今之沿革。及其現行之大概。亦宜畧述。茲於說明公權之前。請先示私權之要畧焉。古羅馬時代。雖屬私法。凡本來之羅馬人。與征服之外國人。其間亦有區別。本國人所享之權利。名曰市民權。(Jus civilas.) 非外國人所得共有。外國人之權利。有所制限。於特別之區域以內。普通認許之權利。名曰人權。(Jus Gentium.) 凡此兩名。即今日總稱爲私權者也。

考之舊史。歐洲上古草昧時代。外國人之名稱。與敵人無別。故或稱之曰漂泊人。又曰賤人。置之法度之外。禁與內國人貿易結婚。其後稍漸開化。外國人亦得享有人權。而其區域尚極隘狹。往往科以重稅。以掊剋其貲利。又贈遺及相續。(見上解) 不得以財產相授受。若死於其國而無子者。不問名義如何。即沒爲公產。隸於君主。名曰治外民之特權。以比爲富殖君家之一方法焉。

自封建變爲王國之後。外國人之待遇。仍極苛虐。迨其後各國交際漸密。始稍重招徠外人之意。德奧兩國。始由聯邦條約。廢外民財產沒收權。法西兩國。由一千七百六十一年之條約取國際交互之主義。（國際交互者、兩國親相待之厚薄、互相交換之謂、）遂亦廢之。法國與英國。由一千七百八十六年十一月二十六日之條約。不待交互主義。凡英國人民在法國者。許其置有財產及相續權。又法國與俄國。由一千七百八十七年之條約。亦廢財產沒收權。至一千七百八十九年。法國大革命後。復大昌博愛主義。其翌年國民會議宣言曰。外民財產沒收權。於萬國同視四海兄弟之主義。大相乖戾。此惟野蠻時代則有之。今日以人權爲基礎。建立憲法之國。非禁絕此風不可。自由之法國。宜廣開國土。使地球上各邦人民。享有人生固有之權利。而懷來之自今以往。所有治外民之特權與財產沒收權。宜永遠廢止云。

普國法典。凡外人在普國住居及營業者。（即經商者）照所在地之法律。以定裁判。（凡則第三十四條、）又外人由法律許可營業者。除違法之外。普國人民享有之一切權利。亦得享有。（凡則第四十一條、）若外國於一切外人。或特於普國人民。發不利之法令。而故意有不當之處置者。普國於外國人民。亦得奪其應有之利益。（凡則第四十三條、）巴華里國民身分法中。一千八百十八年之勅令云。凡外人在巴國者。得享有巴國及其屬國之國民私權。（第十六條）若外國法律。或特別之處分對乎巴國人民。不由普通法律。與以國民應有之私權。則其國人民在巴國者。巴國亦得照例待之。（第十七條）范騰排而國。凡關乎相續之事。以交互主義爲準。若外國無同一之規定者。則外國人在其國者。不得有不動產。（財產有動產不動產之別、凡錢物等可攜取者、謂之動產、其他若土地房屋之類、謂之不動產、）故由贈遺或相續而得之不動產。必經二年以內之協議。或由裁判所之干涉。仍使歸之於本國人。著爲定例。惟外國人得住居國內之許可。及由政府特許其有不動產者。不在此例。墺國民法。外國人除特別明文外。得享有國民同等之民法權。與服從同一之義務。若外國人與內國人享有同等權利。因之而起疑問者。以墺國人在外國者。亦有同等之規則爲準。（第三十三條）英國自古有居住特許之法。凡已得特許者。許其有不動產。其他之外國人。雖憑法宣告商賈之自由。仍不得有不動產。據一千八百四十四年之法律。外國人以二十一年爲期。得租賃土地家屋。而收受其利益。其後一千八百七十年之法律。凡外國人始得與英國出生臣民。由同一之方法。置有一切動產不動產。而收受其利益。又一切動產不動產之權利。英國出生之臣民。得遺其子孫使享有之。外國人亦得據同一之方法。而享有相續之權利。著爲定例焉。（第三條）

法國首廢外民財產沒收權。前既已述之。及革命以後一千七百九十一年之敕令第三條云。外人雖住居法國以外。其由在法國之親屬。或親屬之法人。所得一切遺產。有相續之能力。又得據法律所定之方法而處分之。其後制定民法。其第十一條云。革命時博愛主義之反動力。外國與法國所結之條約。採國際交互之主義。外國人之權利。照外國於法人所授之私權。法國亦得使之享有。據講民法者之說云。外人住居法國以外者。雖得據法律之明文享有應得之權利。而明許之外。其他一切之民法權。不在此例。（笛毛龍白氏之說、）近時說者（華來脫氏、及特孟非氏、）又云。外國人除法律明文所禁之外。得有一切之民法權。由甲之說。以禁止為凡例。而以認許為特例。由乙之說。以認許為凡例。而以禁止為特例。其主義正相反對。而近時制法者。若伊太利民法及白耳義民法。大率採用乙說。一千八百六十六年伊太利民法第三條云。外國人於一切國民權。許其享有。此明證也。法國一千八百十九年七月十四日之法律。復廢民法第七百二十六條及第九百十二條之關乎交互主義者。純用內外人同視之博愛主義。此其現行法也。其他一千八百八年一月十六日之勅令。外國人在法國者。得有銀行股票之權利。（第一章第三條）一千八百十年四月二十日之法律。不問外國人之歸化與否。及其結社或獨立營業。（謂經商資本、悉由已出不招他人股份者、）皆得有請求開鑛之權利。（第三章第二節第十三條）是年二月五日之勅令。外國人得有著作之版權及讓與權。（第四十條）一千八百五十三年三月二十八日之法律。外國人許其以金銀寄存金庫。一千八百四十四年七月五日之法律。外國人得有發明之專利權。一千八百五十七年六月二十三日之法律。外國人在法國者。所有工商業之建造物。其製造標記。（即牌號、）得與法國人之標記受同一之保護。（第二章第五條）其據條約有交互之約束者。亦得受同一之保護。（第二章第六條）土耳其於一千八百六十七年公布法律云。凡外國人遵奉土國之法律命令者。得與本國人民同享不動產之權利。據沓耳恩脫恩之說云。不問土耳其人與歸化人。於住居本國外之外國人。不得以遺囑授以財產焉。丁抹所定私權。待外國人與本國人毫無區別。亦無其他要欵。外國人得由親屬之丁抹人。而相續其所有財產。

瑞典及那威。均採國際交互之主義。以爲立法之準。

白耳義一千八百六十五年四月二十七日之法律。與法國一千八百十九年之法律同一條文。

俄羅斯於一千八百六十年外國人許其有不動產所有權。近年有數處地方。於外國人之權利。制限頗嚴。一〇

荷蘭一千八百六十九年四月七日之法律。凡不動產之處置。及享有其利益。外國人與本國人一例云。

瑞士各聯邦。其立法各殊。或有取交互主義者。或有取內外人同一主義者。

海梯（西印度島國）國民法五百八十七條。凡外國人於不動產。不得相續。

北美合衆國。各邦大都以外國人不得由相續及遺囑享有不動產爲原則。一千八百四十六年。與紐格拉會大所結條約。及一千八百五十年。與沙恩沙而華特耳所結條約。兩國人民得由賣買享有動產及不動產之權利。及不問遺囑之有無相續此等財產之權利。（據查耳恩脫恩之說）

然合衆國議院。於一千八百八十七年三月。議決合衆國直轄領土內外國人不動產制限法。其要欵如左。

第一條　合衆國外之民。與有爲合衆國民之意思。而未照法律宣言者。又會社（即公司）

不遵守合衆國各邦及領地之法律者。除經裁判上之判決。抵還從前債務。應當收受之外。嗣今在合衆國領地及科倫波地方。不得置有土地。及收受其利益。惟據現行之條約。外國人民。於合衆國領土以內。得置有土地及處分之權利者。不在此例。俟條約期滿之後。仍照此例禁止。

第二條　凡會社股票。非二成以上爲合衆國人民所有者。嗣今於合衆國領地。及科倫波地方。不得置有土地。

第三條　凡會社非建造鐵路、開鑿運河、及創設轉關路者。（凡道路設立關門、收取行人路費、謂之轉關路、）於合衆國領土以內。一會社所有土地。不得逾五千噎。（合中國三百餘里）其會社有鐵路運河及轉關路等之事業者。除合衆國國會法律許可之土地外。視其相當之事業。不得有無用之土地。

第四條　凡違背本條例者。其所有土地。悉行沒收。由司法總官實行之。

以上所述。古今之變遷。可以概見。不動產之所有權及相續權。各國於外國人。猶有未盡許者。然若中古時故意壓抑外民之制度。則已絕跡於今日。此亦歷史上之古事談也。

今日各國對乎外人之制限。非無其例。如法國凡外國人爲原告。訴於裁判所者。其裁判結後之賠償費。必先立保証人。或先納保証金若干。又避倒產之宣告。以財產付於債主之權。民法一千二百六十八條揭載之。而訴訟法九百五條。於外國人仍禁之之類是也。又各國凡屬於本國之船舶。禁外國人管有。（德國一千八百六十七年十月二十五日之規則、英國一千八百五十四年之條例、西國商法第五百八十四條、合衆國一千八百九十二年十二月三十一日及一千七百九十三年二月十八日之法律、法國一千八百四十五年六月九日之法律、凡所有權一半以上屬於法國者、許其有法國船之資格、伊國法律、凡伊國之船舶、三分之一以下、可以屬於外國人）著述及美術之特許。（即專利權）與商標（即牌號、）之保護。均不得屬於外國人。惟各國之間。有交互之條約者。兩國人民。始得享有之。如一千八百八十三年。法蘭西、白耳義、西班牙、孛拉齊爾、旂笛嫣拉、伊太利、荷蘭、葡萄牙、沙而華特耳、瑟而皮、瑞士等十一國。締結工業權之條約。英吉利、倫泥齊、愛加而儉耳三國。亦加盟焉。凡盟約國之人民。互得工業上權利之保護。設事務局於瑞士。政府之監督。使執行事務。其實例也。

由是觀之。私權無內外人之別。固近世文明之美舉。然各國各有自護權。爲國際法所承認。如警祭法中。凡危害之外國人。無論何時。可以使之退出境外。由警祭員押送之。此各國之所屬行者也。茲姑不詳論焉。（白耳義於危害之外國人、使之退出境外著爲法律云、）

第二章　公權

公權者。由憲法及其他國法。專屬於本國公民之權利。外國人所不得享有。所謂本國公民權是也。故外國人欲得公權者。必遵法律所定得歸化之許可。而後始得臣民之身分焉。

考之歐洲。羅馬之初。凡公民得公權者。惟一都府之紳士有之。若一都府之特權者然。其後始以公民之名稱。爲對乎外國人而言。凡本國人有法律上之資格者。皆得有公權焉。

公權之種類甚多。第一、被選議員之權。第二、選舉議員之權。第三、任官之權。第四、參預自治之權。此皆普通所謂政權者也。此政權之外。又有陪審及參審權。代言人（即律師）及公証人之權。新聞紙發布之權。政社結合之權。遺言書公証之權。仲裁人（即調停人）之權。僧官之權。各國大都著之法律。公民權禁外國人之享有。惟各種之附屬權利。或有許其享有者。至於政權。則立憲國無有與外國人者。此原則也。今試逐一說明之。

第一、上下兩院議員被選之權。現今各國。無一國許外國人有者。且即普通歸化之外國人非經大歸化之允許。（凡歸化有大歸化小歸化之別、大歸化得有政權、小歸化則無之。）及已逾一定之期限者。仍不得充兩院議員。白國取大歸化之法。美國凡歸化之外國人。充當上院議員者必經九年以後。下院議員者。必經七年以後。法國一千八百十四年之勅令及四十九年之法律。凡歸化人非有大功於國家。得歸化之特許者。不得有被選權。六十七年廢之。八十九年復定法律云。凡歸化許可後。非經十年。不得爲立法議員。惟以特別之法律。此期限得縮短爲一年。匈牙利一千八百七十九年之法律。除有大功於國家者。歸化後非經十年。不得爲國會議員云。

第二、選舉兩院議員之權。此亦與被選權同。惟英國於外國人有居住特許權者。得與選舉。乃一變例。此由未布歸化法以前所定。蓋一千八百七十年以前。以居住特許法代歸化法。凡得特許者。可以得英國人權利之半云。其他縣會邑會選舉之權。無有與外國人者。毛里斯孛洛克云。無論何國法律。非本國國民。其有參預政事選舉權者。未之有也。

第三、任用官吏之權。凡官吏有三種。其一、由直接國權之委任。執行命令一部之官吏。其二、補助官吏。其三、一時傭雇官吏。(據遞附民之說、)其第一類官吏。各國任用之道。尤爲愼重。英國於一千七百一年有所謂殖民條例者。(Act of Settlement.) 其第五條云。嗣後凡於英倫、蘇格蘭、愛蘭各王國。及王國屬地之外出生者。雖已歸化。其歸化人之父母。除爲英國人外。不得為樞密議官與兩議院之議員及其他文武有責任之官職此條條文自一千八百七十年歸化法發布以後仍有効力與否學者之說雖不一而歸化法第二條云外國人不得與以官吏之權則固明言之矣自耳義於歸化法中分為大歸化與普通歸化（即所謂小歸化）二項普通歸化人非得大歸化之允許不得為大臣（憲法八十六條及歸化法）葡國及瑞典凡外人雖已歸化不得任執政及參議官（葡憲法一百六條及百八條瑞政府組織法二十八條）由是觀之凡樞要之職務均不得任西班牙凡未歸化之外國人不得行裁判權及行政權之職務（憲法第二條第二項）巴華里除本國人及外國人遵照憲法歸化者之外不得享有王室高等官政府文武高等官及僧官之爵祿（憲法第四條）凡此皆規定官吏有職權者之任用而不禁歸化人者也其他澳國國民憲法第三條云凡國民均得為官吏外國人有官吏許可者以得公民權為準丁抹憲法第十七條云非有公民權者不得為官吏凡此又為國家官吏有職權者規定者也其第二類官吏職權稍輕據各國特別之規定凡應特別之需用者外國人亦得任之荷蘭憲法第六條云凡荷蘭國民均得為官吏外國人除照法律條欵外不得任為官吏而一千八百五十八年之法律復列舉可以任用外國人之地位即第一領事第二公使館領事館之書記官及繙譯官第三學

校校長、教師及職員。第四、電信局官吏。第五、茲滾工場官吏。第六、鑛山官吏。第七、倉庫官吏。第八、兵器檢查官。第九、造幣局印刷局彫刻師。第十、各官衙彫刻師是也。白耳義憲法第六條云。凡德意志及白耳義人。均得任文武官吏。惟有特別之地位。爲法律所定者。不在此例。而一千八百三十一年九月二十二日之法律云。與荷蘭戰爭之中。政府得採用外國士官。瑞典政府組織法第二十八條云。凡王國官吏由國王之命存記者。不問其高等下等。所有瑞典出生之國民。其任命陞敘之權。屬於國王。而由參議院行之。國王由主務官廳(猶行該管衙門)之奏請。凡器能卓偉信奉新教之外國人。得任用爲大學之教授。與文學技術製造、美術、醫科各學校之教授及職員。惟不得任大學之神學教授。普國素有統一德意志全部之志。(是時德意志聯邦、尚未成就各邦各以外相待、)故一千八百四十八年。當制定憲法時。其上院第四條。仿白耳義例加入普國人一語。當時有提議修正者。而院議以爲開使用外國人便利之門。故遂未行。此當時之情勢然也。然據一千八百七十年六月一日德意志法律第九條。凡以外國人爲官吏時。其任用狀。即作爲歸化證狀。故應得本國人之權利。及負其義務。蓋歸化之例也。(俄國亦從此例)且其使用之法。仍以次等官吏爲限。至上所述第一類官吏。仍未見其例焉。若第三類官吏。

以技藝學術器械工業等事。一時雇用之人員。或屬乎書記之屬員等類。各國大抵得隨意使用外人。不必歸化。或由內閣會議。或由一省長官之意見。使其人矢誠實奉職之誓。即可任用。以爲常例。據廖恩乃氏之說。德意志一千八百七十年之法律第九條。其所謂任官者。乃久任之謂。至一時或一定期限之任用。與隨時解任之職務。不在此條之例。又據白耳義脫泥生氏之說。大學中學之教師。議院之速記者。及各省地方廳之書記。可以使用外人。蓋此不過爲國家官吏之助手（猶言辦理）而已。日本刑法注釋者。（爾沙那特氏）於刑法第三十九條關乎公權剝奪之欵。其解釋如左云。國家官吏與屬員之區別。頗非難事。國家官吏者。委任國權之一部者也。就其職權之範圍及其性質而言。於國民之行爲。有命令禁止與許可拒否之權。且國家官吏者。又必不受政府之給料。（猶言俸金）反之屬員則常受給料。其對乎國民。無政府代表之關係。不過爲國家被補助之勤勞而已。各省及其他大部局。未有無屬員者。日本以屬員與國家官吏。同稱爲官吏。不得謂得其當也。

以上所述。就官吏之位置差異。而任用之制限。亦有寬嚴之別。惟裁判官一項。於官吏之位置若何。頗有足論者。蓋裁判官者。以主權者之名。執行國權之一部。人民司直之父也。故憲法上必使之終身其任。以期資格之完全。且必以法律定之。又凡國內臣民。均有受裁判官裁判之權利。法律上亦證明之。故假使外國人得執裁判權。決非立憲主義所得許可者也。不但此也。即陪審參審公斷人及其他裁判附屬之公吏等類。亦必以內地公民爲限。即如俄國者。憲法未行之國也。據其一千八百六十四年之裁判法。凡任裁判官者。必俄國人民。由大學法科卒業。經試業及修習之年期者。始得承充。亦一例也。(據稻孟平氏之說)

今再就陸海軍士官論之。以備參考。凡從事陸海軍者。既以身爲犧牲。任國家最大之義務。故各國或有不必歸化。亦得任用者。又各國歸化法中。大半於陸海軍士官及從事兵伍者。不著定例。聽其人之意向。使得有人民之身分。以爲通例。(美國一千八百七十三年歸化法第二千一百六十五條)蓋外國人既無公權。又無服兵役納兵稅之義務。故以其人自己之意就兵役者。則與以一部之公權。亦報酬應有之義也。然司令之重務。仍不得任之。瑞典政府組織法第二十八條云。國王得任用材幹偉絕之外國人。授以軍職。惟不得任城塞司令官。此其証也。

第四、參預自治制之權。此爲公民權最重之部。英國凡外國人及受公費之救助者。不得登載邑公民簿。其他德意志各國。無不有此例者。

陪審之權。白國與議員同例。以大歸化人爲限。法國一千八百七十二年十一月二十一日之法律第一條云。凡未滿三十歲者。不得有政權民權及親族權。並不得充陪審之職。其所參預之有罪宣告。仍歸無効。其他各國。大抵相同。美國凡外國人亦無陪審選舉與就官之權。俄國雖裁判構成法。未經完備。而充當陪審者。亦以俄國人民。自二十五歲起至七十歲爲止。二年以上。住居於管轄區內者爲限。德國不但陪審之職。即裁判所參審之職亦然。其裁判構成法第三十一條云。參審員爲榮譽職。故以德意志人爲限。與第八十四條陪審之規則同。英國橋其第四世時定例云。凡外國人之刑事裁判。（裁判有民事刑事之別、凡財產等案屬乎民事、人命等案屬乎刑事）由原被告之請願。（凡人民有所求於政府、謂之請願）得以通外國語者之半數。設特別陪審。其後一千八百七十年復定歸化法。據其第五條。此例作廢。外國人不得由特別陪審有審判之權利。悉視英國人民同一之方法爲準。著爲定例。埃及於外國人刑事裁判。參審四名。陪審十二名。得用外國人。由被告之請求。（與請願意略同）其參審及陪審之半數。得用被告之同國人。波斯及都爾其於外國人之訴訟。與外國領事會同審問。凡此皆混合制度。非立憲國司法構成之原則。不得謂之善法也。

代言人與公證人之權。法國墺國。均有明文。以內國人爲限。據德意志一千八百七十八年代言人規則。凡本國人之資格。雖無代言職之明文。其實外國人由德國法律所定修學規程。而從事代言人之事務者。未見其例。加之德意志以代言人爲官職之一。其一千八百七十年國民身分法云。凡任代言人者。不得不作爲德意志人。於此可見惟學龍須代西國。德意志聯邦之一、凡在外國有代言人之資格者。視其需用。得於訟廷行代言之職。此爲異例。英國以代訟人(solicitor.)爲公務一一。故其歸化法第二條云。外國人雖不得資格。但辨護士(Barrister.)乃一職業。故但遇法律會之許否。非必以本國人爲限。惟英國訟廷執辨護之職者。必得英國(barrister.)之學位。其在他國所得者。不得預聞。美國凡外國人雖得行代言之職。而紐約及其他二三州地方仍禁之云。

其他若新聞發布權、政社連結權、政事集會權。法國墺國。均有明文禁之。其他各國亦有任其自由者。今不一一列舉焉。墺國一千八百六十七年結社法第三十條云、外國人及婦人與未成丁者不得入政社、又是年集會法第八條云、外國人不得爲集會[illegible]發起人及幹事會長等、法國一千八百六十八年集會法云、凡集會必住居布邑之人、有私權政權者七名、連名提出

結論

以上所述。一國人民。得享有公權私權。而私權可使外國人通有。公權則以本國公民爲限。讀者於此。可以知之矣。

今再舉其要論之。私權者。除民法特別制定條例外。爲人民生存不可缺之權利。故凡生存於社會（猶言人羣）者。無論內外人。均得享有。而公權者。由建國之國體而成立。故得平等參預一國之政權公務者。必限於一國之人民。譬如參預一會社（猶言公司）之事務者。必以其人列名會社名簿爲限。若乙國人得參預甲國之政權公務。則其國之成立。不分內外。爲世界公共國家矣。公共國家而能存者。未有之也。

更就團體自治之點論之。一市之自治。必其人於市內之繁盛安固。有密切之關係者也。故自治之要件。在一市之公民。商議其市之公事而辦理之。（日本市制町村制實取此主義）推至一國。亦一市之積而已。

夫外國之不得爲高等官。此何故也。欲國家之文明幸福進步。而任用外國人。其能收效與否。彼解釋白耳義憲法之脫泥生。曾言之矣。今試引以爲證。其言曰。

凡國民不問其爲何等種族。於外國人之執國務。無不禁之。往古之慣習。爲今日憲法原則之胚胎者。其禁止尤嚴。在同一主權之下。非有特別交互之約束者。甲州之住民。不得任乙州之官職。一市一邑之吏員。惟其地之住民。始得選用。習爲慣例云。

觀以上所述。驟視之。若出於利已排人之念。然細考之。正非無理。蓋一國之安寧獨立。非其人與國家有連結之系統。而與本國關係最切者。不能委之以扶持之任。故外國人非有利益之及忠義之實據可見者。(歸化之誓可爲實據)不得任國政也。

以上所述之主義。可由國家成立之性法推得之。然立憲國規定國民之公權。故國家官吏。必以公民任之之義。大都著爲明文。至專制國則於公權保護之道。未經明示。故法國革命前之理財大臣納克耳氏爲瑞士人。洛氏爲蘇格蘭人。又如支那朝鮮等國。以外國人爲大臣。惟政府之自由。國民不得以憲法非議之。而自保其公權。支那於同治六年(西曆一千八百六十七年)以美國人蒲安臣爲全權大臣。而以本國人志剛副之。列聘歐美各國。以要求條約之改正。當其至美時。美國以蒲氏未歸化支那。而以支那使節待之。頗爲躊躇。又現今任總稅務司之任者爲英人赫德氏。赫氏於稅務之事。對乎支那人民。有布令之權。而支那之海關稅權。

全歸英人掌中。支那人反不得與聞。此世所共知者也。又朝鮮以德人穆德隣爲外務協辦。皆其例也。(按穆氏已於本年退任、然朝鮮今日、外國執政權者、蓋較前多矣、)日本自中古以來。羨支那之文物。盛以輸入漢唐風爲事。當時隋唐之人來歸者甚多。或賜以姓。或與以土田。待遇甚厚。然參謀帷幄爲顧問者則有之。未有任以樞要之官職者也。統觀歷史。如支那與土耳其者。殆無其例。此殆立憲主義歷史上足徵者也。又況今日憲法。固已著爲明文者乎。

各國國民公私權考 終

麥泥臘人嘆息之言

日人有從軍北京者。歸述近事云。有一麥泥臘人。原隸美國軍籍。一日過日本人軍營相談。語次頗有感觸淒涼之概。其言曰。冤哉冤哉。支那人民。上戴冥頑不靈之政府。致罹無窮之災禍。不徒家屋被焚。財產蕩然。兄弟妻子離散已也。無辜良民。死於刀火者。不知幾千萬億。戰爭者本國與國之關係。而人民無與也。今列國軍之嫁禍於支那人民。在在皆是。回憶聖書所記。深戒不義之行爲。舉以公道正義爲準繩。今列國軍。姦淫婦女。擄掠財產。無所不至。獨不解歐美各國。素以文明自豪者。今對支那人民。逞其極凶極狠之手。名不赴實。其如聖書之所謂何。我是麥泥臘遠征軍隊中之一人。奉島中服役之命。思之思之。不勝悔嘆。蓋我麥泥臘人。受本島之壓制。不可名狀。灑盡志士熱血。欲換自由而未得。追想北美合衆國創立之時。形態與我島相同。則美國政府。應表其同情。乃對我麥泥臘人。偏忍坐視。美國之公義何在。當麥泥臘戰爭之時。我受敵彈者三。（言至此舉示其瘢迹）今猶偸活人間。其爲我之幸耶。抑亦不幸耶。自受彈傷。不堪戰務。脫役籍者。星霜兩易。而我麥泥臘之政體。依然如昔。今日爲我

二

國大統領選舉之日。嗚呼我蒲蘭衣阿恩氏。我蒲蘭衣阿恩氏。一旦天依人願。蒲氏占多票之勝。得登大位。未始非我麥泥臘人民之幸福。蓋蒲君深以帝國主義為非。必能使我全島人民。人人享自由之利。則蒲君與麥泥臘並垂不朽。緬懷盛典。曷禁日暮期之。

哇路散泥哀

俄羅斯國語中。有窮凶極惡之一言。讀若哇路散泥哀。其意若謂化成俄羅斯人之風云。譯以英語。有若 To become a complete Russian。俄羅斯全史事實。幾皆為此語注脚。過高加索以往波蘭。此語之真義。孰不耳熟能詳。前世紀之後半期。此語漸達於西伯利亞之東岸。今日又將風行於滿州。不啻為此語演義。彰明較著。接於目而觸於心。斯語也。在俄羅斯亦不過尋常等閒之語爾。但吾東亞人民。讀滿俄密約者。不可不掩卷三思也。

西伯利亞鐵道之效驗

我觀夏間北清戰事以來。征略之迅速。作戰之巧妙。其惟俄國乎。焉得不令世人驚駭也。出兵不過四閱月。不徒鎮定蒙古及與名國聯軍。攻陷大沽天津北京已也。亦既掃蕩滿州。其在阿衣共鷄々槐路暮柯臺（以上地名三處均照日本字母音直譯或者中國向有譯成之字不及查攷）等諸要地。雖駐有支那重兵。無不爲俄人所殲滅。今日未見有一支那兵。敢與俄人相抗也。彼諸要地。糧餉軍器。堆積如山。今日悉爲俄人所有。此次俄人運輸之迅速。作戰之巧妙。雖由當局者之勵精鋭進。亦未始非西伯利亞鐵道之所賜也。

外國新聞報論西伯利亞鐵道。不適於用。人言嘖々。已非一日。然今次戰事。已收鐵道之效。外人所見亦誤。所論亦不確矣。先時滿州鐵路。千三百邁當。爲支那所有。俄人督飭三軍。急行前進。且戰且修。卒爲俄人所盡有。蓋軍隊人馬。運以火車。迅捷倍蓰。裨益軍事。實非淺鮮。故俄人逢鐵道損壞之處。即督促支那工人。晝夜成之。由旅順以至暮柯臺之軌線。全復舊觀矣。

滿州鐵道既已竣功。地方之亂。亦既平復。是則民情已靜。鐵道無虞其損壞。然所駐之俄兵。撤退之說。恐未有期矣。

俄國派兵至滿州及直隸者。計步隊兵百十八人。大隊騎兵九十二人。中隊野戰砲兵三百四門。要塞砲兵四個中隊。及機關砲八門。枝隊步兵八大隊。騎兵二十二中隊。野戰砲二十八門。總兵員及下士以下十七萬三千人。將校三千九百人。其他護衛領事館騎兵四個中除。砲四門。西歷十月四日。調査死亡者。計將校二十二人。下士以下。二百二十人。負傷者。計將校六十人。下士以下。千二百二十三人。

四

俄國挾其電掣風馳之兵力。掃蕩滿州全境。以及蒙古一部。始而征略。繼而占領。其占領之永久耶。抑暫時耶。世論紛々。未衷一定。自俄政府宣言以來。人人以政府之言。如綸如綍。遂深信不疑。抑亦愚矣。不見乎西歷千八百年。德國與法國之戰爭乎。當日德廷宣布。亦謂鞏固國家。防禦外侮。何嘗聲稱占領法國之屬地乎。試觀慢倒倒詩脫臘詩蒲路科等地。（以上二處地名亦依日本字母音直譯）到底入誰人之手。今俄於滿州。以視昔者德國之與法國。形態頗同。俄清兩國。一河爲界。使清領黑龍江右岸。而左岸之俄境。時報平安。俄人或無可藉口。今何如乎。亂耗頻聞。俄人遂謂左岸不治。西伯利亞亦難保。其雞犬不驚。欲奠國家於磐石之安。非永占滿州全境蒙古一部。似不足以防禦支那人之侵入也。俄政府永占滿州之意。不徒俄人知之。支那人宜亦知之詳矣。此而不知。僞以俄政府之宣言是信。奸猾手段。俄人慣技。嘖々不察。不得不歸咎於東亞之政治家也。

一日校課既畢。二三同學。相偕往某講堂。聽討議會。議題論支那保全之得失。主保全論者。分立於左側。主分割論者分立於右側。辯難攻擊。舌戰二時之久。今略舉各論議者之大要。揭錄於左。以示我支那人。

保全說左袒者。

支那日本同是東洋人種。同種之故。自應保全。　篠田氏

人種既同。故有支日同盟之舉。保全之策。自應合力同謀。　澤出氏

依人情之大義。不可不保存支那。　波多氏

支那既分。日本恐亦隨之而亡。輔車之義。焉容自昧。　國友氏

分割固可。但尚非其時。今日而倡分割之論者。徒滋事端。故不如仍以保全爲辭。　隅田氏

分割說左袒者。

不爲人種人情之空談。宜圖實利。分割支那。在日本固有得地之益。　伊東氏

人種人情之說。無足輕重。乘容易分割之機。坐收實利。何樂不爲。　伊丹氏

六

時勢相逼。已値支那分割之運。時不可失。機不可逸。如今日老大之支那。不變不動。繼此以往。眞足爲東洋平和之害。　野間氏

然世界大勢。支那分割。無可幸免。乘此時機。與各國角逐中原。我日本國民烏得任意。且今日。支那朝野上下。腐敗已極。即聲稱保全。恐亦有不及之處。　田中氏

思扭因先生

嗚呼。教育誠爲國家之大事乎。一旦開國。誤其方策。視教育制度。不啻兒戲。未有不貽後世之累也。亞洲洲有若支那。有四萬々方里。地不爲狹。有四億萬人民。不爲寡。徒供西洋列國分割之資。至今日猶晏然未醒。在歐洲有若伊太利。有若西班牙。不能以國民的文明爭鳴大陸。雖由國政曠廢。財政急變。亦未始非教育衰頹。人文寥落所致也。

蓋不但一國之盛衰。與教育爲緣。即世界的文明。亦未有不與教育爲緣。教育如形。文明如影。形影相隨。其迹顯著。是則國民之智識。非有以教育之道。栽培之。開拓之。不足爲功。其理固昭昭然矣。

不見夫百年前國政紊亂民不統一之德意志諸邦乎今日固介英法俄美諸強國相頡頏

嗚呼。今日之德國。非即當拿破崙一世。席捲全歐之時。蒙禍最極之德國乎。追想當年。普魯士之被人蹂躪。以視今日北京之被人蹂躪。亦何以異。家無人煙、野無青草。傳蘭台利科大王之雄圖。忽焉若煙消夢幻矣。

斯時也。有思担因先生。慨然嘆。奮然起。以爲今日之事。舍教育不能望普魯士之中興。於是休養國民精神。鼓舞國民元氣。新造普魯士國民。舍建學校外。別無良策。即在柏林。建議學校。論者紛起。謂柏林人情浮薄。士氣萎靡。腐敗穢臭。充塞都市。不如建諸郊外爲善。思担因先生辭之曰。普魯士腐敗。既以柏林爲首。欲圖改造。亦必自柏林爲先。輿論翕然。今日柏林大學。即思担因先生所建者也。

思担因先生嘗謂欲求行政刷新。非整頓國民教育不可。毅然以百年之事業相期。光陰易過。瞥眼七十年。德意志即勃然而興矣。

不見其舉拿破崙三世而敗之耶。不僅此也。今更倡覇中原。長驅東亞。洋々乎。德意志帝國之聲威。震驚宇內。後之論者。能無頌思担因先生教鞭之所及。教澤之所播。自不容須臾忘也。嗚呼。教育非國家之大事乎哉。

法蘭西及暹羅之影響

法國新聞報。嘗窺測暹羅之政畧。論者雖屬紛々。其意若出一轍。聞諸暹羅。人心洶々。且法兵之駐屯支那者。實繁有徒。將來北淸事結。法兵歸途經暹羅邊境。其能安然無恙否乎。

土耳其及路梅泥耶之同盟

德國首相。嘗倡排路克恩半島。爲他邦所侵入。故有土耳其路梅泥耶同盟之說。此舉若實。則排路克恩半島與俄羅斯與大利及日耳曼國之交涉。又特別開生面矣。

俄羅斯東畧方輿

據仁川通信員言。朝鮮北境。俄兵頻來騷擾。渡鐵由門河。沿路村落。任意刼奪。極其亂暴猖獗之態。朝鮮政府。雖已經照會俄政府。其如焉耳東風何。

雜報

志士東遊

非律賓革命黨領袖鴉金那度之祕書官名飄西者。馬德里大學之文學士也。偕從者一人。遊歷日本。寄寓橫濱妙香山寺。問其來意。係欲陳述馬拉尼（非律賓之京城）事實。哀訴於日本志士。以當秦廷之哭。近日各報館中人。延之於東京俱樂部。而叩其意見。渠乃慷慨而談。陳非律賓足以自立之故。及美國逞强干預之非。幷求日本以義俠爲心。助其獨立。辭嚴義正。有烈士風。聞者莫不爲之感動云。

救世軍

日本東京向來設有公娼。貧家女子陷入此途者。實繁有徒。同業既多。則生涯愈困。好善之士。心焉憫之。乃立一會。派出多人。名曰救世軍。沿途奏樂演說。力闢娼妓之傷風敗俗。而勗以改過歸良。乃該業之主。聞而憾之。糾衆以與之爲難。然救世軍不爲之屈。諄諄如故。遂使娼妓感其至言。决然改業者。絡繹不絕。業主無如之何。乃寬待餘者。以挽其去。於是公娼一業。雖不能全行廢止。而其苦境。則較前大減矣。

禁烟律

日本之幼年子弟。吸紙烟者頗多。但烟中含有二種毒質、名納哥鐵、及尼哥欽。足以痲痺神經。遲鈍知覺。故年幼者吸烟尤易斲喪其元氣。而妨礙其發育。德國有十六歲以下者不准吸烟之律。美國亦有十八歲以下者不准吸烟之律。職是故也。日本政府現亦仿其法。制爲律如下。一、年未冠者、不得吸烟。二、違律者沒收烟及烟具。三、年未冠者吸烟。而其父母或有監督之責者。知情不報。罰洋一元。四、故賣烟或烟具於未冠者。罰洋十元。

日本陸軍大學校卒業生

西歷十二月二十日。陸軍大學校行卒業禮。分給日業證據。日本皇帝於是日上午十點鍾。臨幸該學。倍乘者爲田中宮內大臣等。當時校中各官及各學生立於門內南側。參挍將官等立於門內北側。以恭迎乘輿。皇帝遂御便殿。召見各官及各學生。又至講堂聽教習講義。再御便殿。頒給卒業證據。優等生每人賜刀一柄。優等生凡六人。其外卒業生凡三十八人

本編代派所

上海新北門外	中西書室
上海北市抛球場	廣學會
上海三馬路望平街	中外日報館
蘇州府堂巷	東來書莊
蘇州元妙觀前東首	開智書室
杭州城內銀洞橋	譯林
無錫崇安寺	三等學堂
蕪湖寧淵觀南岸	晉康煤炭公司
江西馬王廟背後	賦梅山房主人
香港荷理活道	聚文閣
香港上環海旁	和昌隆
香港文武廟直街	文裕堂
新加坡衣箱街	天南新報館
東京神田區表神保町	東京堂
東京神田區今川小路二丁目一番地	博愛館
大坂川口三十二番	鎰源號
神戸榮町三丁目	中外合衆保險公司
臺灣臺北府大稻程六館街廿一番戶	良德行

明治三十三年十二月五日印刷
明治三十三年十二月六日發行
明治三十四年九月廿三日再版

東京芝區愛宕下町四丁目八番地
編輯兼發行者　坂崎斌

東京牛込區喜久井町二十番地
發行所　譯書彙編發行所

東京本鄉區丸山新町十九番地
仝　譯書彙編發行所

明治三十四年一月廿八日第三種郵便物認可
譯書彙編第一期．明治三十四年九月廿三日發行

No. 1.

THE
YI SHU HUI PIEN.

A MONTHLY MAGAZINE OF TRANSLATED
POLITICAL WORKS.

OFFICE:

No. 19, Maruyama-Shimmachi Hongoku;

or

No. 20, Kikuicho Ushigomeku,

TOKIO JAPAN.

東京曲木鉛版活印行

譯書彙編

一九〇一年第一卷第二期

（明治三十四年一月二十八日第三種郵便物認可）

光緒二十六年十二月九日
明治三十四年一月廿八日發行

譯書彙編

再版第二期

（每月一次定期陰曆十五日發行）

譯書彙編第二期

目錄

簡要章程

一是編所刊以政治一門爲主如政治法律理財歷史哲學各門每期所出或四類或五有間附雜錄

一政治諸書乃東西各邦強國之本原故本編亟先刊行此類至兵農工商各專門之書亦有譯出者以後當陸續擇要刊行

一是編之外尚須刊刻譯成全部之書目錄均附於後

一是編由同人捐資刊辦尚祈同志之士概與資助當酌量贈書以酬高誼

定價

一月一冊洋貳角　半年六冊洋壹元壹角
全年十二冊洋貳元　內地酌加郵費

購閱略則

一定閱本編可函向譯書彙編發行所掛號每期當按址寄送外埠可就近向各代派處購取

一價銀必須先付掛號後若不付銀及已送滿所付之價均一律停止不送外埠同

一定閱本編以半年起碼概不零售

一代派照定價提二成作爲酬勞

簡啓

日本同文求學最易苦無援引來者頗艱倘內地有欲來學者但備二百四十元即足一年學費房食之用來時同人可代爲招呼一切並可紹介入日本各種學校有志之士幸毋裹足

日本書籍之多浩如烟海內地之人雖知其益苦無門徑何從購買同人既事探討頗能知其一二若有欲購閱各種專門書及一切有用之書者即祈函告同人當舉所知擇要以聞至購買之後必可効勞代寄照原書定價另加郵費可也

中國乏才由無教育教育之難由於無書同人現編輯小學中學各種教科書然玆事體大海內名流有素留意此事者望賜函見教以匡不逮

信來請寄本編發行所

本編告白

啓者本編自第二期起凡有議論精闢爲書中扼要之處一律密圈以醒眉目再第一期因匆促付梓間有失於校對之處閱者諒之

又此次彙編因日本年終印刷局一律休假故出書之期較緩不能照每月十五日出書之例

已譯待刊書目錄

政治進化論　英國　斯賓塞爾著
社會平權論　同
教育論　同
政黨論　德國　伯倫知理著
今世國家論　法國　鮑羅著
理學沿革史　法國　阿勿雷脫著
歐洲文明史　法國　尼騷著
教育論　法國　盧騷著
平民政治　美國　勃拉司著
教治泛論　美國　威爾孫著
社會學　美國　吉精顏斯著
教育論　美國　如安諾著
東西洋教育史　日本　小野禮四郎著
美國民政　美國　莫里著
國際論　日本　陸實著
國法學　日本　有賀長雄著
文明論之概略　日本　福澤諭吉著

明治歷史　日本　坪谷善四郎著
外交通義　日本　長岡春一著
加藤講演集　日本　加藤弘之著
國際法論　法國　羅諾而著
自助論　英國　斯邁爾著
新聞學　日本　松本君平著
近世二英雄傳　英國　格理飛司著
經濟學史　日本　井上辰次郎著
俄羅斯史　日本　山本利喜雄著
十九世紀　日本　博文館編
丈夫之本領　日本　鈴木天眼著
政教進化論　日本　加藤弘之著
近世海軍　日本　福本誠編
近世陸軍　日本　新橋榮次郎編
萬國國力比較　英國　默爾化著
國法學　日本　岸崎昌、中村孝合著

政治學

美國　伯盎司著

第一卷　民族

第一章　論民族之定義

何謂民族。民族者。即集合風俗習慣相同之人。爲一團體。（如一村落相集自立政治權力平均是謂團體）而同居於天然形勢之一域者也。

雖然、有一抗論。因此定義而起。蓋民族之定義如此。於事實之中。固最完全。但如此完全之民族。自古至今。不易多覯。或地廣人稀。或人衆地狹。或地之界劃不清。或人之種類不一。請遂言之。

所謂地域者。余意必有高山、大河、深林。及氣候不同之障礙。或且有從古不與外面相通之地。所謂人種者。余意必有相同之言語、學問、口碑、史乘、風俗。及知覺之善惡。而後可也。夫地域人種。相同如此。其難。其不能完全。亦勢使然也。余今且以人種論之。欲連合同類之人種。則以通言語爲最要。蓋人必言語相通。而後習慣知覺可同。學者應知同族同種。不能爲民族之要雖人之種族不同則萃一之阻力固多而究民族萃一之原終不以同種同族爲要也其在上古之時同種之人皆有同一之言語、風俗無疑但古之種族俱由遷移、征戰、婚姻而混雜遂大滅同種之權力至近古政治則聯不同之種族以奉强種之首領其終遂混成同種之民族往往是也如是則可知民族雖以種族同不同爲斷而不知政治同則異種可以合政治不同則同種可以分古昔宗教之同爲民族萃一之大力近世宗教自由之說大明其勢殺矣

譬諸同居一域之人其地勢人種幾成完全之民族俱能獨立政治以成一國但獨立政治不必其在完全之民族凡民族須屢歷進步然後方能獨立政治迨能立政治之時尚有外此勢力使其不足以成國當其初立政治之時與各種民族常相爭競推其故皆由於專制也嘗聞奧王夫蘭雪司第二在廷謂法公使曰余之人民種族不一甚幸事也何則彼等雖有災害可不同時罹也若法國則一有災害幾如疫癘流行全國徧被之矣是以隣保相警不特不能使之互相和親且從而相忌也然於相忌之中秩序未必不由是而生而怨恨之中亦未始不可底於和平也要之國家進步必至可爲共和政治之時然後民族萃一之力

無阻而國家至重之權力亦於是生焉余得而斷之曰共和政治之中民族合一爲最要其說則於後詳焉

雖然亦有異此者集各種民族於一國其意見各異實有解散政治之虞然亦未必盡如是也每有一國之中既集各種民族而不能相統遂創立中央政府以一制度如余後章所云者

但民族亦非盡有政治之材能者也每有各種民族之材能專用於言語、技藝、宗教、之中即此三者而論亦每有材能薄弱不能彼此贍顧者是以綜論剏立政治之材能首推白人而白人中亦自不同在亞細亞之白人未嘗自立一國即在歐羅巴者其類亦不一而足如袞而脫（原爲英種後爲現在之英人逐之英北今尙在）絕無剏立政治之材能希臘僅有幾微英法及德則巍然出衆逞其材能剏立盡善盡美之政治而遂足以雄視天下是以有一民族不能必成一國也設吾輩證以歷史可知不能剏立政治之國之受能剏立政治之國之約束爲世界文明之一亦猶民族之自成爲國同爲世界文明之一也余意亞非二洲斷不能別有良圖以剏立政治矣但如是云云則強盛民族應仍受吾約束民族之言語學問技藝宗教及無害之風俗之舊其在法律政治中則苟有公義便利可任已意行之論者無可瑕疵者也究其終也同一民族竟以地勢異而分爲數國如英之於北美西班牙葡萄牙之與南美皆始系一國而分之之後性質亦因之不同矣

以上所述使學者明於民族之定義而後知立國之道不得專藉民族亦政治學所不可忽視者也

第二章　論民族之分播於歐羅巴及北亞美利加

天下雖廣余惟就歐羅巴及北美諸國論之蓋惟二洲之政治卓然可觀餘皆蔑如也今即其地之民族以次詳述之但名目棼繁殊爲讀者所苦因編成一表凡民族國名疆域經緯度數以及人種條分支析臚列於下俾易檢閱焉

第一

歐羅巴中依天然形勢而能自成界限者得九處也而九處之中每有缺點其界之廣袤亦非一律先列表如左

第一表

民族	國名	疆域	經
意皮林半島	葡萄牙 西班牙	東至地中海西至大西洋南至大西洋地中海及直布羅陀海峽北至北士開海得及卑利尼士山完全無缺點	東經綫二度西經九
不列顛諸島	英吉利	東至北海西至大西洋南至英蘭法北至大西洋埃爾蘭與英蘇二島中隔以水有英十里至六十里不等致有各稱阻九實爲其地之缺點	東經綫二度西經綫
加立克地	法蘭西 比利時	東至阿爾卑士山西至大西洋南至卑利尼士山北至英蘭谷及北海自利非城至北海除未平斯河外無天然界限實爲其地之缺點	東經綫六度西經綫
意大利半島	意大利	北至阿爾卑士山東南西皆以地中海之支道爲界此地之缺點一因地形過長寬僅一百餘英里而長有七百除英里二因此地爲阿爾卑土山所間斷如肩之法實三四其地東西俱爲此山横阻致有各稱不利之點	東經綫七度至十八
補耳肯半島	土耳其 希臘	北至補耳肯山東西南皆以海爲界此地與東土耳其相隔僅一商狹之海峽又其四境不能得一適中之地實爲其地之缺點	東經綫十九度至二十
司肯提內佛半島	挪威 瑞典	東至波羅的海西至大西洋南至丹麥北至北冰洋東北一隅無天然形勢爲之界限爲其地之缺點	東經綫五度至二十
中央地股	丹麥 日耳曼 荷蘭	東西南皆以阿耳卑士山及卡批提安山爲界北至北海及波羅的海東方之界尙有不足或山克來谷亦波羅的海國以維思納河爲界終有缺點其西方之界亦有不足且從亞東至歐御之中可以直達尤爲北地缺點之大者	東經綫六度至十九度北
丹牛波地	奧地利 匈牙利	北至北海南至補耳肯山西北至阿耳卑士山丹牛波河則樓於奈地之中北地之東卡批提安山不能與黑海相連尙距百五十英里實爲其地之缺點	東經綫十二度至二十
東方之地	俄羅斯	東至與大司克島拉山及裏海西至波羅的海南至卡批提安山及高加索山北至北冰洋加形雖與不行四方經相似而各邊俱有缺點西與沿六第七之地相退西南又與第八之地相退且自其地至亞東六百英里間除島拉河外無他界限實爲其其地缺點之大者	東經綫二十二度至六十

緯度數	方里	人
度北緯綫三十六度至四十度	二十三萬方里三萬三千方里國西班牙餘國葡萄牙	西班牙種一千七百万葡萄牙種五百万拔司剌種四十五万瑪司夸人六万黒人五千
十度北緯綫五十度至五十九度	十二萬八百三十二方里俱國英吉利	英吉利種三千四百万裘耳脱種三百五十万
二度北緯綫四十四度至五十一度	二十二萬方里二十萬四千九十二方里國法一萬一千三百七十三方里國比四千六百方里國荷	法蘭西種三千六百万括倫種四百五十万倫通種三百万裘而脱種一百二十五万拔司剌種十五万意大利種十二万五千
度北緯綫三十七度至四十七度	十一萬六千方里十一萬四千五百方里國意餘國法與	意大利種三千一百万
十七度北緯綫三十七度至四十二度	十萬方里二萬五千方里國土耳其七萬五千方里國希臘	希臘種三百万土耳拔種一百五十万挨佩將種一百七十五万剳拉武種一百五十萬
五度北緯綫五十五度至七十度	二十萬方里十七萬九百七十九方里國挪威十二万三千二百五方里國瑞與	北倫通種七百万夫音詞及拉潑詞種二十五万
緯綫四十六度至五十四度	三十方方里二十一万一千一百三十五方里國日耳曼五万一千六百九十五方里國與餘皆爲丹荷二國所有	倫通種六千万法蘭西括倫二種三百七十万司拉武種一千万北倫通種二十五万
十七度北緯綫四十二度至四十九度	二十八万方里十五万八千九百四十方里國與餘爲各部落所有	倫通種一百六十万司拉武種一千万何牙利種一千二百万路孟種五百五十万土耳其種五百五十万
度北緯綫四十五度至十十度	二百万方里一万四千三百六十方里國岡牙伊一万五千方里國普俄土餘爲所有	若此地者共百二十種今路列不同之種於下司拉武種七千五百万倫通種二百万猶太種三百万立司挨寄種二百五十万剌克塔種百万夫音司種三百五十万韃

六

六

種	人種之分播	人
	西班牙種蔓延各處葡萄牙種在西方一帶極狹之地拔司剌種在極北之中道瑪司奈人在北南黑人在北西及司潑人五萬則往來北地無一定之方向	拔司剌種為其地土著西班牙種以羅馬阿剌伯猶
	賽而脫在西島及東島之極西極北餘地皆為英吉利種所居間亦有雜處者	賽而脫種為其地之土著英吉利種本日耳曼之一
	法蘭西種據全地之大半拔司剌種在魏利尼土山之左右賽而脫種在北西活倫倫通種在北東北意大利種在北東南之極際	法蘭西種以賽而脫羅馬各種混合而成活倫意大
	分播全地	北方之人以賽而脫羅馬倫通三種混各而成而以
	希臘種在其南極南及其東部之米依勢海買瑪拉海黑南之岸挨與寮種在其地之西歪北司拉武種在其中央土耳其種在司拉武種及希臘種所居之界之中	土耳其司拉武二種為其地之土著希臘種以海倫
	夫音司拉潑司二種居其地之中北倫通種居其地之東西	北倫通種與倫通種相同其與夫音司拉潑司二種
	倫通種居其地之大半法蘭西活倫二種在其西南司拉武種在其東北倫通種在其北	各種之播成已散見各項
	倫通種在其西及其西北司拉武種在其南北及東南句牙利種在中央路孟種在其東土耳其種在丹中波河之儕	句牙利種混合之種以買及挨種為最買及挨種即
粗種三百萬指麥克種十萬高加索種二百萬路孟種七十萬	司拉武種在其地之中佯分抽四方納太倫通立司挨佩紫制克待四種在其西夫苷同種二百萬在其北夾音詞種一百五十萬韃翹種二百萬及指麥克待在北東韃翹種一百萬及萬加紫路孟二種在其南	中央與南方之司拉武種不與他[illegible]混合北方之司拉武種以倫

種之構成
太等種混合而成。葡萄牙種以路馬瑪拔等種混合而成。近又有法蘭西猶太二種混其間矣。
種而又與賽而脫羅馬二種混合而成者。
利二種以條通賽而脫羅馬各種混合而成。拔司剩條通賽而脫三種皆自成一種。不與他種混合。
條通種為故。中央混合之種與上同。而以拉馬種為故。南方之人以希臘殺拉皆二種混合而成。後又雜以法蘭西西斑牙二種
司拉武土耳其三種混合而成。而以海倫為故。撲與韓神以希臘等三種混合而成。司拉武種亦稍有條通種雜於其間
混合之種則不可考
條拉條種之支系路孟種所混合之種以羅馬種為拉路孟本[illegible]馬斯民之留脩在耶蘇降生二周紀中為羅馬皇所殖於張曉之種即是也。後又雜以司拉武種致亂羅馬之真
通夫昔司二種混合而成。其他各種亦間雜

第二

北美雖大於歐洲者。不啻倍蓰。而能自成界限者。僅得三處也。若以天時寒煖為之界限則得六處。但北美人種之區別。不若歐洲之顯著。又無國名可辨。茲姑以地形、疆域、經緯、度數、及方里列表如左。人種則以說詳之。

第二表

一	二	三
在換配拉慶山及大西洋之中	東有換配拉慶山及大西洋之北岸北有北氷洋南有墨西哥灣西及西南有落機山	在落機山及太平洋之中

以上三地雖有天然形勢爲之界限。而僅就大勢言之。經緯度數及方里廣狹俱難確定也。

第三表

	一	二	三	四	五	六
地形	墨西哥高原	大西洋沿岸之地	南太平洋沿岸之地	北太平洋沿岸之地	密雪雪闕河沿岸之地	加奈陀
疆域	東有墨西哥灣及楷拉平海西有太平洋	界於換配拉慶山及大西洋之中	東有落機山西有太平洋	在第三地之北東西界限亦同	在密雪雪闕及密沙立兩河之中換配拉慶山在其東落機山在其西墨西哥灣在其南大河在其北	在第五地之北西以落機山爲界

經緯度數	方里
西經綫八十二度至百十五度北緯綫十度至三十二度	八十七萬五千方里
西經綫六十度至八十五度北緯綫二十五度至五十度	四十萬方里
西經綫百十度至百二十五度北緯綫三十度至五十度	八十六萬五千方里
西經綫百十度至百六十五度北緯綫五十度至七十度	八十萬方里
西經綫七十五度至百十度北緯綫二十九度至四十八度此地之南較北方狹綫十度	一百七十五萬方里
西經綫六十度至百十五度或百四十度北緯綫四十九度至八十二度	三百萬方里

北美中之能自成界限之處。已列表如上。今再就人種言之。但毋庸泛論。僅以大西洋太平洋相毘連之地而言。其地在北緯綫三十度至五十度之間。即前表所列第二第三第五之地也。居其他之人種。殊難區別。大都俱系混合而成。而以偷通種爲最。但偷通種之支系。亦有未與他種混合者。即痕卡落亞美利加日耳曼司肯彈文等種。亦有未盡混合者。以上諸種。均分播三地之中。其數以痕卡落種爲最衆。其他猶有黑人七八百萬。大半居於第二第五之地。與緯線三十七度並行。實占其地（指第二第五之地言）戶口之三之二。但彼等不與外人通婚嫁。故混合者尠。又有從而脫種二百萬。散處挨配拉慶山之東。此僅就他處遷徙者言。生長其地之眞從而脫種不計也。其

歐羅巴

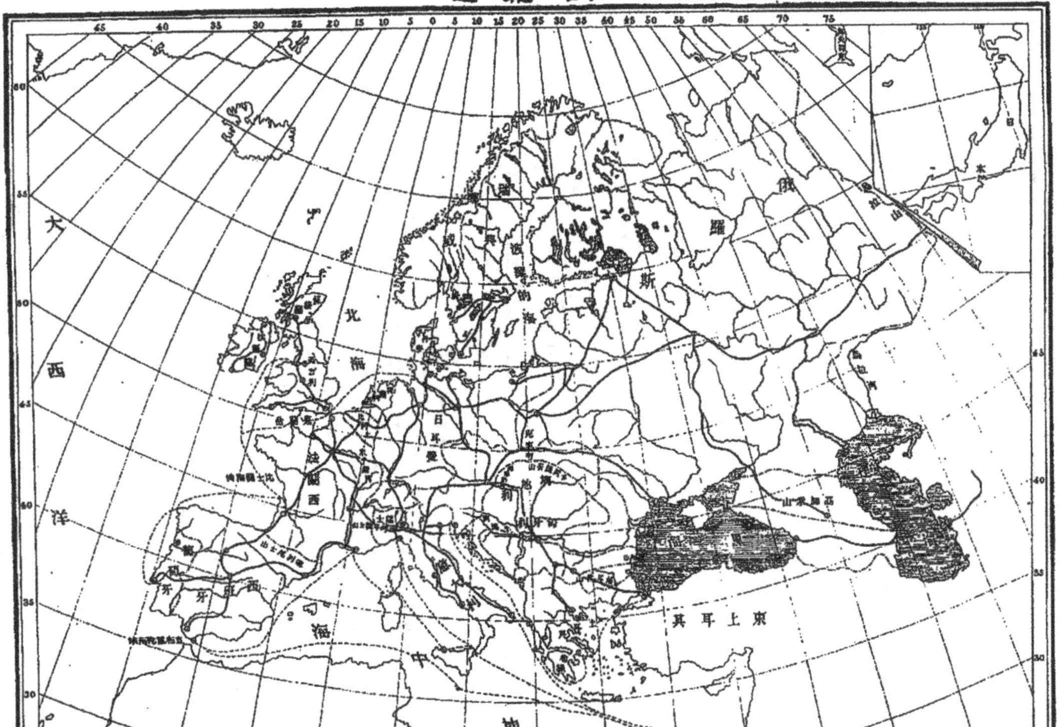

$\frac{1}{20000000}$

北阿美利加

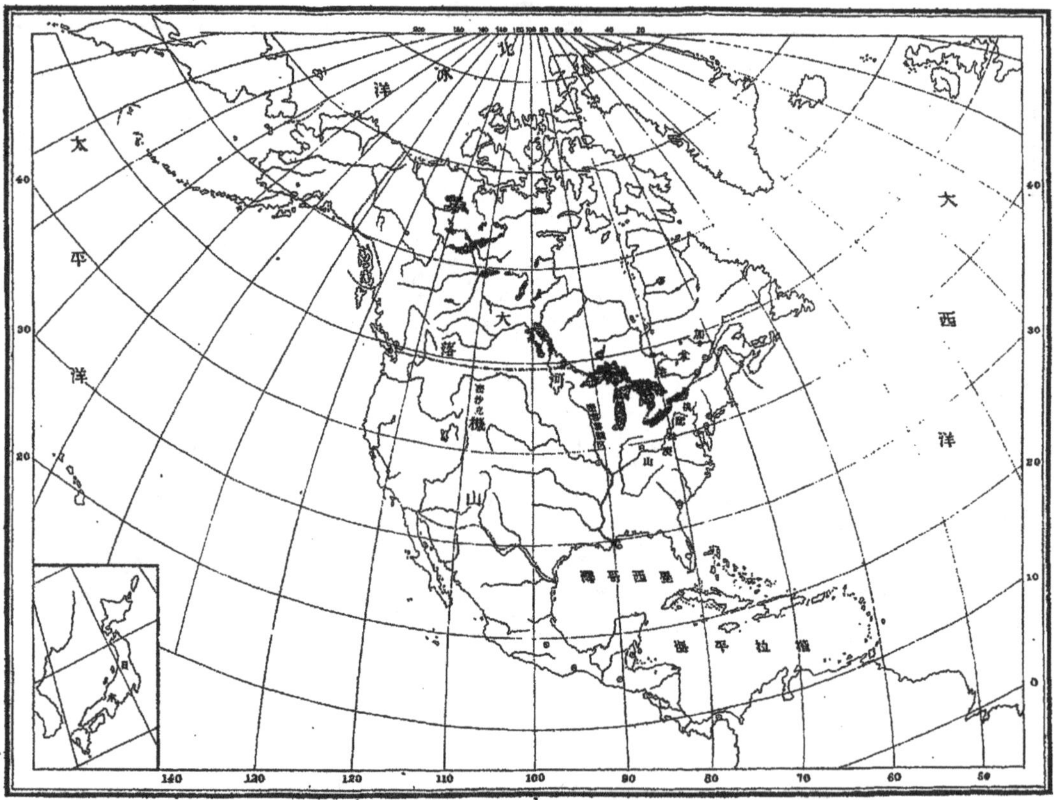

1/40000000

種亦不甚與傜通種相混合。不過視黑人有差耳。又有蒙古種十一萬。聚居於第三之地。亦不與傜通種混合。又有印度土人（美洲土人紅色種）七萬。散處三地。又有特別印度土人二十五萬。居於第三地及第五地之西。但彼皆自創制度。不歸美人管轄。三地南部。俱爲羅馬種所居。即西班牙、法蘭西、殖民之留裔也。（初闢美洲者爲西班牙繼之者法也）其種易與傜通種混合。而其勢力亦不見削弱也。

以上三地人種之數。綜計有六千三百萬。傜通種居其半。袞面脫種居三之一。他種與美洲土著。殊寥寥也。居其地之各種。雖俱系與他種混合而成。究其原實英吉利支派之傜通種是也。

第三章　民族政治之性質

論議此章。頗非易事。時恐錯雜不清。夫民族政治與時推移。余今將其遞變之性質。悉置不論。唯以近古民族通行之性質。爲一民族固有之性質。執此而論。則於政治上之思想。庶免混淆矣。

歐羅巴、北亞美利加、人種之所由出者。爲希臘、爲拉丁、爲袞面脫、傜通、司拉武。余是以專述以上諸種民族政治之性質但恐連篇累牘致疲學者之精神茲姑就政治中特別之性質為各民族所嘗用者並為各民族降古至今所通行者言其他不能枚舉也今且以各民族政治中特別之性質以次詳述若是則始有實在地步不致純以空譚飾實事矣

第一希臘及司拉武民族　希臘所設之制度俱在團體之中司拉武亦與希臘相同余今論議二族俱以此為標準團體之制度極為簡陋而二族之政治亦止於此而無復進步其一切權力俱在團體之中即統治主權亦在其中又有聯邦同盟之制度雖較團體為稍廣而不過與衆會議僅有微權一人意見不得與團體相抗其政治既如此矣而人之材力聰明不能終閟其萌芽遂側生旁挺發為音樂詩歌技藝口才哲學宗教而其根早發軔於民族政治之中由斯道也其族政治遂為政治中最下乘矣鑒彼歷史乃知其所以不能終振者厥故有三一則各人自由之權弱而不固二則外交不善三則微弱不足禦外侮由此三者彼族政治遂啓外人干預之漸是以希臘之先歸羅馬後歸土耳其今歸僞通之約束司拉武之臣服於土耳其及僞通君主也洵非偶然蓋臣服他人歸人約束者為政治簡陋及竭全力以為最下乘政治之後效斷不可變易者也二族政治他日或有進益或於政治外

（未完）

事務他役均未可知。若謂二族之中。有知吾輩所謂近世政治思想者。余不敢信也。即有一二明哲。於其民族昧於政治之由。亦不自覺。縱有改革之策。而獨力難支。因而僨事者比比皆是。余猶憶八年前有一木司寇大學教習遊於我國。彼在俄司拉武族中為首選之律師公法家。謂余曰。俄政改革。當即不遠。余返京之前。想已告厥成功矣。當此時也。距俄國之改革。尚有六月。迨時至而教習之言。有大謬不然者。俄之君權如常。虐待其民又如故。不少變也。夫觀於波蘭人之顛連困苦。雖美國十五齡之童子。亦無不為之垂涕。而欲盡反俄國之所為以為快。誠如是。則必易其君主。廢其陸軍。毀其教堂。而後可。雖然由是行之。則不出二十五年。必致俄國教化掃地無餘。而歐洲文明。且亦為之減色。蓋俄國雖有仁君能施恩澤。而其政治制度。不得不與君主專制相終始。情勢然也。亦猶希臘之丹麥君主。（希臘前屬土耳基一千八百二十一年起與土抗各國又力助之遂成自主而其君主則丹麥人也）雖欲使其國人忠厚愛國。而一旦偸通之權勢不行。則希臘古代野蠻之風。將復見於今日。其揆一也。是以二族政治制度。不得不藉外人權勢。為之干涉。今古一轍。而二族之政治材能。其力甚微。蓋亦幾乎息矣。乃知彼蒼之生人。其才力聰明。本有賢愚厚薄之不齊。試觀古今歷史。其民族性質之不同。而各擅其長。以鳴於天下者。或以宗教。或以技藝。或以哲學。或以政治法律。固不能執一偏以概其全也。

第二　衰而脫民族

衰而脫民族之昧於政治。較希臘尤甚。夫亞洲思想風俗之有害於政治者。余前已論及。其白種支派之由亞遷歐。愈西者愈脫亞洲習氣。此天然不易之理。乃衰而脫之由亞遷歐。較希臘司拉武愈西。而其政治仍無改於亞洲之舊習。此可爲駭異者也。彼等除宗教之外。絕無表白於天下。而其政治制度。亦無加於連絡宗族之法。又自集一小部落。公選酋長爲彼民族之特質。彼等所據之地。皆奉此制。而自古至今。亦不少更。其政治既如此矣。遂有無數尙武小國。由此而興。在各國之中。人人皆失其自由之權。而唯日以干戈相尋。爲自相殘賊之舉。致外人權勢日伸而不可遏。要之彼等終不能成一高等政治之制度。勢爲之也。彼族歷史之中。唯不受壓制。其氣足尙。有驚人耳目者。若於政治上之思想原理。則概乎未之聞也。故爲政府者。但求私利。濫用公權。而彼亦不自知其違背公法。故強暴之事。彼等數見不鮮。此皆由政治材力之不足。若較之有害於政治者。則固有間矣。及其終也。彼族政治制度。率藉外人之才力而成。終不免臣服他人。雖然。彼亦有不可輕者。余不忍以一偏之見。沒其所長。彼族好戰之心。甚於羅馬日耳曼。設能充其材力。整其紀綱。則普天之下。莫與爲敵。若意若法若英。皆將奉令之不暇。亦安得而臣服之哉。惜乎其政治材力。賦於天者不足致政治無復進步。而終不免於臣服也。亦歸之於命而已。三

第三羅馬或拉丁民族

自有紀載以來。政治材能之最古者。莫如拉丁。夫政治材能。如此其難。天若獨厚於彼族而使之開化天下者。然其道繁錯不齊。或有伸此詘彼。或有詘彼伸此一人才力。其勢不足以勝任。則必取資他族。以相助爲理。如儉通民族。亦具有政治材能者也。其與拉丁所異者。在所立之制度。何者爲拉丁所啓發。何者爲儉通所創述。觀於羅踏夫之言可知矣。彼謂羅馬統治天下之時。聯合民族者三。一在羅馬全盛之時。二在羅馬衰世而以宗敎爲天下所歸。三在中古時。以民法通行於天下。由前之說。（指全盛時）僅以兵力刼制天下。由後之說。（衰世及中古時）則所謂戰勝於朝廷也。羅馬之功業。所以彪炳史策。混耀宇宙者。請得一言以蔽之曰。倡大同之指。以二不同之民族。蓋大同之指。爲羅馬政治中所特有之材能。而藉以得政治上之大權者也。以理論之。大同之業。防禦外侮。亦系至要之舉。第充大同之義。不應更有所謂外侮

嗇矣。不甯唯是。所謂大同者。人類之制度。無不包容。凡地方自治制度。均毋庸設立。即偶有設立者。非奉有上令不可。但立法如此。其弊有不可勝言者。即如羅馬之政治制度。甫告成功。而流弊踵至。一各人自由之權。俱由大同而失。且其立法殊苛。事非法律所許。不得率意自爲。二政府命令。不能悉順輿情。國之定法。散布各境。無時或懈。以束縛刻制其民之才力聰明。不特不教其民。又從而鉗制之。使皆尊奉國命而後已。三地方自治之權。爲所抑制。唯日以法律國命範圍各處。四人種不同。彼絕不顧及。意欲混而爲一。孜孜焉惟此之務。此大同之流弊。可爲指數者也。然余竊思之。設羅馬之都。不遷於君士坦丁。而其力足禦日耳曼之侵犯。則或可彌縫其政治之缺。而調和於大同與分國之間。折衷於君權及自由之界。雖然。茲事體大。余不敢必其有成也。苟以歷史證之。則天賦所定。人各有能有不能。蓋羅馬民族之才力。在彼不在此。天特留此事業。以待諸偸通民族者也。

第四偸通民族

吾儕所謂政治民族者。厥惟偸通。晚近來所謂民族國家。實自偸通人創之。夫偸通民族。竟成如此絕大事業。或浸淫於羅馬楷落林勁時。及羅馬教會中之思想而然。亦未可知也。第觀弗倫克希以前之歷史。可知倫通民族。於却而司皇羅馬皇五十年後。即與大同之義相抗。五而欲合民族以爲國。夫教化之行。必其中有種子萌芽。而後可滋養栽培。助其生長。綜覽羅馬之法。務主大同。全與倫通之指相背馳。其不能助倫通民族國家之生長。自不待言。則所謂民族國家者。倫通人所獨有也。在弗倫克希以前。倫通尚未與羅馬交通。而民族國家之指。已持之不息。且於方言互通。風俗相同之處。以其政治制度。彼此擴張。當臣服羅馬之日。已不甘受其壓制。蓋羅馬政治之缺。有以導之也。至八百四十三年。羅馬爲各國分裂之後。民族國家之思想。遂通行於各國。而各人自由之權。亦以保全。凡近世歐羅巴各國之制度。無不取資於倫通。如西班牙之佛雪格司。葡萄牙之蘇飯。意大利之倫牌。法蘭西比利士之夫倫克。英吉利之腦門。丹麥腦威瑞典之司肯篠難文。德意志荷蘭瑞士墺地利之日耳曼等種。皆合民族爲國。往古所未有也。今日倫通民族所統治者。爲希臘路孟及丹牛波河一帶。即俄羅斯亦在其中。合衆國亦合倫通民族。而自成爲國者也。遠鑒歷史。近證人事。而後知合民族爲國家之材能。爲倫通所特有。而倡其說者。亦唯倫通。且其力能集合他種人民。以爲一國。即政治才力。受於天者。優美如羅馬。亦爲倫通人所集合。而爲民族國家之基礎。

則倫通之才力。不從可知乎。

民族國家之說。在政治學中。爲最近至新之說。自有此說。而政治上之難者於以易。暗者於以明。用此說者。其進步不啻事半功倍。請得而歷舉之。一自倫通人創爲此說。而大同之說不行。是爲政治進步所至。要又伸各人自由之權。使各國交通。互相爭競。以增各人之智慧。蓋爲大同之說者。原欲保百世太平。而無如一由其說。政治上無復進步。甚且流爲專制。又發明國家之與萬國公法相關係。以維萬國之範圍。而除一人之偏見。二發明君權及自由之理。而成世界上莫大之權勢。并創爲自由制度。使人心悅服。且合民族爲國。則人人有參預政治之權。蓋既合民族爲國。則在一國者。皆系同一民族。其言語嗜慾之相同也可知。言語嗜慾。既已相同。則立法行政。俱無窒礙。而後能底於成功。此爲眞能自由之明効也。三定中央政府及地方政府之法。兩者均歸自治。使各人權限之內。無相憑凌。譬諸一地一事。宜集則集。宜散則散。故人與人交際。自以日相親。故曰。民族爲國之說。爲最近至新之說也。而倫通民族。遂以其政治材能。翹然獨出於天下。而爲創立政治統率國家者先路之導。於戲盛矣。

第四章　實際政治論

第一

民族統一之法。實近世立憲國强盛勢力之所由生也。民族統治之法。當使形勢合於天然而民族均歸齊一

說有二三邦國。集於同一天然界限之內。則合各國而爲一。或爲强有力者所吞併。是政策中所最完善者也。苟際其會。余之二說。必將用其一。設有各國之民族不同。而其政治才力。各不相下。則以聯邦政府爲最善。設有一國之制度權力高出各國之上。則莫若各國皆臣服於一國爲最善。又或各國民族之性質相同。無少差池。亦往往不連合則吞併而已。凡有一國。欲將同在一地之各國。合而爲一。其道不得不出於力制。苟以實際政治之理觀之。其用意固無可疵議者也。譬諸普魯士之爲德意志總統。沙提內之與意大利相連。人誰得而議之。夫重定歐羅巴各國之界限。使各相齊一。以爲歐羅巴政治文明進化之基。而長保太平之計。亦孰不知其有益。果爾則當逐土耳基於歐羅巴之外。（土爲黃種故也）制俄羅斯陰謀於丹牛波之間。而後振希臘之精神。助其權勢。使之自成一國。并以瑞士荷蘭丹麥比利士葡萄

牙各小國。互相連合。啓其文明之運。使蒙教化之益。苟行此法。雖各國界限。不免稍有缺陷。而國數不若前日之多。則疆場之不復罷於奔命。孰有便於此者乎。

雖然。或一國跨有數處天然之界限。苟因其界限而分爲各小國。果有益於政治之進化與否。又界限內之民族。苟性質不同。於政治上果有關系與否。是皆不可以不論也。然時至今日。重瀛庭戶。四海一堂。一蒸氣電氣之世界也。即有性質相同之民族。而居各異地。固無傷也。

凡一國之中。有各種民族。雜處其間。則不得不竭力以使其齊一。即一其言語。同其法律。亦誰得而議之。苟使之不能。設之不成。無已而制之以力。亦出於公正。且不特出於公正。直爲人心固有之義理。試以實事證之。或有一國。無天然之界限。所藉以長治久安者。唯在國人忠愛之心耳。雖國人不能盡知忠愛。而國家亦必栽培涵育。以使其知。萬一居其地者。或爲害於民族。則先情恕理遣。導其歸化。導之不從。則驅諸境外。而以無害民族者實之。此亦出於不得已。而爲政治上安固完全之道。但既驅諸境外。亦宜削與利益。以償其所失之權力。使彼不致流離顛沛。窮無所告已耳。今請更以殖民地觀之。夫殖民之關係。全在民族熱心。

八

顧全根本之大局。萬不容其同室操戈者也。凡統治殖民地者。須有堅忍不拔之志。以齊一其民族。齊一之後。乃始相安於太平。革其風俗。廣其教育。以啓發其民智。如此竭力經營。而仍徒勞無功。則雖出於力制。亦可謂仁之至義之盡矣。其有害民族者。既驅之境外。而間有忠愛材能。力足拒絕外侮者。仍居境內。然不使居衝要之地。惟施以小惠。使僅能自存而已。雖然。或疑其地爲被逐者所固有。其地利益。爲彼所應得。一旦被逐。遽喪固有。似屬過於殘忍。按之公道。或有不合。不知物競天擇。理勢之常。有國家者。不可惑其妄說。而亂其政策。蓋爲是說者。直欲使統治殖民地者。無所措其手足。吾輩熟知實際政治之理。斷不以小不忍而亂大謀也。

凡國家保護其國人。以禦外人之侮。不特爲政策上完固安全之道。亦其分所應爲。而爲民族中至要之事也。一國之於天下。自有應盡之義務。須充其公正之量。以助天下之文明。欲盡其職。必去其專制。與民自由。而以無害於政治爲的。通商開埠。內地雜居。遊歷他國。皆其道也。過此以往。各國任自爲之。而非助成天下文明之定例矣。夫國於兩大之間。處至高無上之地。雖有善者。亦不能更立新說。怒一國而上之。蓋世界所有。唯國爲大。斷無較國尤大。而能包涵之者。或疑國爲世界中之一。則自在世界包涵之中。而不知世界者。僅一空想之境。使作一世界符勅以令萬國。余知萬國必不承認者也。國之責任如是其重且大。要之爲國之道。唯保其固有之利益而求他日之進步。或有他國移往其地之人。亦能同心協力助國爲治。則其國宜益加栽培誘掖以勸來者。雖然移往之人。爲數過衆。其言語風俗制度或有害其國者。則其國固當閉關絕港。而以本國之公正政策。根本之道。敎化其移往之人。而使移往者。與其國人歸於齊一而後已。萬一移往之人。不加限制。則其爲一國之害。將有不可勝言者。若以民胞物與一視同仁之說。横於胸中者。則無論持此說者果出於誠心與否。而要之皆欺人之甚者也。天生人類。其所以待人之理。天必知之稔矣。試考之歷史而觀天之所以待人類者。乃知國猶天也。爲國所至要者。亦惟保其民。守其地。求其進步而已。則苟有不利於國者。天之所不赦。即國之所不容。驅之逐之。不爲過。倘何有閉關絕港之嫌哉。

第二

且偸通民族。天實使之爲民族國家。其材力蓋天縱也。故凡文明之事。輝耀史策者。皆偸通人任之。則偸通與各種民族。相居一處。無論政府及地方自治之權利。皆須一律享受。偸通民族。不得有絲毫讓於他人。時或情勢不同。一切權利。盡歸偸通掌握。亦無不可。但偸通既執其權。凡事必出以公正。蓋偸通唯持其公正。故其族政治。卓越尋常也。故他族之受制於偸通者。偸通人須與以自由。但不假以政治之權。所以然者。恐其犯各人之權利。并以害社會之文明也。蓋即偸通民族中。尚不能普有政治權。其有政治權者。必其根於學問而足以施行政治者也。若受制於偸通者而使執政治之權。必其感化有素而足以效法偸通者也。難然。未受偸通之化者。固不得與以政治權。而偸通人亦不宜齊其教化。而長為壓制之計。此偸通之所以為偸通也。蓋偸通既為文明之民族。自應以其文明。散布於天下。則殖民之法。在所必需。合衆國之立國。亦基於殖民地。而其人不能眞知灼見於殖民之實際。故動則干涉他國。或參以偏見。蓋未深思故也。夫天下大矣。人類繁矣。有野蠻之國。有半教之國。苟無文明者以為先路之導。則長此榛榛狉狉。安有文明之一日哉。且也文明之國遇野蠻半教之國。則導之以文明。導之不能。則制以勢力。要持其公正之心。以求其功之必成。此無他。天地之間。無一人應為野蠻者也。文明國之有事於野蠻。亦其分所為應。所以然者。蓋欲使之亦進於文明。若進之無可進。則竟隸我版圖。代執政柄。為之更張一切。若野蠻之國。顯欲與文明爲敵。則驅之境外。而更以文明者居之。雖然。亦宜有堅忍之心。必待百計誘導之後。勢而無功。然後驅之。蓋驅之者誠出於不得已。問之於心。無少愧怍。固不得目爲殘暴。彼煦煦爲仁者。固昧於治國之道。且安知物競天擇優勝劣敗之至理哉。故居其地者不必有其地。不必握其權。唯建國者得而有之。彼遊牧之族。帳幕遍地。而其地之公私權利。初不得而預聞焉。嗚呼。以文明人容身之地。而徒爲野蠻人遊獵之場。而文明人之居其地者。反與野蠻人訂立條約。有是理乎。

迨其終也。偷通民族。不特干涉野蠻之國。凡於政治制度。畧有進步。而尚未大啓文明者。偷通亦爲之干涉一切。皆合於公理者也。彼以其政治法律。又自由之理。行於大地。即爲世界文明之實際。無可疵議者也。夫畧有進步。而尚未大啓文明者。是謂半敎之國。半敎國者。大有害於世界之文明。於此苟有文明之國。執其主權。代爲整理。以治其無知無識之人民。是於文明之國及半敎之國。兩有裨益者也。但文明國之奪人主權。不宜過驟。既取之後。一秉公正。不可妄有作僞。務使受制之人。皆爲文明之人而後已。雖然。苟遇可乘之機。不可交臂失之。亦何所用其遲疑哉。古今來干涉他國者。大抵如斯。設偷通民族。私其文明。而不普之於天下。是溺職也。今而知僑通民族。爲近世政治至善之國。其所以干涉他國。而欲進天下於文明者。其職分使然也。

政治學第一卷終

第二卷　國家

第一章　國家進化之次第

理想者。（據理而言者曰理想）每謂天下各國。熙熙攘攘。無欲無爲。爲人民者。終其身處於大同之世。實想者。（據成蹟而言者曰實想）則謂國家文野更迭。與世遞嬗。於是各執其說以眩世。以余觀之。務實者拘。務虛者荒。理想者必以實想爲之基礎。實想者必以理想爲之先導。執此說也。而定國家之義。則箸述家之紛爭。胥於此泯矣。夫以不如已之論議。强使人讀。而讀者猶未得其要領。即欲使其綜挾要旨。是最足令人罷倦煩悶者也。然亦不可不姑爲嘗試。余願讀此書者。自設一國家之定義。爲暫時適從之計。則不致遊移無據。唯陳言之是信。雖有疏漏。非所顧慮也。

理想者。又謂一國之人。即合全地人類而爲一羣。實想者。則謂一國之人。居全地人類之一而爲一羣。又理想者。以一國爲合世界全地而成。馭羣之道。唯視人性爲準。實想者。又以一國爲世界全地之一。而馭羣之道。視人之性情與夫人之嗜慾。而與時升降。由前之說。爲大同之世。而不知創於何時。由後之說。爲今古不可變易之世。是以舉世之人。俱取後說而從之。余今定其義曰、國家、者、爲、全、地、人、類、之、一、而、爲、一、羣。但其義如此、必多方舉譬曲喻。而後其義可明。

二

第一

國家爲全地人類之一而爲一羣。其義既如此矣。然而時移世遷、其說亦因之而異。上古立國之道、專以同宗同教爲重。中古則以君臣相統系爲至要。近世則以同在一地之人爲之樞紐。雖然。一時所尚、或亦延及後世。譬諸中古未必不用上古之法。而近世亦未免雜以中古之法也。然余說如此。而詰難者尤甚於前。上古之同宗同教既有勢力於政治之中。而其勢力所及者幾何時。有升降。人心向背因之各異。一。若冥之中有爲之主宰者。此何說也。據一地而爲一國。遵何道而然也。學者縱覽史乘、博稽人種地理之所由。而後可得其要領。其爲近世國家之說。已畧陳於前。今請更述一語。以終前義。曰上古中古政治之界限及地方之彊域。不能非然有序。致一國之中。互相爭競。終無寧日。此上古中古之說也。近世之事。讀者善思之。亦可惕然有得矣。

第二

二

余之所謂國家者其義果何如也。茲畧述如左

一　一國之中靡不包容凡自然人。（在一國之中享有一切權利者曰自然人如奴隸雖猶是人類而不得享有權利與牛馬無異即不得謂自然人）法律人。（法律人者無形之人如集合衆人立一公司衆人即自然人公司即法律人餘如寺院學堂皆謂法律人蓋雖爲無形之人而與自然人一律享有權利者也二說詮釋甚廣另有專書茲我特畧敘數語以備參攷）及團体人。俱在一國之中。夫天下無無國之人苟有人而無國者亦無以自立於天地之間矣。

二　一國之中主權不得不一。雖於一國之中分立政府閫屬無傷但必分別疆界使東方之人爲東方政府所管轄西方之人爲西方政府所管轄在上者無所牽肘在下者亦不致無所適從。如於同一土地之內同一人民之中則一國號令萬不可岐之爲二也。

三　國之建立期以永久斷不能任人愛憎之權今日創之明日毀之如奕棋之不定者也。夫人心不同約有二端一者爲國一者爲己二者不可偏廢自希臘哲學家挨立司他脫爾後無人能易其義者若一國之中政府不立則望其永久也不可得矣。

四　國有主權。爲國所最要苟無主權則一切政治制度雖燦然俱備且可相延於永久然而不得謂之國。必俟其主權既定可以號令百姓而後名之曰國夫主權如此其重其所以見重之義安在哉以余之見主權者有無上無限之大權足以號令一國之人但余說如此。

四

爲公法家所不樂聞因其有害於自主自治之理也不知主權者非特無害於自主自治之理而并爲自主自治之基礎試以片言折二說之衷

甲

權之有限者不可謂之主權既曰主權則不應更有爲之限者否亦主權自限之耳或倡爲主權有限之說測其意非謂主權固有限之者也不過冥報天刑及相緣之俗尙爲之限於冥冥之中而已雖然余竊思之苟國家之號令勢力有與冥報天刑及相緣之俗尙相背謬者誰爲評其曲直也故夫亦國家自評之耳設有人也評其曲直雖較國家所自評者爲公然國家不能認其所評者也或謂苟有一人起而創立制度一旦主權在握而舊日制度失其勢力則凡人俱可自立主權而與主權之不合冥報天刑及相緣之俗尙者相抗矣但如或者之說是誤用其主權也凡馭一國須名實相副而後可試以實事證之西歷一千七百八十九年法人創立國會不顧法王之號令迨法王布告國人謂嗣後主權盡在國會之中而後國會始有實權在法王布告國人以前國會雖能與法王相抗而不得謂其實有主權也一人知識辯別萬事之是非爲最公即國家發號施令亦以人心向背爲準的夫通國之

四

向背積一人之向背而成一國所爲之事必爲國人之所向可知也一國所革之事必爲國人之所背可知也苟有一人不善其國之所爲而引守內之向背以抉其是非是罔想也天下雖大斷無一國操有評他國曲直之權。而爲他國更張制度者也。世之公法家欲合天下各國。訂立條約曰萬國公法。各國所爲之事。俱不得越公法之禁全球各國一律範於公法之中。余不取也。且既曰條約則直條約而已。何法之謂法者必俟各國公認而後謂之公法。如美之憲法爲美政府所定。又重以主權之命。始可通行全美則所謂公法者。亦猶是耳。豈數人私見。即可據爲定論者哉。以今日言之天下是非不如一國是非之顯而易見他日文明所造之域。今日固未可前知若猶是今日也則以一國之人定一國之是非爲最善不可。假手他國以啓主權旁落之漸或謂主權如此其重則似不可委諸一國之中。噫此說也是欲毀人國也。夫謂之爲國必有權力足以奔走一國之人否則何國之爲譬猶棼絲之不可解而已矣。

五

乙

國有主權非有害各人自由之謂也爲各人自由之原而爲之助者也特各人自由之界限。

爲國家所定設欲奪國家定人自由界限之權則其弊必至各人自爲界限而互相抵觸矣迨其終也將唯人之有權者得自由之實而成刼無權之人此與立國之恉大相剌謬者也雖國家所定界限間有不盡公允或此强彼弱此伸彼詘是誠有之然近世國家與人以權從而爲之限史策具在斑斑可考又何强弱伸絀之軒輊哉故民族之國家爲從來主權最完固之國家也無一人不在一國法律之中亦無一事不在一國權限之內於是各人自由之權利洋溢於無窮且國家必預爲禁其有害各人自由之事禁之不得罪之責之皆國家分內事也故一國主權愈重則各人自由愈完上稽史策當知余說之不謬在十五世紀至十七世紀之間國家俱尙專制其主權較封建時爲齊一蓋專制之君許人自由又以法律爲之界限寓許人自由於法律界限之中是自由之至也中古以前國之主權不能完固則各人自由因之不實上溯洪荒之世則各人自由無復爲之限者直謂之野蠻而已矣不可與今日之世界同日而語者也

國家定人自由界限之權余不識何人能奪之也可奪者不可謂之國家即有奪之者亦國家自奪之耳國家之實際不得不有主權即不得不有定人自由界限之權是爲國之所至

六

要國家固有濫用其權者。特吾輩不能逆料國家之必濫用也。蓋國家處至高之地。吾輩必執國家無過之說。為吾輩之準的。世之公法家。每以主權在國之說為不然。由於未明國家政府之別耳。彼僅知政府有無限之權。即足為害各人自由之權利。遂疑國有主權。其害亦同。此說濫觴於歐洲公法家。而以德人為最甚。彼謂國家制度。無在政府外者。雖所見猶人。實則僅拘天下成迹而論也。試觀美之制度。即可恍然悟矣。美之所謂政府者。非主權所出之地也。政府之上有憲法。憲法之上有國家之主權。國家之主權。即定政府之憲法。及自由之憲法者也。請申其說。國家者有主權而不能行。於是定為憲法。交政府施行。是則政府但稟國家之主權而已。無論君主民主。必有一國。即必有一主權。尚君權則主權在君。而國為君有。尚民權則主權在民。而國為民有。國家主權。名稱雖殊。實則二而一者也。是以國家與主權合。而政府則與國家主權異。政府不可有主權。而斷無不有主權之國家。苟無主權。國非其國。如散錢滿地。而不可收拾矣。設吾輩不以歐人之說。膠於胸中。則其理豁然。自無障礙者也。美人率由此道。故其公法。較歐洲各國為卓絕。雖然。歐洲近世之公法家。如拉盈特等。亦知此理之不可易。而其所見。亦遠邁前人。自法國革命以來。各國所造之詐。不可與遜背之時同日而語者矣。即如法國亦時以國家制度。付諸民族議會之中。在一千八百四十八年。一千八百六十七年之間。西班牙設立民會栢靈等處。又相繼立會。風氣所播。有莫可禁遏者矣。雖然。國家制度。付諸民族議會之中。則勢將與王權相抗。且將削王之權。亦爲國家主權所管轄。世祿之地。仍之不變。而向日所有之權。則俱歸諸國家主權之中。王不能甘。必與民族議會爭。頡頏角逐。雖有議者。幾不知國爲何人所有者矣。遂疑國家有無上主權之階之厲也。學者試熟察民族國家之民主政体。而後知國家之不可無主權。而政府之與國家斷不可混一之理。昭若日星。其他政体所有之制度。愼勿與之相周旋。而爲其說所惑也。

第二章　國家之起原

國學起原之說。紛如聚訟。公法家及法律家。各執一是。以相背馳。其議論不同之故。約有三端。一神學。二羣學。三歷史。從神學之說。則謂國家爲上帝所創造。羣學則謂國家爲人類所建立。歷史則謂國家爲歷史所生產。以余之愚。則後說之所見爲眞。又能包羅前二說於其中。幷能折三說之衷。所謂國家爲歷史所生產云者。蓋謂人類開化。循序漸進。自草昧而文明文明而強而盛以演今日最後之奇而立人類盡善盡美之制度其進化次第不得不求諸歷史之中精而言之國家者即人類知識漸顯於法律制度之謂也又以漸顯於法律制度者漸隸於各人自由之界者也凡人能知家國相維之義非經數百年培養誘掖之功不可得也以事實論之建立國家在人心未知家國相維之義以前其原始固非無權力者特其權力不得稱於政治中耳神學之說謂國家爲上帝所創造而後造物播國家之萌芽於人心之中執歷史之說者初不與此說相抗也又從而爲之辭曰國家於混茫初闢時全賴神道設教之功是以太初之世神學不可一日無者也往古哲人必以敬神之說誘導齊民使人各有尊敬服從之心蓋人心不爲敬神之說所化則斷不能馭之以法律是以敬神之說實爲野蠻文明相升降之樞紐也開闢以來數千百年而後敬神之說大行於天下亞人才力聰明皆爲之竭夫亞洲不能自立爲國余已前言之矣雖然非謂其絕無功於國家之進步也其宗教之勢力遍於大地是亦爲馭國者所至不可忽者也近世著述家每言亞洲各國上則專制下則媚神洵非虛語然亦不可因此而有嫌惡之心蓋專制媚神亦國家漸次進步之級有益於政治文明與外此制度同其功也即至今日吾輩猶坐食其利曾不少

衰。余得而斷之曰。躋野蠻之族於文明之初階。非神學不可。夫以野蠻之族。而欲隸諸法律之中。亦無外乎專制媚神之說矣。歐洲各國文明卓越。制度燦然。原其始。亦由政教合一之道使然耳。與亞洲專制媚神之說何殊也。法人路索氏嘗曰。太古之世。勢力平均。中有黠者。與人以虛利。而攬其實權。結人以忠義。而堅其服從之心。不若是。則雖有黠者。亦不能端拱而治者矣。是說也。按諸歐美亞三洲。其理若合符節。故宗教者。為世界進化之初步也。歐洲政治之漸。皆由景教啟之。上古日耳曼人之自由。固吾輩所服膺而弗敢失者。特其制度猶未盡善。日耳曼中以殺克生種為最善。然羅馬史家塔雪脫司所記載。曾無一語言殺克生種嘗有功於進化之次第者。是其證也。至景教勢力。且能扶持俄國。保俄皇政治之制度。而使其國人皆有愛國之心。又如英國之所藉以開創者。亦景教之勢力也。臘司吞等三僧。為英柱石。今日君民之間。亦僅以宗教勢力為之樞紐而已。又如美人之公忠奉法。吾輩究其原之所起。亦為新英國（美洲初為英殖民地曰新英國）教化之所漬浹而然耳。由是言之。歷史之說。又何可議之有。彼曉々者。殊無謂也。

群學之說。雖與歷史並行不悖。然其說多歧。執歷史之說者。每謂群學不得為國家進化之

一〇

一〇

二、

原始蓋言羣學者必於國家開化之後各人已知家國相維之義而又瞭然於各人自由之理其知其識足以建立國家自立於不敗之地且其奉法之心油然出於至誠於此時也而後可以言羣故國家開化之始無羣可言非虛語也

有生之初使各人即有無上之知識而余猶執國家爲歷史所生產之論則至無謂矣無如天下斷無是理也混茫初開人禽無界有聖人出爲制敎養之道以圓顱方趾有人心者爲人羽毛鱗甲無知覺者爲禽爲獸於是其道歷久愈彰人心歷久愈智馴至近世文明之盛一切建國政治之才之著其端發於數千萬年之前加以數千萬年締造經營之苦而後坐享近世之利益豈一蹴可幾者哉即如剖析主權一端世界文明至於今日猶擧學爲之唯恐不足也迨剖析既精則天地間事無復絲毫遺憾矣豈易言哉若謂人之原始具有無上之知識則雖不與歷史之說相背馳即以人生極樂世界之說納諸歷史中耳但極樂世界之說不見經傳要亦不外神學之說路索之門弟子輩非特不特自堅其說抑且敗裂已說之藩籬而自甘附於神學之列余何取焉

羣學之說既略述之今請再申歷史之說歷史家每以人類知識爲國家之基礎而於國家

創造之時必用神學之力於其間是固然也但所謂神學者斷無創造國家之勢力不過藉以感動人心使之日趨於善而已夫歷史之中其知不足及於洪荒以前又不能知人類之始所以警醒各人國家之知覺者其勢力究爲何如也在野蠻自由自私之時偶有一二不爲尋常所囿者遂起而雄長其餘所謂文明之際至此始洩其光明其一二不爲尋常所囿者即爲後世政治制度之胚胎也彼等之初亦不過牧師僧侶之流耳何以言之彼等之所以見重於一國之人者皆賴神學之力竊敎化國人之權然後氓之蚩蚩信之崇之而彼等亦可相安於上無復與之爭競者矣彼等又創立宗敎擴其權力裁制人民凡宗敎之所許即法律之所不禁於是宗敎法律俱融合而不可分矣蓋宗敎法律融合之後其勢力足以出人類於野蠻而登之文明之途但於斯時也國家爲敎會所包容所定法律亦僅籍敎會戒律之所尙以行於一國之中耳雖然國家法律幾爲告朔餼羊而人民日爲敎會所涵育薰陶而後各人於家國相維之義次第發現中人以下咸汎布及之於是牧師僧侶之外亦爲文明之曙所抵觸或有求儕於牧師僧侶之列者或有毀神學之說者甚且進與牧師僧侶爭而欲擴其政治之權牧師僧侶拒之愈急則爭者愈知其以道德爲範籠竭其全力强

割其權。遂集族黨。公推酋長。而自成一族。顯與他族爲敵。然二黨之人。不宜互相決裂。爭之者亦不可以所覺所知布告衆人。致有破壞法律。暨阻止文明進步之基。故牧師僧侶。不若割其權於爭之之者。而後可相安於無事矣。由此言之。則專制政治。於以生也。專制政治者。其名稱雖不馴。要亦進化之次第所不可輕者。且較之神學大行之朝。其專制之實已減一等。各人自由之界。昔有限而今無阻矣。昔日壓制之端。根於人心。一動一靜。無不有神道條教之干涉。今則一洗舊習矣。雖不得謂仁厚之至。而要之較昔略近人情矣。且專制政治。不過教民順從法律而止。惡之怯弱卑陋之弊。一掃無餘。鼓其志氣。啓其知識。家國相維之義。汎布愈遠。政治進化之序。維持愈固。又須預儲勢力。以制他日騷動之虞。騷動之後。人類知覺亦愈警。而愈醒。但騷動之時。酋長僧侶之間。紛亂決裂。不可收拾。在衆人觀之。則酋長失宗教之扶助。而其幕下臣僚。始啓覬覦酋長之漸。幷藉僧侶之力。以其臣下之權。變爲獨立之權。始則甲與乙爭。乙與丙爭。馴至全國無寧日矣。當其時。雖有智者。不能善其後。無已則調停其間而已。雖然大亂之後。必有制度一新之氣象。迨其終也。繫之騷動之勢。適爲教化之力。知家國相維之義者。什人而九。凡經國大事。衆人或思干預。又爲愛國之心所激盪。羣推一人俾長國事字曰君主即爲衆人集權之所各與君主以勢力使僧侶官僚之跋扈徐爲國家立一制度又創一無上主權隸於制度之中又隸各人自由於主權之中所謂君主者不啻閹僕而已蓋君主猶御者民猶乘車者也東西南北一聽乘者之意御者順其所向爲之駕馭已耳當日制度既爲人民所定是主權即爲人民所有主權既爲人民所有則人民意向所趨君主從而順之非閹僕而能如是乎夫自專制政治一變而爲民主又爲國家進化之大効亦即政治之發軔也藉其勢力使家國相維之義汎布愈遠而愈速無一人不擴張波及之者於是通國無不有主權之人亦無不得干預國政之權利溯其蕆事之功先哲居其首而以僧侶官僚居其次也迨主權既爲民有則皆知保全一己之制度又各染指於君主之所有凡君主之權有與主權疑似者悉分別界限而使君主之職無復與主權相混君主所爲合人心則已否則放之易之其權皆民間所固有者也凡妄語纖緯及依傍他人之說廓之淸之不留遺孽而後巍然獨立以彌萬世無疆之休業豈非盛事也混茫初開至於今日人類之賢不肖與進化之高下如響斯應亦不知其幾經遞嬗而演此最後之奇歷史之說豈欺我哉

天下之廣盡力以求人類進化之人種固爲不乏夫文明之曙互相遞嬗譬諸一人荷擔斯任而未終其業即以文明之曙與後進者使繼其任今日世界之人引領而望或以文明之曙爲彼開化者環而俟也無如世界人種僅有羅馬偸通天賦特厚俱能自新其國但引領者如此其衆則羅馬偸通不得不出爲引導以啓世界之知識使各明於家國相維之義舍此不圖則非天之所以待羅馬偸通之意亦非羅馬偸通所以自待之心矣

由是言之天下萬國莫不始於野蠻唯賴不世出之偉人相繼踵生引國事爲家事捨身忘死而使後世子孫坐食其福西諺有之曰泰平之福頸血易之願學者日以此義自勵則他日孜肩鉅任充己飢己溺之量以爲休國經野之道而又煥發精神不避艱險求自由之眞福造進化之極詣天下熙熙六合無塵晏太平者稱道其人萬世不少衰猗與休哉有志者善自爲之勿謂侈言也

第三章　國家之形體

國家學之至精至深者莫如形体之說作者林立鮮能窮其奧窔學者試揣歐美二洲著述之家所以紛擾如此不能折於一衷者其故安在蓋由歐洲學者不知國家政府之別美洲

學者摸擬歐人之說、不能自樹自幟、二洲學說、遂陷一轍。亦安望有破其迷之一日、此余所以不能已於言也。

雖然。彼之所以不能區別之故、請得而辯明之、在歐洲國家與政府之實際。不無混淆。公法家之知識。因之而亂。苟能詳究歐洲政治實際之所以混淆之故。不爲無益。然余求其說而不得。其必徵諸歷史乎。歐洲各大强國、除法蘭西外。斷無一朝革命而與舊日制度絕無相牽連者。若此則余得而斷之曰。歐洲各國。一代之政体。每有延及後世。不能以時代之沿革。定形体之區別。蓋國家形体之變遷不可端倪。忽焉如此。忽焉若彼。或一國主權旁落他人。甚至舊政主權、僅爲新政主權之政府。或居政府中之一部。其變遷如是其甚。亦無怪學者之易爲所惑、而陷於謬誤矣。試以一千六十六年之英史觀之。始也主權在君。政府亦爲君據。次則貴族親幸之人。預有主權、而君爲守府、終則以民爲政。貴族與君退處無事。僅虛擁政府之名號而已。當其鼎新革故之際。行之以漸。使在上者不自覺其事之至此也。是以昔有主權之人。皆怡然無慮。待歷盡艱險。而後知禍機已深。無可如何。徒搔首而歸諸氣運也爾。初革之時。猶以主權二字。爲自娛之計。冠履儼然。亦幾自忘其迭興代盛者已相逼而來。

猶據名器。大可嗤矣所謂相逼而來之新制度者故綏其行。先據政府之一部。爲其行事之基。當其初也僅據政府中間散無可作爲之一部。歷年既久雖有識者亦不敢必其主權之所在矣政治世界之事實關係既如此。亦何怪歐洲公法家於國家政府之間。如日行雲霧中。而不知區別也哉。國家政府既不能區別。則求其於政治學中。絕無混淆錯雜之弊。而不陷於謬誤者。幾希矣。

美洲則不然。凡事實關係。甚便於公法學者。合衆國之成立。不過百年而已。且其所以成立之故。俱由革命而來。凡一千七百七十四年前所有之制度。悉割棄無遺永無反覆如所謂守府之流。猶以主權自娛者。然合衆國之建立。超然於政府之外。皆吾輩所目擊。是以一切事實關係。非特不能混亂。適足定我思想。而爲我學問先路之導。然美洲公法學者。何以論述國家政府之區別。終不得其要領也。蓋美人僅以歐洲師說相傳習。而無自出己見故爾。洎乎今日。自亦知培養公法學者。且以有關政治之文學。自相敎誘。邇來美洲之文名藉甚者。余得二人也。一曰夫倫雪司。一曰換山。夫倫雪司者。人皆知其爲歐人。通歐洲各種學問以不勝故國之壓制。攘臂起事。敗而脫走者也。換山者。崇信夫倫雪司之熱心爲國。終身私淑者也。由是觀之。彼皆嘗受歐洲古說之感化。其思想之中。混淆錯雜於國家政府之間。亦自然之勢。無足深怪。美洲近世學者。多就業歐洲大學。以歐洲公法家爲指南之助。而又爲歐洲學說所薰陶。使若輩能以歐洲學問取爲已益。是固可嘉。或能以歐洲學問爲涉海之舟楫。而使美洲制度。從此蒸蒸日上。是固大益也。使若輩之力不足爲此。則欲若輩於國家形体之說。有所心得。余懼其無可冀望也。

雖然。論述國家形体之說。余亦不能無懷疑懼也。從來論述之者。簪作林立。而其說之是非。欲求政治家同聲稱可者。余不多覯。即在余心。亦不能愜然無間。故區別國家政府之際。事屬至難。余身親歷之。而後知余所苦其難者。即與余所警勉人者同一境也。蓋由國家特立於政府外之制度。不能完全故耳。其能完全者。又混淆於實想理想之間。是終無豁然貫通之一日。可勝慨哉。余不揣固陋。且竭余力也。以爲之區別。儻有一得。爲學者暗室之燈。於實際政治。稍有微功。余亦志盈氣溢。無他奢望者矣。

論述國家形体之大家。曰、挨立司他脫爾。（希臘哲學家名聞全歐）凡政治學者。固嘗心飫其說。彼分國家形体爲三。曰君主。曰貴族。曰民主。學者競師其說。如流水之就下。然不知希臘國家之制度。

三

僅在政府之中。故其立說較今日爲易。蓋希臘僅有一說。今日則岐之爲二也。所謂二說者。曰國家形体。曰政府形体是已。雖二者似屬同一形体。而有時不能强其必同。使貴族有眞實之德性。而無强作矯揉。則以民主爲國家。貴族爲政府。是固至善之法。而猶謂非政治上之大利益。則余見其說之難信也。或謂以民主爲國家。而以貴族爲政府。非共和政治之眞義。則余又不能知其眞義所在矣。挨氏之所論述。凡希臘政治。及國家政府合体之制度。詳陳無遺。特其所論。不過國家形体之眞義。而非政府形体之眞義也。故余採其說之有關於國家形体者。而政府形体之說。則於後章明以己意也。

如斯則余論國家政府區別之說。不得不與挨氏少有差異。在挨氏所分之類。其視政府較國家爲重也無疑。故其釋專制曰。一人執政。釋貴族曰。數人執政。釋民主曰。衆人執政。余今嚴爲彼說之限。且別國家於政府之外。不得不爲進一解曰。專制者。主權在一人。貴族者。主權在數人。民主者。主權在衆人。嘗有德人譏挨氏之說。爲算數之術。與政治制度之理。無相干涉。使德人之說爲當。則不特挨氏之說有所可譏。即余說亦在棄置之列矣。以余觀之。德人之說。不特爲不當。直爲不識不知。悖戾公道之見也。彼德人之說。尚未盛行前四十五年。

已有名人箸述。辯明挨氏之說。謂其說於一切制度之理。包容無遺者也。分類中所用一人數人等名。藉以示明一國人民之知識。散布幾何。使人民知識進步之力量。又有幾何。且其界說曰。一國人民之知識進化之率不速。則國家制度永無建立之日。故說國家者。必視其人民知識已有幾何。而後知其參與政治制度者。又有幾何。由是論之。雖似算數之術。實爲說國家之善策矣。彼德人者。何不思之甚也。

德人自創之說。余見其混淆荒惑也。彼定國家之形体。類分爲六。曰宗教國家。曰神道國家。曰專制國家。曰古典國家。曰封建國家。曰立憲國家。余請覆按其說。詳析辯之。所謂宗教國家及神道國家者。皆屬君主之國。所謂專制國家者。於法律中觀之。無國不當專制者也。所謂封建國家者。與貴族政体。初無二致也。所謂立憲國家者。則誤之尤甚者矣。夫世界各國。苟執一隅而論。則無國非立憲之國。更執一隅而論。則無國爲立憲之國。且立憲也者。與其爲表彰國家之區別。不如爲表彰政府之區別爲當也。蓋憲法爲國家所制定。非國家爲憲法所制定者也。國家制定憲法。創立政府。然後政府奉其規例。以列於憲法中。爲政府所當行者行之。如此而已。若是則德人所謂立憲國家之說。其眞義可豁然無疑矣。所謂古典國家者。則一再推究。求其解而不得。政治學中。無此名稱。不過文學中辭章之學語而已。學語猶言名稱也在德人之心。自謂古典國家者。用之君主貴族民主。無往不可。然既有此三者之別。又何必以古典之名。雜於其間。余所甚不解者也。彼又分國家形体。爲上古中古近古三者。是囿於論理較近。然皆系年代學中之名稱。而非政治學中之眞義。即不學者亦能抉其弊。豈如彼德人者。而不能自省乎。余請一言以蔽之。彼德人所分之類。俱非政治學中所應有之義。且於國家政府之區別。又復混淆不分。余測其陷於謬誤之原由。蓋彼謂國家形体之不同。亦猶國家性質之不同。且研究性質不同之功。較研究形体爲專。彼之所以爲此說者。因同一國家。或用力於宗教。或致力於美術。或勞力於政治法律。或盡力於武備。國家所竭精敝神者。如是其不同。則其爲性質不同使然也可知矣。殊不知國家所爲不同。而性質則無不同之理。凡宗教美術政治法律武備。皆國家趨向之所在。雖似由於性質之不同。不知既謂國家之性質。則無地無時而或異。所謂性質者。即所謂主權是也。所爲不同。實即形体之不同。形体如何。即示我國家趨向之所在。譬諸君主國家務存强大國權之心。貴族國家務善擴張私權之欲。民主國家共倡利害共享之說。政体既異。所務隨之不同。則所爲安能強其必同哉。若是則譯所云所爲不同由於形体之不同、性質不與也學者可憬然悟矣。彼德人所謂國家性質之不同、想即國家趨向之不同或即法德人所謂政策之不同耳、從來議論國家形体之箸述、不下數百家。而以伯倫知理所著近世國家學爲最著。伯倫知理者。流寓瑞士。深居獨念、幾歷星霜、瑞士國於歐洲之北、其國人於國家政府之間類知區別。職此之故。伯氏獲叅較各國公法學者爲特多。而其知識。遂亦加人一等。雖然彼所箸述。尙不足饜吾輩殷殷囑望之心。彼之通例、分國家爲三。曰君主。曰貴族。曰民主。而又加一說曰。神政國家。所謂神政國家者。國中無上統制之人。即爲上帝。或爲奉有神命之人。是說也。余又不能無疑。苟有一人仰體上帝之心。下奉神命之助。藉法律之權勢。號令國人。是即所謂國家也已。當時能体上帝之心。而奉有神命者。僅此數人。而此數人者。猶自號於衆曰。我之權勢。分諸上帝。得諸神命者也。誰其信之。以政治學之眞義而論。苟有一人。執無上之權。統馭國人。即謂之國家。何賴乎上帝。又何取乎神命也哉。余故取其三說。而絕其新標之說於政治學中。而列其說於神學。伯氏有知。其亦無容置喙矣、

伯倫知理力闢國家。有複雜形体之說、固爲甚當。但其所以闢之之理。不知其能饜人心否

也。伯氏之說曰。複雜形体。一人執權。衆人限之。是大不然。且國家政府。又復混合矣。夫國家不可限。因其有主權也。所謂國家者。不特執一事之權。凡一切權力之源。俱以國家總其成而爲之彙也。然則排斥複雜形体之說將如何。曰國家制度。下可分歧。凡一國性質。以主權而定。苟有一國制度有所分歧。則謂其國制度尚未美備。如德人所謂國家尚在進步之途之中。而未造其極也。設吾輩詳究複雜形体之說。而後知複雜形体之中。執權之一人。不得謂爲國家。限之之衆人。亦不得謂爲國家。又不得謂複雜形体之中。一者爲國家。餘者爲政府。試以英史證之。以議院爲政府之時。則王及貴族庶民。三者平等。相依成事。各能以己之意。創爲法律。又各能拒人所爲之不合己意者。至以議院爲國家之時。則僅有庶民。庶民之所作爲。王及貴族。遵從無異議。蓋王與貴族。無與於國家主權。僅爲政府中之一部已爾。伯氏之說。亦不能與此全相背馳。伯氏亦謂國家制度。不可分歧。但其規正挨氏之論議。應採其國家人民相關之說。而伯氏計不出此。轉採其政府人民相關之說。遂使知識昏耗。凡關於形体之說。俱不足觀。不亦可慨惜哉。至其排斥國家有複雜形体之說。則厥功甚偉。無可湮沒者也。

伯倫知理。混淆於國家政府之間。又有確迹可據。彼於所分國家形体之後。又分細目。曰希臘古德意志王權、曰古羅馬王權。羅馬帝權。曰那倫克希王權。封建王政。專制王政。立憲王政。曰羅馬貴族政治。世襲貴族政治。富厚貴族政治。曰古時民主政治。近世共和政治。所分細目。若是其繁錯。甚者與政治學中。絕無相涉。請得而詳言之。所謂希臘、羅馬、古德意志、那倫克希。俱國人種學之名稱。古時近世。又爲年代學之名稱。封建也者。不過貴族政治之一部。不得謂爲王政。專制之說。則又無足深論。蓋天下各國。無論君主貴族民主。無不專制。故也。至云立憲王政。亦僅居政府中之一部。凡行政創業。俱有國家爲之制限。帝權一說。以理論之。不過君主國家。君主政府而已。然以實際而言。則所謂帝權者。以帝皇之政府。行帝皇之權勢。管領大地是也。是以政治學中。所分國家之條目。宜於政治之眞義。確有所見。見之既明。分之乃確。無復觸之混淆之譏而後可。且國家政府之間。尤宜顯爲區別。不若此而求其說之當。不啻南轅而北轍也矣。

伯倫知理。於其論尾。又加一說。曰複合國家。爲國家形体之五。（前分君主貴族民主神政四類今益以複合共爲五類）所謂複合國家者。分主權於聯合國家。及聯合之人之間。使互相平均。而複合國家之中。又有細目曰殖民地。屬地。依人合國之國家。（說見下）同盟國家。聯邦國家。以余觀之。又蹈國家政府混淆之覆轍矣。所謂殖民地者。不得謂之國家。雖偶有自治之權。僅等地方政府已耳。至其日漸滋長。他日竟能自立一國。或搴起革命。或和衷商議。脫父母之邦之羈束。要未可知。但未集事之前。殖民地與父母之邦。固為一國。事成之後。固為二國。各不相謀。何複合之有。設父母之邦。擴張其國家制度於殖民地。使殖民地人。預有政治之權。而其所謂國家者。仍自若也。不過制度較廣於前。主權所包容之人民。較衆於前耳。萬一少有更張。亦不過變君主為貴族。變貴族為民主。國家主權。斷無分析於父母之邦與殖民地之間者。蓋主權不可分。政治學之通例也。國家主權。不俱在父母之邦。則俱在父母之邦與殖民地相并合之中。何有乎複合。亦何取乎複合。

所謂屬地者。亦與殖民地無異。屬地所建之制度。僅如政府而已。不得謂之國家。既為國家即宜撤屬地之名。二國交涉。俱以公法條約相往還。即有外此膠葛。其主國操有限之權。畧如政府所為。無復主國之名。蓋未成國。則猶是屬地也。既成國。則國之而已。屬地國家。二者不可得兼。猶曰複合。誰其信之。

九

依人合國之國家。不得謂爲複合國家。幷不得謂爲複合政府。所謂依人合國之國家者。設有一人。始爲一國政府中行政之首領。繼爲二國或數國政府中行政之首領。彼一人者、遂分別徑行各國之事。在議會之中。視各國投票之多寡。以覘其兼涉他國之事之數。要而論之。無論二國或數國、行政俱系一人。制度俱爲一律。而謂之複合國家。不可也。雖其勢力傾向。欲幷各國而爲一。易如反手。然又屬他日之事。不可與此相提並論者也。

同盟國家。亦不得謂爲複合國家。國家雖曰同盟。而所以爲國家者。固各有區別如故也。夫同盟之制度。初無强各國預盟之權。而不待各國之自許者也。何也。以一國不能操有各國之主權故也。既無主權。則無所謂國家。所恃爲同盟憲法者。不過國際條約已耳。國際條約之異於尋常條約者。厥有二端。一則據國際條約。即可創設政府。及行政之制度。幷可創設諮詢之議會。二則以其條約。播告各國。期以永久。不得爲之制限。有此二端。他日融合各國而爲一。固意中之事。蓋同盟者。實爲藉自然之勢力。潛濟其融合之陰謀之確據也。雖然。即以融合之後言之。亦無所謂複合國家。欲以一國主權。岐之於新國古國之間。自有生民以來。未之前聞。不過擴充一國之制度。足以包容各國於其中而已。複合云乎哉。

二

伯論知理所分複合國家中最後之說。曰聯邦國家。所謂聯邦者。又與複合之說無涉也。且天下亦無所謂聯邦國家者。伯氏有見於同一主權之下。屬有二三政府。遂謂聯邦國家之說不可易。以理論之。可知聯邦國家者。即擴張權勢於所屬之地。而包容種種自主國家之人民於其中之一國也。然後與各國同心協力。輸以文明。振其武備。理其財政。又豫籌他策以防其融合之後。或有一國及一國政府。起而發難。則可連合數國。制以勢力。使發難之國煥然一新。是即革命之基礎。不得藉現行法律爲之口實也。其新造之國家。經此革命而後制定憲法。唯國人幸福之是謀。創建政府。使之專理通國之事。昔日主權。破壞芟除。不少遺留。故國之人。僅與以殘餘之權。而使居新國之一部。迨新造國家。規模略備。別有處置若輩之策。則并其殘權而奪之。蓋新故之更迭。亦猶變君主主權於貴族。貴族主權於民主也。當其始也。雖云改弦更張。而於昔日之制度。類聽其自興自滅。且政府之虛名。猶懸懸未絕也。唯不謂之國家耳。由是言之。故國之人。縱以國家自謝。亦僅系名譽之稱。無與實事者也。愚蠢之徒。往往以維持舊號爲美舉。亦可哂矣。自新造國家。甫脫故國羈束之時。至通國之人。皆知有新造國家之日。非朝夕之故。亦何怪知者不確。說者不明之若是其衆哉。

依現行之法律。相裏協商。欲并各國爲一。而創二重政府。或一國之中。更其政体。而爲二重政府。是固無論。然以余之見。二者俱非善策。幸而其說不用。則其爲禍。若生當有涯涘。使前說果行。則新造國家。與聯邦國家之外形。甚相疑似。而無以示其別。後說果行。則示別雖易。而不知國家既能建設政府之制度。其政府必已經歷政治之文明。今又析之爲二。是爲退化之證蹟。吾何取焉。

是以余之論議。所分國家形体有三。曰君主。曰貴族。曰民主。於理既當。於類有別。雖無別有名稱。可任己意附益者。

國家形体之中。宜研究者。尚有一端。所謂近世國家者。即基於民主主權之國家。亦即民主國家之義也。雖近世國家。未必盡能知斯。而悉心研究。亦可知其理之不謬。世人不能詳知其故者。由於國家成立之日尚淺。故國之人。猶據政府以自解。空說主權。爲其護符。有識者。固灼知其汚蔑襤褸。無足重輕者矣。當民主國家成立尚淺之日。默察他日運會之所趨。是固不爲無益。極其所造之詣。可懸一言以決之。曰國民之和協。凡一國能爲民主國家。必其國人。俱明國家相維之義。而各知政府之權限。自由之眞理。始求其互相親睦。言語相同。習慣不殊次求其利害共享協禦外侮終求其受教化之薰陶絕無暴戾恣睢之氣而又富其不忍人之心夫如是則其功可舉其事可蔵蓋民主國家必先自民族國家始是以國民和協實爲民主國家之先道世人於國家民族之間每多濫用而不加區別殊不知國家民族定義不同學問亦異其區別固顯然自在也學者愼勿襲人故智誤用之而不加註釋以惑學者余所企望者也

第四章　國家之趨向

從來論議國家趨向之說亦汗牛充棟而無如鮮當人意者其至精且詳之說唯佛崙氏所著政治原論爲最雖然細究其說於國家政府之間不能顯爲區別且汲汲於暫時之趨向而於究竟之趨向反置漠然而彼說之所可貴者不過表示進化之次序而警人躐等躁求之心而已凡有關國家趨向流行前代之學說彼皆博攷冥索積帙成策題曰國家實際之趨向以表章一已所特之主義彼之說曰國家趨向有三分說如左

第一曰權力　凡爲國家必有大權足以保護國人之利益以與他國相抗并宜有通國號令足以統馭一國人民以全各人所應有之自由

第二曰各人之自由　凡爲國家。宜與各人自由之地。不特保其自由。以免四方之蹂躪。又宜時虞國家之事。或有害於各人之自由。要之使人各晏然。在上者不得有絲毫之抑勒而後已。

第三曰通制之安甯　凡爲國家。宜抑制私結羣黨。竊行國權。一若能自治者。以與他人相爭。又宜調停國人之自相殘害。破裂平和之約者。使之協禦外侮。又宜保持各人之自由。并督責各人盡力分內應爲之事。如有力不足者。國家助之。而後國家爲之誘掖教育。大啓文明。於此時也。國家之事畢。而人民亦有得其所者。此佛崙氏國家趨向有三之說也。余觀佛崙氏之說。何錯雜不完全之甚也。請歷辯之。所謂國家之職。宜抑制私結羣黨竊行國權者。又約束國人。不得自相爭競。致破平和之公約。皆屬於通國安甯之說。所謂國家宜保持各人自由。不致爲外人所侮。亦屬於通國安甯之說。余不識其意之所在也。既論國權。何不即屬權力之說。既論自由。何不即屬自由之說。此亦見其矛盾。而所謂錯雜者也。彼所論國家。僅就一國論一國。而無與天下之事。又彼之政治學中。未嘗論及公法。是又所謂不完全者也。當時有海格氏者。持論硜硜。務以道德爲國家之趨向。是又畸重於究竟之趨向。

而時輕於暫時之趨向者矣。佛盎氏則異是。務重暫時之趨向。而輕置究竟之趨向。加之佛盎氏及從事公法學者之所著述。從不聞有表示國家趨向之法。出於政府外者。是以國家趨向之說。必有嶄然特立之見解。不萃之論議。庶足扶其精微。而使學者心有所得。但其論議見解之中。尤宜以暫時究竟之趨向相提並論。無偏向之弊。又所藉以達其趨向之勢力。由於國家。或由於政府。皆宜顯爲區別。使其理人盡知之則已。否則於此至要之說。終不能望其見解議論之有進於前日矣。

然則所謂國家之趨向者何在乎。細爲研究。其別有三。則始也次也終也之別也。自始至終。互相依賴。後之趨向。即爲前之趨向之階梯。前之趨向。即爲後之趨向之先路。余今先論其終。即所謂通國人類之趨向也。吾謹釋此趨向曰人心之完固。世界之文明。人類性質之進化。已無餘憾。且其性質達於人人。而莫不皆然。此趨向也。爲國家趨向之終。而聚精會神臻於極詣之趨向也。凡生存於此趨向中之人類。俱能屏除慾念。不罹過惡。以自爲完人者也。此即海格氏以道德爲國家趨向之說也。雖然。公法各家。每謂海格氏之說。於各人趨向。及國家趨向之界。混淆不分。并不免狹視道德之誤作用。以余言之。海格氏之說。亦無大誤。持一蹴即求趨向之終而其始其次置之不理余恐人類之性質不足追隨徒有望塵莫及之歎耳。

國家初立不得即爲世界之國家蓋人類有生之初草創制度必不能若是之廣且大迨其能廣且大也必經數千百年星霜之遞嬗而後僅底於成故人類之能建世界國家者無不基於偏隅凡民族分播之勢莫不啓於自然余已言之詳矣特其所有之勢建立民族之國家余亦屢言之矣所謂民族國家者在今日之文明世界中爲無上之制度是無可誣滅者也且夫人以天地爲逆旅光陰爲過客當人類之浮生世間惟有此民族國家爲人生至適之境待民族國家遍播全球而後世界國家或有發現之一日未可知也余今請得而斷之曰國家第二之趨向即民族薈集而各能維持一己之利益是也余意伯氏所謂以各人材智之啓發性質之美備爲國家之趨向其與余說爲一致也夫

然則國家如何而可達其趨向也 第二之趨向 析此疑問吾儕不可不究國家趨向之始所謂國家趨向之始者政府自由是也當國家之初既創政府自由而又不得不勉爲完全之制度二者之功已蕆然後徐進於民族之文明則進於世界之文明蓋始也必建立政府與以大

權。使足以禦外侮。靖內難。而長保國家無窮之利益。此出國家於野蠻黑暗之中之始基也。此基不固。則其他事業。如畫而無復寸進矣。苟因建此始基。而以國家大權。界諸政府。使之運用。此固應之如流。無纖毫躊躇者也。雖然。與政府以全權。出於一時權宜之策。不可授爲永例。設爲時過久。而其權復爲政府所有。則壓制人民。在所不免。迨人民習知政府之有大權。仰法律之尊。如臨天神。則急宜扶其偏。救其弊。與人民以自由。載諸憲法。又定各人自治權之範圍。且諄戒政府不得侵害其權。並爲之防範。四方之有害於其權者。當其始也。宜狹其界。使各人僅有一己之自由。待其日進文明。而後自由之界。漸次擴張。許其各自爲羣。協力辦事。其權越於一己自由之外。至國家既許其協力辦事。而禁其濫用所有之權。使之盡力公務。亦國家應爲之事。無庸自諱者也。凡人民有應爲之事。而力有不逮。則國家補之助之。務使其成功而後已。是謂政策之至善。奚必俟政府中出而爲之干涉也哉。以上所述。政府自由之關係。國家不過時爲整理。而要非國家趨向之終也。近世各國。明於政府自由之關係。而從自由之中。已歷奏膚功。彰彰在人耳目。世人不察。往往謂政府無權。則如教育宗教諸事。俱無成功之可期。國家亦將無事可爲矣。以余觀之。其說斷不可信者也。設國家自能啓發知識之自由思想之自由及言論之自由又許各自爲羣盡力於敎育宗敎之間并維持人民所應有之權力是國家固大有造於敎育宗敎之事安在其不如政府干涉之有益也哉究若輩之說所以混淆若此者由於謬執已見以爲國家不經政府無事可爲又謂國家非創造自由之人又謂自由之權卽天然之權國家不過因其自然爲之界限已爾坐是種種其所論議皆鑿枘而不可通夫以自由權爲天然權而非國家之所爲并謂自由權在國家之外者此十八世紀法蘭西之大革命所由來也且其說之勢力歷久不衰延至今日尙能深入人心而無如公法學者法律學者屏斥之不遺餘力豈非以其說之足以惑人哉爲此說者之實際每以國家爲一人又不能區別於國家政府之間終日汲汲務求所以創設自然之權利而於人民倫理則反恝然置之至國家已造極詣民人各有主權之時其說又謂國家者自由之基礎且剖析自由之眞理由是觀之則剖析自由之眞理者仍爲國家可知莽莽大地人類中之自由斷無出於國家之外者其理無時或易也彼野蠻時代之所謂自由不過徒長殘忍奴隸之風已耳與國家所創造法律所統治者大相逕庭蓋人類之初斷無卽能享有自由者也必也幾經閱歷漸進文明而後可洵哉自由之爲國家所創

設。與政府之爲國家所創設。同一不可易之理也。嘵嘵者徒費唇舌。至無謂矣。茍一國之人。於文明之途。登之愈上。則國家於各人自由之界。擴之愈廣。使人人盡力於文明之事業。迨法律與自由。水乳交融。而自由之界之廣。亦造其極。而無復遺憾矣。

右所述者。皆順歷史之序而言。所謂國家之趨向也。始也。創設政府自由。且以國家大權界諸政府。使其盡力於各人自由之實際。次則民族材能。啓發美備。自能建法律之制度。以布文明於天下。人類先後之所爲。在史策中。歷歷如繪。皆可證諸實事者也。精而言之。以上之說。凡私法公法國際公法民族法律。戰爭平和之約。外交內交之略。無不包括於其中。茍人類順歷史之次序。定其趨向。運以自然之勢力。以求及其趨向之所在。是必有適當之一日。特不可倒行逆勢耳。設欲創自由於政府之前。建世界國家於民族國家之先。必有危殆解散之虞矣。由是觀之。序之不可紊。等之不可躐也明矣。余知其舍歷史末從也已。

政治學第二卷終

理財學　原名經濟論

德國　李士德著

沿革第一

第一章　意大利

當歐洲之脫於中古蠻俗而復歸文明也。其間獲貿易及工業之利者。首推意大利。蓋其國雖當中古兵燹之後。然羅馬之流風遺俗。猶有存者。此時意大利之農業。雖未精進。然以其氣候之和。土地之沃。足養其民而有餘。故其日用之藝術工業。與古羅馬各府制度多仍其舊。沿海之漁業頗盛。海岸亦長。足補內地運輸之不便。而其地距希臘、小亞細亞、及埃及皆不甚遠。從來至亞細亞之商務。必假道俄羅斯始克達北地者。今意大利更得水路之便。於是貿易交通。觀摩日廣。而希臘古代之文學藝術。自源源而流入於意大利焉。

自俄突大帝改革意大利市邑拘束之制度。而工業貿易勃焉以興。此足證自由與工業必相依而行。蓋二者之起。或有先後。而必互爲因果者也。凡工業興盛之地。早晚必得自由。而自由先起之地。終致工業興盛。此理之無足怪者。蓋人既得心身之安逸富樂。必謀保其所

有以遺子孫而人之旣得自由者則以此而謀其心身之安逸富樂亦自然之情也

二

溯自上古自由市府之衰廢而再得自由且致富盛之市府者厥惟意大利其市府與鄉村迭相扶助同趨富盛其後十字軍起更增其利蓋十字軍之兵馬及器械輜重賴其轉輸因是航海之業獲利無算且當時新開東方通商之局交際日繁歐洲未知之工業學術器械植物以及奇巧之物品方術莫不傳入而歐洲各國則以十字軍之故封建之制度以衰貴族之勢力以殺市邑之自由以增而田野之農業以起焉

當時最稱富盛之區有伯尼士及塞努牙二府而亞此者則弗羅連士府俱以製造及貨幣之業名焉此府自十二三世紀時已有製造絹布綿布之名其商賈之公司頗得參政之權其後卒賴其力以改立共和政體府內毛布一業已有二百製造所每年出布八萬匹所用之獸毛由西班牙輸入又由西班牙蘭佛西比利時日耳曼等國輸入生布計値三百萬元練而染之更輸之於東方利市三倍此府又司意大利全國銀行事務共有銀行八十家政府歲入三百萬元較之當時納波耳斯及阿拉工諸王國之歲入遠超乎其上即英女王以利沙伯斯之歲入亦不及其數云

是故十二三世紀之時。在意大利凡可以致富之物。莫不具備。貿易工業。俱在他國之先。農事製造。又爲諸國所競效。而道路運河之便。亦稱爲歐洲第一。其銀行之制度。航海之儀器。艦船之製造。貨幣交換之方法。又關乎商業之法律習俗。并府邑之制度。政府之規模等。所以垂教於今日開明諸國者實多。又其貿易之盛。商船之多。海軍之强。足以雄視南海。當時除北海稍有貿易外。凡宇內之商務。莫不分於地中海及黑海。因此意大利獨掌宇內之商權。凡製造之物。華美之品。以及熱帶地方之物產。各國莫不取給於是。而意大利則購入各國之土產。以爲製造之料。獨可惜者。意大利全國不知互相連絡。以助其勢。此其所以不能爲今日之英國。而一切富强之具。皆一變而爲人有也。當時意大利之諸市府及其首要諸列邦。不思同居一統之下。以互相親睦。乃互相攻略。儼同仇敵。而其攻略之間。又有一邦一邑之內。爭民主君主之權。內亂頻仍。靡有寧歲。馴致外敵乘隙來侵。而境內又有教徒逞其凶威。以頤使無數之小邦小邑。於是國內分爲二大黨派。以互相攻訐焉。

意大利分裂之禍。觀於境內諸邦興亡起伏之迹。不難想見。其初最强大之列邦。爲阿瑪路(自第八世紀至第十一世紀)其船舶密布於地中海。當時意大利及地中海之東岸通用

四

之貨幣皆屬於阿瑪路。又當時最適用之航海法律。亦由阿瑪路布行於地中海沿岸諸港。及至第十二世紀。其海上之權爲他列邦名撒撒者所奪。撒撒又爲塞努牙所奪。塞努牙與他列邦相爭數百年。又爲伯尼士所奪。伯尼士未幾亦遭覆滅。及熟察其故。亦不外乎政略之褊小。蓋意大利諸邦若能聯盟一致。則不但可以維持其勢力於希臘、小亞細亞群島海諸島、及埃及之間。充其所爲。陸則可以防土耳其之蠶食。海則可以爭葡萄牙及好望角間之航路。及禁海賊之擾害者。惜乎伯尼士不顧此聯盟之力。而獨當其任。又爲國中他列邦及歐洲各國所攻伐。因是內外不支。遂致顛覆。

意大利諸邦誠能聯爲一氣。則其力足以抗大國之侵奪。一千五百二十六年。嘗試爲聯盟一次。惜其所志。僅爲一時避禍之計。其盟主及聯盟諸邦。惟僥倖私利。互相欺罔。此其所以爲密蘭所吞併。而脫斯加尼之共和政治。因以覆滅。意大利工業貿易之衰廢。實始於此。伯尼士自封建以至滅亡。始終欲獨立而爲一國。故屢與意大利境內諸列邦及希臘爭鋒。諸列邦及希臘以小弱故。遂聽其專貿易之利於地中海及黑海之沿岸。及歐洲諸強國併力於貿易場中。伯尼士遂不能支。蓋伯尼士僅有一市府。而所稱爲貴族權豪者。亦不出此府之外。且其征服之諸海島及陸地之民。以政令不公。常懷叛志。故其屬土雖多。適成尾大不掉之弊。以自即於弱而已矣。

當是時也。伯尼士共和國之民。其富强之元氣。亦漸次消滅。蓋其國自由之元氣未充實於民間。誠使在上之貴族。亦以忠誠愛國之心統率之。則其富强正未有艾。斷不至於滅亡。惜貴族共治之政體。漸變而爲貴族專制之政體。此實自由之荼毒。而元氣之鴆石也。由是以往。雖枝葉繁茂。而根本已傷。孟德斯鳩嘗曰。奴隸之國。但求保守。不求進取。若自由之國。則進取之念。勝於保守。此實不易之言。而余更益之曰。惟其務保守而不求進取。故終必陷於滅亡。蓋不進則退。理之常也。嗚呼。若伯尼士可以鑒矣。當其富盛之極。遂日即於恬安苟且。既不自求新法。以擴充其貿易。又不步趨他國發明之法。以沾其利。當時東印度之航路新開。其意在分通商之利。固人所洞見。乃伯尼士人獨不之覺。夫形勢一變。正宜冒險勇往。以求更新之法。而挽既頹之運。乃不以此爲事。徒欲以區區之秘謀詭計。敗人之事。而保己之舊路貿易。豈知害未及人利已去已從前權勢日以凋零驅致東西印度之財貨舉流入於加提士及利斯朋。乃又變計而講鍊金之術。如破家蕩子之所爲。吁、不其謬歟。先是伯尼士隆盛之際。凡有功於貿易工業及文武國事者。例得記名册籍。以昭其功。即外國人由佛羅連士入籍而製造絹布者。亦得與於斯榮。及其後顯榮利祿之途。舉爲貴族世傳之私物。册籍記名之典。一時中止。其後國勢漸衰。彼貧窶懦弱之貴族。欲藉此法以鼓勵人心。乃重設之。然有功國事者。仍不得與。惟富豪貴顯得與其列。於是人復賤之。其後百餘年間。竟無一記名者。徒成具文而已。

伯尼士之零落。及其貿易衰廢之源因。考之於往史。皆由於貴族之惰慢性成。及人民之卑屈無恥。然則伯尼士之貿易。即微好望角航路之新開。亦不免於衰廢。要之伯尼士之所以滅亡。亦如意大利之諸共和市府。一由不相連絡。二由外國憑凌。三由僧侶之橫行無忌。四由歐洲強大而固結之國漸次堀起也。

今試細察伯尼士盛時之貿易政策。而知近古諸國之製造貿易。無不自模倣伯尼士而漸致盛大。當時諸國俱效其所爲。如設海關律、收海關稅及保護本國之船舶、製造於外國等事皆是。又凡天然生產之物。由外國輸入。人工製造之物。由本國輸出。則其國之製造貿易得以隆盛此不易之論亦盛行於當時乃今之為自由貿易說者自飾其辭謂伯尼士之零落因其保護貿易之故此實似是而非之謬論也蓋以公理斷之伯尼士及後來興起諸國之貿易因其所處之時代利於自由而不利於保護者有之利於保護而不利於自由者亦有之不可一概論也夫建國之初自由貿易之為利自不容疑蓋不如是則荒僻之區欲易為繁盛之地斷不能也及稍進於富強則保護貿易方為有利因有保護方免外來之侵害而其勢始成其力始足也然勢成力足之後若仍用保護則反為害因保護之下不得與他邦角逐而驕慢之心因以生矣然則伯尼士之致滅亡非用保護之罪乃保護之用已去尚墨守之之罪也

按泰西諸商學者、分為二大派、其一主自由貿易之說、謂萬國通商、交受其益、不可設為限制、如抽稅查貨等事、其一主保護貿易之說、謂各國情形不同、有利於彼國者、或有損於此國、故不可不因時制宜、說為一定法律、以保全本國貿易之利為主、以互相交易為用、我中國出口稅重、而進口稅輕、損己利人、已不可為訓、況進口之貨、又漫無稽查、鴉片之入、即由於此、原書著者力倡保護貿易之說者、以德國當時之情形、與我國和彷彿也、

自由貿易家之說曰伯尼士征服之土地雖多然不過意大利之一市府其貿易製造之盛時與之競爭者亦不過意大利之各市府故可用閉關之策然歐洲諸大國既併力於商戰場中則宜改其政策大其規模務使意大利全境商務皆包羅於計畫之中方可期製造貿易之隆盛若以一市之小敵連横諸大國而欲保其隆盛

豈可得哉。故鑑於伯尼士之覆轍。吾人得而斷之曰。以一邦一邑之小。與大國爭貿易之長決非區區之保護政策所能爲功。即貿易之由保護政策而致隆盛者。其終亦必歸於自由貿易。方能有利也。

以上自由貿易之說。乃拘於流俗之見。未免混亂自由之字義。蓋世人所謂貿易之自由。猶所謂政教及府邑制度之自由。故言自由貿易者。不問其爲何等貿易。皆一意袒護之。以爲應盡之責。而於本國貿易之自由及各國互市之自由。曾不一爲分辨。竟不知兩者之體用有大相徑庭之處。夫本國貿易之自由。即民間自由之一端。固不可限制者也。若諸國互市之貿易。則雖與以至嚴之限制。而於人民之自由。固毫無損也。且互市之得自由。必自奴隸其國民始。波蘭非其前鑑乎。孟德斯鳩之言曰。互市之限制。莫嚴於自由之國。而莫寬於專制之國。信哉。

第二章　聯盟府邑

工商之業及自由之理。既盛行於意大利。更越阿爾伯山而入日耳曼。其勢駸駸。將達北海之岸。當是時也。日耳曼帝亨利一世。爲俄突大帝之父。俄突在意大利。既解其府邑之羈絆而與以自由制度。亨利亦於日耳曼創建新市府。而加以庇護。又於羅馬殖民之故址。及境內已設之市府。竭力擴張其規模。帝及嗣王。皆以新立之府邑。爲約束貴族之具。又以之充國稅及防務。英法諸王。後亦效之。此等府邑。外則常與意大利交通。共爭工商之業。內則享自由之制度。是以歷時未久。即臻於富足。而進於文明。其民因與紳縉交際。服色器用。漸尚精美。故務工藝者頗多。亦有思積巨萬之財。以興大業而獲盛名者。蓋人旣臻富足。則政治思想。勃焉以興。而改良之念。亦因之而起矣。

此等府邑。當其初得自由。雖工業漸昌。氣力已充溢於內。然在外者仍苦於海陸盜賊之剽掠。因是諸邑。逐恍然於協力防禦之不可以已。千二百四十一年。杭伯爾及路畢克二邑。始相締盟。其後尚有陸續同盟者。及千三百年。波羅的海及北海之沿岸。并俄得路、埃爾伯、維塞耳、及來因等河附近諸府邑。皆包括其中。爲數八十有五。總名曰杭沙。即聯盟之意也。

其後此等府邑。知振興邑府邑之工藝。須糾合衆府邑之勢力。乃設聯盟貿易之制度。謂海上貿易。必有防衛。而後可。乃擴張其海軍。又謂海軍之強弱。視商船之多寡。及漁業之盛衰。

乃定一法。凡聯盟府邑之貨物。不得搭載他國船舶。且大興海上之漁業。爲英國之航海律即倣聯盟府邑之法而定者。而聯盟府邑之法。則由伯尼士而來者也。

英國之航海律。惟襲前人之故智。前之以此稱雄海上者。固不乏其人。然當英國議設此律。論者莫不詫爲新奇。卽其後亞當斯密士記此律之沿革。亦言數百年前英國實未有此律云。一千三百八十一年。英王禮查二世。曾舉行此律。但未幾卽成具文。及一千四百六十一年。國會復議設此律。爲英王亨利四世所斥。不果行。其後英王這揖斯一世欲行此律。下其議於國會。以抗議者衆。仍不果行。蓋因此律不適於當時之國勢也。雖然此種之禁令。在工商業將興之國。實爲要務。如美國於獨立未定之時。曾用這揖斯瑪的孫之策。限用外國船舶。而其獲利之厚。不讓於今之英國云。

斯時歐洲北部諸國之君。多與聯盟府邑定互市之約。其意一在以其有餘。易其不足。二在以進出口稅充其國帑。三在化其遊惰之民。使習於勤勉之俗。一舉而三善備。故聯盟府邑之民。來設商館者。爲諸國之君所樂從。併加以庇護而招徠之。而英國諸王。於此事尤爲盡力云。

據赫尤拇氏之說。往時英國之貿易。全在外商之手。而歸意斯特零者尤多。意斯物零係英人呼聯盟府邑之稱、即東方商賈之意、蓋對比利時、和蘭、位其西者而言也、英國貨幣名斯特零、或磅斯特零、即原於此、因當時英國通用之貨幣、皆出聯盟府邑、故意斯特零一語、訛爲斯特零也、英王亨利三世。頗愛顧東方之商賈。遂連合之使爲一公司。且免其課稅。弛其禁令。是時英國尚暗於商務。自英王愛德哇二世以來。通商之利。殆爲聯盟府邑所獨據。且其所用之船舶。亦無需於人。故英國航海之業。卒不能振。

日耳曼與英國通商既久。有科番之商家。於一千二百二十五年。奉其王命。設商館於倫敦名曰斯其耶德。此館初設。頗有功於英國藝術之革新。及工業之進步。然其後深爲英人所忌。內外商賈相爭不下者。凡三百七十有五年。始行廢止。

昔英國與聯盟府邑互市之情形。恰如近世波蘭之與荷蘭。或今之日耳曼與英國也者。蓋英國以其獸毛、獸皮、牛酪、及各種礦產農產、售之聯盟府邑之人。而易其各種製造之品。聯盟府邑之人。則以英國及北方諸國輸入之土產。轉售諸意大利商館。以償比利時所產之布帛等物。及各種製造之品。并由意大利輸入之東方物產。乃復以此等輸入之物。轉售之北部諸國云。

聯盟府邑之第三商館。在俄國之腦夫哥羅多地方。乃一千二百七十二年所設者也。此館以其製造之品。易俄國之毳毛、麻苧、及各種土產。又其第四商館。設於哪威國之伯爾根地方。亦一千二百七十二年所設者也。此館專營館業之利。又收買鯨油及他種漁海產。考之於古。凡國當草昧之時。莫不利於自由貿易。其民藉此得販其田獵牧畜之所獲。與夫山林田野之所產。以易其所需之金銀衣服器用等物。故草昧之國。其初自必樂於自由貿易。及其文物稍開。工商漸盛。則其愛自由貿易漸不如昔。越時再久。則知自由貿易之阻其進步而疾視之矣。此古今萬國之通例也。英國之於聯盟府邑亦然。斯其耶德商館建未百年。英王愛德華三世。即悟其害。發爲議曰。我僅輸出獸毛。而仰毛布之輸入於人。豈得爲盡國之能事乎。乃招致發蘭德之毛布織工。及遷來者旣衆。遂發令禁其國人。毋得服用外國之毛布。

英王行此善政。實爲他國秕政所助而成。蓋發蘭德及巴拉班的之初代君主。雖事事注意於工業之振興。然其後代君主。則反其所爲。往往構怨於百工。以促其流亡。英王之招徠。適逢其會。故移居於英者。實繁有徒。此亦古今商業史中一奇事也。

（未完）

迨一千四百十三年。英國毛布之製造大有進步。赫尤拇氏記當時之事曰。是時忌惡外商之情愈甚。設爲種種法令。以束縛其貿易。如强外商以所售物價。仍費之英國。是其一端。至愛德哇四世時。忌惡之情。乃達其極。至於毛布等物亦嚴禁其輸入云。

其後聯盟府邑之商賈。要求愛德哇四世。弛其禁令。並復其往時之特權。蓋聯盟府邑之貿易所以日形減色者。皆爲有此禁令。故英國製造毛布之業。得以勃興也。愛德哇四世之後五十年。亨利七世在位時。赫尤拇氏曾著一書。論英國工業之進步。其言曰。我國之藝術工業。日增月盛。卒賴其力使貴族袪其僕從如雲之惡習。先是貴族競以僕從之多寡相誇耀。及工業一新。遂易其嗜好於邸宅服飾及器皿等物而漸趨於文明之俗矣。於是細民等亦知托庇侯門。以游惰度日之不可復久。遂漸修其恆業。勉爲食力之民。是時又設金銀出口之禁。以無實效之故。復强外商以售物所得之値。仍費之於英國云。

亨利八世之時。各國工人群集於倫敦。食物因之而騰貴。此正國內製造盛興。利及農業之先兆也。惜亨利不明其故。加之其民怒外來工人之忍耐勞苦。勢將奪己之業。亦屢訴之於彼。因由樞密院發令。放逐比利時工匠一萬五千人。其令曰。外來工人。使物價騰貴。將陷我國於饑饉云。既又爲絕外工之來路。發令於國。凡細民日用之費。衣服之制。食物之貴賤。工價之高下。莫不爲之制定。蓋謂如是而後外工之來。無以謀食。則不禁自絕也。聯盟商賈因享利放逐外工之故。大償其所欲。遂傾心以結納之。且舉軍艦。以供其用。如今日英人之待葡萄牙國王也者。因是享利八世在位之時。聯盟府邑之貿易。常盛於英國焉。

聯盟商賈之爲貿易也。多置船舶。富於資本。其至他國也。不謀於其政府。惟以自營爲事。其巧於謀利。有不讓於今之英人者。但其經商外國。每藉口於現行之條約。或從來之習俗。以强人使必從。而英人則藉口於世界交通之理。以誘人使樂從。然其爲壟斷之私則一也。迨英王愛德華六世時。樞密院始托故剝奪斯其耶德商賈之特權。此舉實利於英民。蓋自是英國市場之中。遂顯分主客之勢。而土著之商。始有以制寄寓之商矣。先是英商雖與外商角逐。然不能操必勝之權。及是內外商賈立於同等之地。英商與外商角逐之勇。遂百倍於前。幾於舉國若狂云。

聯盟商賈籠絡英國之貿易。凡三百年。其情形有如今日英國之籠絡日耳曼及合衆國也者。至是其勢力乃漸失墜。迨英女王瑪利之時。日耳曼政府代爲請求。因又得復舊時之特權。然不久仍失之。蓋若輩既復舊權。猶以爲不足。更欲增大其權。乃於以利沙伯斯即位之初。以愛德哇六世及瑪利薄待彼等之情形哀訴於王。王惟優詔答之曰。朕今無變更舊例之力。但汝等現有之特權。必厚爲保護云。其後數年。其貿易大爲衰敗。英商因乘機收攬全國之出口貿易。或爲行貨之商。或爲居貨之賈。英國貿易於以大興。聯盟商賈至此。愈爲不平。百計圖壞英商之聲價。終至要求日耳曼國會禁止英國商賈自一千五百九十七年八月一日爲始。毋得通商於日耳曼之版圖以內。英王以利沙伯斯聞之。亦發令禁止聯盟商賈至英貿易。幷命搜捕聯盟商舶之至西班牙私爲貿易者。凡六十艘。王之初意。不過欲質此商舶爲調停之計。及聞聯盟府邑反爲此事開大會於留泊埃。議阻礙英國出口貿易之策。乃大怒。僅歸其二艘。餘皆收沒之。於是聯盟府邑與英國之貿易遂絕。

聯盟府邑之商賈。握英之商權者數百年。不幸一旦中落。至爲以利沙伯斯所絕。其屈辱亦甚矣。今試一溯其强盛之時。則有令人驚歎者。彼英之前王。不嘗假其軍艦。以應海戰。且爲彼挾兵以强索乎。英王之冠。不嘗爲貸金之故。而質於彼乎。英之人民。不嘗爲彼所踐踏。舉漁者百人。而盡投諸海乎。歐洲諸國之君。不嘗怵其威勢。而屈膝以求其歡心乎。丹馬及瑞典之諸王。不嘗爲彼之藩屬。而任意廢置者數百年乎。波羅的海之東北岸。不嘗爲彼之殖民地。而教化其民。且一掃近海之盜賊乎。夫前之威權。既如此其赫赫。則今雖衰落。猶有欲復之基。使受英王之屈辱。即發憤爲雄。以圖報復。夫亦何難之有。惜乎其勇往直前之氣已消。而以自由制度及聯盟政策所獲之權力亦失。故無復圖報之志。而日即於衰微。洎乎一千六百三十一年。各國共拒其通商之請。而聯盟之制度。亦以廢弛。

聯盟府邑之衰也。固由其內政之敗壞。而亦有爲外患所致者。蓋丹馬及瑞典之王。皆欲一雪舊怨。故百計以敗其商務。而俄皇亦絕其舊交。轉庇英商之一大公司。當時雖有一武士黨名偸通尼克奈脫者。仗義出援聯盟商賈。爲時頗久。卒以無效而罷。於是荷蘭及英國之商賈代興而握其商權。且其心腹之疾。尚有一事。則新開好望角至印度之航路是也

聯盟府邑之盛時。若有倡議結援日耳曼政府者。彼必唾而不顧。及其衰也。始訴於日耳曼國會曰。英國每年輸出之毛布。約有二十萬匹。而其大半俱售於日耳曼。今若禁其進口。則我輩方能復昔日之盛於英國也。據安德生之說。國會頗欲照其所請。著爲禁令。英國公使格爾賓爭之而止。

聯盟解散之後。僅越百五十年。而其强盛之跡。已不可見。其土人亦鮮有能道其事者。尤斯俀塞爾遊歷其地時。其日記中。有偶遇其地之商賈。語及昔日之隆盛。而商賈等竟不之信云。漢伯克者。昔日之名城也。遠近海賊。怵其聲威。莫敢至者。其掃淸海上以安貿易之功。夙爲人所瞻仰。豈料其後反至納稅於阿爾及之海賊。以保其船舶哉。

迨夫海上之權移於荷蘭。其對海賊之策。亦一變。蓋聯盟商賈以海賊爲文明世界之公敵。務竭力以剿除之。而荷蘭則反是。有事之日。則利用其剽掠船。爲其海上之聲援。無事之日。則暗使之擾亂他國貿易。德惠脫曾著一書。詆此政畧。而安德生評之曰。此所謂以敵制敵之策也。此語雖陋。然其後英人竟奉爲圭臬。故縱海賊之逞其强暴。而不恤耶致世界之大恥。直至近年。始由法國蕩平之。而其禍方熄。

聯盟府邑之貿易。其勢力常渙而不聚。非完然一國之貿易也。且其內地之物產。亦不能使之繁殖。故國力單薄。不足以維持其廣大之貿易。亦勢使然也。至其制度不整。人心不齊。尤其致弱之由。蓋其府邑習於損人利己。無有爲聯盟全體謀其謀者。往往利害當前。輒先計及一市一府。而以聯盟之全體爲後。故睥睨嫉惡之風。盛行於其間。甚至譸張爲幻。無所不至如與英搆兵之際。而背隆府人且藉此而營其私。其一端也。

且聯盟府邑之貿易。毫無根據。既不托於農業。又不托於製造。雖其經商外國之民。間有經營其地。而助其農業之繁盛者。然其於己國之農業。則毫不措意。惟一任其荒蕪而已。又於製造之品。以爲英便於販之比利時。故亦無仿造之舉。蓋彼等不知自立根據。以垂久遠。惟利用他人之物。以爲貿遷有無之計。彼等又恐物價若昂。則難以取利也。故又鼓勵他國之人。豐其物產。如波蘭之農業。英格蘭之畜牧。瑞典之製鐵。及比利時之製造是也。豈知各國物力既富。而聯盟商賈之勢力遂衰。終至被逐於各國之市場。而其所蓄之資本。不足以與農工之業。由是汎溢無屬。運用不靈。卒流入於荷蘭及英格蘭。爲敵國所用。以與其工業。而益其富強。乃知一國不務農工之業。而一任人民之所爲者。決不足進於富強矣。聯盟府邑之民。徒知居積。而忘其國之利害。當其強盛之時。各國帝王。爭購其歡心。萬里海洋。皆歸其掌握。於是驕盈矜誇。一若天不之事。已盡於此。故其人除經商以外。絕不與聞國事。一若不屬於日耳曼之版圖者。迨一旦各國羣起而奪其商務。卒以與國家不通聲氣之故。而無與援之可求。以底於敗亡。良可歎已。使當其強盛之際。與北日耳曼之府邑相結。共建一下議院於國中。以抗貴族偏重之勢。然後上戴皇室。以糾合日耳曼全土。而爲一完固之大國。再設法令冬克爾古（法國北海岸之港名、在北利時之西界）至利加（俄國之港名、在利加灣中、）一帶之海岸。歸日耳曼統治。由是而擴充其工商及航海之業。以雄視各國。則其成功易如反掌。乃計不出此。致令日耳曼海門之鎖鑰。把持於他人。於是其貿易之興衰。已無關於日耳曼國力之消長。故彼等至此。縱向國會有所建白。亦不能使之聽受。況日耳曼之貴族。與彼等夙不相能。方欲乘其衰敗以屈抑之乎。因是內地之府邑。漸爲貴族所專制。而沿海之府邑。遂與內地不能連絡。英國之商政則不然。其外國貿易及航海之業。無不基於農業及製造。故其內外貿易。皆有起色。無窒礙不通之弊。且其全國人民之自由。日有進步。與國勢相彷彿。而其尤可貴者。則其皇室貴族及人民三者之間。無不同其休戚也。

吾人若就已往之事實而細察之。則知英國工商及航海之業。得致今日之盛者。皆由政策之得其道耳。使英人亦惑於謬說。如聯盟商賈之任意貿易。凡事惟任其勢之所趨。則斯其耶德之商賈。今尚跋扈於倫敦。比利時之工匠。今尚爲之織毛布。英國之土地。或已爲聯盟府邑之牧場。如今之英國以葡萄牙爲彼之葡萄園。亦未可知也。不寧惟是。即彼國市府人民之自由。亦不能如今日之盛。何也。自由者。本於富足。而富足則本於農工故也。

二〇

聯盟府邑及英國之商政。前已論其得失。然亞當斯密之所論。若不揣其本而齊其末。其言曰。聯盟商賈。居無定所。一不當意。轍去而之他。其業既移。則以資本所興之工業。亦不得不隨之而移。以故其資本未嘗用之於絕大工程。且未嘗用之於山林原濕等處。如開墾畜牧等事。蓋恐其固著於地。而不能移也。夫聯盟商賈所興之重大事業。惟偶見之於十三四紀之歷史所載。至其眞跡。則杳然無存焉。今欲探其故墟。或以拉丁文所書之古迹。則雖博物家亦有所不能也云云。此蓋謂聯盟商賈居處無定。不能建重大事業。以垂久遠。所以至於敗亡。是誠然矣。然此其小焉者也。而其致敗之由。要不外乎前之所論者。夫亞當斯密學問淵博。而猶昧於此者何也。蓋其所主者在自由貿易。而聯盟商賈衰敗之原因。亦正在是。雖然。英國與聯盟府爲自由貿易時。其農業尚未大興。及其後改用保護政策。始免於聯盟府邑比利時及和蘭之侵害。而製造之業。於以大振。後又發布航海之律。遂致今日之盛。史册昭然。不可誣也。乃亞當斯密欲逞一己之論議。而諱言當時之實情。不亦異乎。

按涅達蘭今之和蘭及比利時兩國是也。此國古來分合不一。羅馬之季。其人以好航海貿易名于天下。沙爾曼帝之時。始屬於日耳曼。其後分爲十七小邦。總名曰涅達蘭十七州。而發德蘭其首都也。每邦之君。有公伯等號。十四世紀之間。全土改屬於布魯甘的國。後又屬於奧國及西班牙。屬西班牙時。和蘭以下七州。叛而自立。即今日和蘭建國之始。時一千六百四十八年也。涅達蘭西南諸州。總稱曰比利時。仍屬於西班牙。自此暨法國大亂之末。尚有數次分合。迨一千八百十六年。以同盟諸邦之協議。合涅達蘭全土爲一國。名涅達蘭王國。亦名和蘭王國。一千八百三十年。比利時叛和蘭而自立。遂成今之二國。十七世紀之間。其海上貿易最爲興盛云。篇中所稱和蘭發蘭德巴拉班的等。皆其一州之名。但稱和蘭之時。言和蘭之一州者有之。言和蘭之王國者有之。閱者所當注意也。

和蘭發蘭德及巴拉班的三州。若論其人民之氣質風俗之淵源。言語政治之關係。及地理之位置等。應屬於日耳曼帝國之一部。況沙爾曼帝屢巡其地。而帝之所居距此甚近。故以交通之便。而有益於其地之進化者甚多。至論其物土之宜。則發蘭德及巴拉班的最適於農業製造。而和蘭則最適於牧畜貿易。

日耳曼境內之運輸。莫便於瀕海諸州。若和蘭發蘭德巴拉班的等。故得此水運之便。以助其農商業之繁盛。而運河亦可大開。不虞灌溉之或乏。至發蘭德歷代之君。於民財之宜阜。道路之宜通。製造之宜興。府邑之宜治。皆能洞悉其故。較日耳曼各國諸侯爲勝。而其民又能抗禦豪族。驅除猛獸。以安其生。故其都府村落之間。駢臻繁盛。貿易以興。而動物若牛馬等。莫不蕃息。植物若麻苧等。莫不播種。夫物產既富。資本既豐。交通既便。則必振興製造。而後商務可興。此一定之理也。然據往史所載。發蘭德之君。尚昧於此理。故毛布之業。不能自行製造。亦不設法以模倣外國。其所用者。不過外國工人而已。

斯時和蘭與聯盟府邑之間。貿易成行。發蘭德之毛布。因是大得銷路。閱時未久。即以斯業繁盛之故。得爲北歐貿易之樞紐。猶之伯尼士曾以工業及航海之振興。得爲南歐貿易之樞紐也。於是沿海諸州之航海業。和蘭之貿易。及發蘭德之製造。三者合而爲一國之大工業。而發蘭德之製造。尤爲繁盛。英敵所謂保護政策。幾於無用矣。蓋形勢至此。則自由貿易。最有益於內地之製造。即徵亞當斯密言之。而發蘭德之君。固已知之熟矣。故英國請其屏斥蘇格蘭之商賈。(按是時英蘇二國尚未合併)其君羅巴脫拒之曰。敝邦從來與萬國通商。今忽屏斥一國人非敵邦之所以待外人也。

發蘭德以製造名於北歐者。歷數百年。其首府曰布流這斯。係著名之通商口岸。後以發蘭德之君。奪其民固有之權利。遂率其貿易製造。改隸於巴拉班的。其後安脫活泊府。繼爲北歐著名之通商口岸。而巴拉班的之羅白因府。又爲其國之著名製造場。經此變遷。而巴拉班的之農事。因以大興。且巴拉班的之納稅者。向即納其貨物以爲稅。後改爲錢幣。民大便之。而封建之法。亦漸爲之廢黜。凡此諸端。皆進其國勢於隆盛者也。

斯時和蘭亦起與聯盟府邑爭貿易之利。以建他日雄視海上之基。其他窪下而瀕海。屢爲波濤所吞噬。然而其民反因此而養成其冒險之習。卒以成大事、與大業者。蓋其地有以致之也。且也惟其地之易遭淹沒。故其民寶其寸土。他族不得而侵奪之。至其國之形勢風土。宜於航海、漁業、畜牧、及製造酥酪之類。故其民之職業。亦偏向於此。若五穀、材木、薪炭、及衣服等物。則苟非以畜牧漁業之所得。以與外國交易。則不得也。

其後和蘭乘聯盟府邑之衰。奪其東北諸邦之貿易。蓋先是五穀蔬果材木等物。聯盟府邑得取之於接近之地。而和蘭則須仰之遠方故也。且和蘭因此又得與比利時之製造場相接境、再沿萊尼河順流而下。皆膏腴之地、葡萄盛多、而此河流又直通於瑞士山中、便於上駛。誠和蘭莫大之利也。

凡瀕海之國、其貿易之盛衰。視其運河之廣狹長短、此一定之則也。此係據昔日之情形而論、若在今日之鐵路四通、則不拘此、試一覽意大利之地圖、則知伯尼士之貿易。所以勝於塞奴牙及撒撒者、皆波河兩岸之廣潤、及其地之膏腴有以致之也。若和蘭之貿易所以盛興之故、亦在萊尼河及其上流諸川之兩岸而已。蓋其兩岸之廣潤及膏腴、遠勝於挨爾伯維塞耳兩河之域、故和蘭之貿易、亦較聯盟府邑爲繁盛也、

和蘭有名拔德術俾克斯者、始創醃製青魚之法、此固偶然之事、而其後竟獲大利、蓋他國均不得其祕、雖有仿效之者。終不能及、故和蘭之青魚、遂爲各國所爭購。而其價獨昂。據安德生之言。自和蘭創此法數百年之後、英格蘭及蘇格蘭之民輸出青魚、藉政府之保護而賤售之。猶不能與和蘭爭勝云。計自聯盟府邑既衰之後、宗教改革以前、和蘭爲漁業歲造船舶二千艘、亦可見各國食魚之盛、而和蘭獲利之博矣。

自和蘭及比利時諸州改屬於布魯甘的、始由小邦而成大國、其後和蘭繼聯盟府邑而與

其貿易。以致涅達蘭於富盛。皆由於此。使當時日耳曼帝楂爾斯五世能渾一諸州而藉其力以成大事。與大業則日耳曼不難爲地球上第一强國。何至藉羅馬敎皇之寵。僅以逞其威福也哉。當時帝雖兼攝西班牙王位。然不能如志。若負重累。何如決然棄之而盡其心力於和蘭之貿易。以收實利之爲得乎。蓋帝若以統合涅達蘭及改革宗敎二事自任。則使其工業貿易及海陸兵力之强盛。超乎前古。併使西自冬克爾古東至利加之船舶。皆屬於其國旗之下。不過一舉手一投足之勞耳。惜乎帝及嗣王之所爲。皆不出此。惟率狂愚躁暴之徒。圖改涅達蘭之宗敎。使同於西班牙。卒致涅達蘭北部諸州以其海軍之力分而自立。而南部諸州之工業貿易。又摧於虐政。其民流亡至他國者。盡失其業。於是安脫活泊衰廢。而安得斯丹遂繼爲萬國貿易之樞紐矣。先是巴拉班的之民苦於暴政之時。製造毛布之工人。多爲和蘭所收容。至是和蘭已無餘地。遂相率投歸英國及朔遜尼云。

西班牙以迷溺於法敎之故。國力漸至衰微。而和蘭之民則爲求得自由而苦戰。愈習於海上之風濤。其目中竟若無不可忍之艱辛。無不可冒之危險矣。自其與西班牙分立之後。常使其商船私匿軍器。以襲擊西班牙之商船。而藉以擴充已之貿易。又捕西班牙之船舶由美洲窮寶貨來者。以博一攫之奇利。又以其私匿軍器之船舶與半島（西班牙及葡萄牙之合名）及比利時私爲貿易。又於西班牙及葡萄牙合併之時。奪其東印度殖民地之重要者。併錫蘭巴西之地。由是以往。至十七世紀之半。其製造貿易及航海業之盛。屬地之多。遠過英國。猶今日英國之超乎法國也者。及英國革命以後。其形勢乃大變。先是和蘭之民。既得自由。遂競爲豪商大賈。上無虐政。財產以安。使其孳孳圖上進。務齊一國之民心。而均一國之休戚。以固其團以永其利。豈不甚善。而無如其既臻富强。遂圖安逸。勇往之氣日就消磨。於是他國乘其玩愒。奮起以與之爲敵。而製造貿易貿業及航海之術。亦不屑立其下風。莫不競出其右。英國以新立共和政治。銳氣尤甚。其發布航海之律。即所以挑釁於和蘭。蓋斯時英國國力之强實。遠非和蘭所能及也。

既而法國亦步英之後塵。與和蘭爲敵。據科伯爾之言云。是時歐洲諸國商船之數。總計二萬艘。而其一萬六千。屬於和蘭。然及法國播爾奔王統踐西班牙王位時。法國貿易之勢力。漸及於西班牙半島及地中海之東岸。且國家加以保護併獎勵製造貿易及漁業等。因此和蘭大受其害。

其後歐洲北部及西班牙之本土與其屬地并東西兩印度之貿易、大半爲英國所奪、然其最爲和蘭之害者、則係一千七百三年之麥𩿢炎條約。（按即英國與葡萄牙所訂之條約詳見後）自有此約、其葡萄牙之本土及屬地并東印度之貿易、幾於滅絕。

和蘭之貿易既漸衰落。其資本及工人俱無所用。與聯盟府邑及伯尼士之貿易衰敗時同一情形。其工人多半流亡。而資本則變爲外債。流入他國。

和蘭若與比利時及萊尼河地方并日耳曼北部聯合而成一國。則英法兵力雖強。政略雖巧、必不能奪其貿易工業及航海之利、蓋已國之貿易制度既定。自能與他國之制度相拮抗也、縱使他國之工業一時興盛。已國之工業不免少受挫折。但以已國之富足加以屬土之多、挽回時勢轉瞬間耳。且和蘭、海岸之窄地而日耳曼之同種也。爲和蘭計莫若聯絡日耳曼人、以爲後援而禦外侮。乃其視日耳曼人情同胡越故日耳曼人之居其地者、不過少許之漁夫、舟子、商賈、牧人已耳。吁此和蘭所以不免孤立而危也歟。

以和蘭之前事觀之。則知世界多事之秋、人民一己之工業。不足以維持一國之富盛。必也人人製造之力。與政府及一國全體之力互相爲用。而後其効可見。夫比利時之衰也。農工之業。已掃地無餘矣。及屬於奧國。而農業再興。復屬於法國。而工業又興。是其一例也。和蘭介於諸大國競爭之間。頗艱於自立一國之貿易制度。及一千八百十五年和議成後。和蘭重與比利時合併。以其資本之富。人口之加。境土之廣。加以保護之制度。其農工商等業遂勃焉以興。又其一例也。今二國又分而自立。雖比利時尚能維持其保護之制度。而和蘭則已無能爲役。利害之數。亦可以見矣。

今日和蘭守其殘餘之屬土。而任日耳曼之互市。以保其無事。然他日海戰重興。其屬土必盡歸烏有。故日耳曼之稅務司。當豫察利害。奮發從事。以爲他日合併和蘭之基可也。

第四章　英國

英國自與外國互市。其農事及畜牧之業大興。其後外國工人苦於本國之秕政。而慕英國之庇護。來歸者甚衆。國內製造因以繁盛。加之英女王以利沙伯斯英明剛毅。頗施善政。使向來爲外商壟斷之貿易。仍歸之本國商賈之手。凡此情形。已於第二章內兼論及之。故本章先敘其起原之大概。然後續論其興盛之情形。

今試遠溯英國工業貿易之起原。則其牧羊及製造毛布是已。當聯盟府邑之商賈未至英國之時。農事猶拙。牧羊亦不繁盛。以其無冬季飼料。每至秋晚。即屠殺之故也。羊群既少。則肥糞不足。而土地遂因之荒蕪。其用以佐食者。多係豚肉。以豚不勞飼養。自能求食於山林田野之間。且繁息甚速。自冬至春。其數可增數倍也。

四一

迨英國與他國互市以後。養豚漸少。而畜牧牛羊之業大興。赫尤拇之英國史中。有足徵十四世紀初年英國農業之景況者。其言曰。一千三百二十七年。老農斯斧沙之牧場六十三所中。所養之家畜。有羊二萬頭。牡牛千頭。牝牛千二百頭。馬五百六千頭。豚二千頭。均計每所得羊四百五十頭。牛三十五頭。馬九頭。豚三十二頭云。由此可見英國牛羊之數爲最多。幾與他種家畜之總數相等矣。然其時他國之貴族。則仍委其地於麋鹿。以爲遊獵之場。居民爲之騷擾。貿易爲之衰廢。以視英國貴族之能興牧羊之利。及農工之業。相去奚啻霄壤哉。

英國牧羊之數。增加頗速。往往一牧場之內。畜羊自一萬至二萬四千頭之多。各國所未有也。英王以利沙伯斯即位之時。國中製造毛布之業。已大有進步。及王更施以保護之政策。遂勃焉大興矣。

聯盟府邑請日耳曼國會禁英國毛布入口之時。曾謂英國每年出口之毛布有二十萬匹又當一千三百五十四年。其出口毛布之總價僅値二十七萬七千磅。其他出口之貨物。亦僅値一萬六千四百磅。然及英王遣拇斯一世之時。其價驟增至二百萬磅。先是英國之毛布。僅織之於本國。脫機之後。須送至比利時而練染之。迨遣拇斯一世及楂爾斯一世在位之際。始於本國興練染之業。而保護獎勵之。以進於精巧。於是上等毛布。遂不仰給於他國。而出口之毛布。亦無須他國爲之練染矣。

吾人欲知製造毛布之盛興。其利於英國者何若。則一溯當時之形勢。可得之矣。蓋近世綿布麻毛絹布之製造及鑄鐵之業未興以前。歐洲各國及地中海東岸併東西印度之貿易。皆以毛布爲重量之品。而北歐各國之貿易。則毛布尤其大宗。英國遣拇斯一世時。其出口之毛布。占各國十分之九。其利可見矣。

英國之工業既興。與聯盟府邑之貿易在俄羅斯瑞典那威及丹馬者。皆爲其所奪。而地中海之東岸及東西印度之貿易。其利厚者。亦爲其據而有之。且英國又爲製造毛布創開炭礦。以與無窮之利。既又與沿海之漁業及貿易。於是航海之業以開。而其後得稱雄海上。以行其所謂航海律者。實於此日基之。英國初次之航海律、定於一千六百五十一年、即英國行共和政治之時、律中載有各國之船舶、苟非載其本國土產或製造之物、不得入英國之海港、此其意在推和蘭之貿易、因其無本國之土產、惟販運他國之物品以為貿易也、至近時所用之航海律、定於一千六百七十一年、即斯附斯四位三十二年、其重要條款、載有凡貨物之由亞細亞亞非利加及亞美利加至英者、須載以英國之船舶、其船主須係英人、水夫四分之三亦須由英人、否則不許入口、其由歐洲各國至英者、雖許其雇用外國船舶、但徵稅逾於常額、此律行之頗嚴、至一千八百十五年、美國亦設類此之律、以為報復、彼此交受其困、遂刪去數項、其後各國苦爭之者有之、仿效美國而謀報復者亦有之、英國遂不得不改弦更張、迨乎一千八百四十九年、遂廢去此律、

英國各種製造之振興。皆發源於毛布一業。有如枝葉發生於根幹之狀。故其製造毛布之業。實為當時工商及航海等業之樞紐也。

英國既又殫思竭力。謀他種工業之振興。當英王以利沙伯斯在位之際。曾禁止銅鐵皮革等器具之入口。而招徠日耳曼之鑛夫及銅鐵工於其國。自行製造以塞漏巵。又獎勵其船匠。廣造船舶。以資運輸、不似從前購入波羅的海港之製造品。惟聯盟府邑之商船是賴矣。至其造船之材料。則仍由波羅的海港輸入。故英國之出口貿易、亦因之而盛行於其他。英國又效和蘭之醃製青魚。及畢士克海灣漁民捕之鯨。且由政府助之以欵。而保護之。英王這拇斯一世尤用意於造船及漁業。豫為英國殖富強之基、斯時比利時及法蘭西之工人、困於新教者。為其王非力普二世及路易十四世所虐待。競投英國謀衣食之計。英國因是

增無數技術之民。加以資本裕如、獲利不可勝計、如織精美之毛布、及製帽紙鐘表麻布絹布並銅鐵器具等物、皆藉外工之力、以趨於習練精巧、而政府又禁外商輸入此等物品、或科重稅以阻之。蓋所以獎勵國內之製造、使得專其利也、

歐洲各國凡有一枝一藝之長。英國必師其法而行之國中、又厚進口稅以保護之、故伯尼士之製造玻璃、及波斯之織染絨緞等術、皆爲其所得、旣得之後、則護持而養育之不遺餘力。必底於成而後已。可知工業之興、莫不由節儉勤苦及熟練而來、又凡農事旣起、文明稍進之國、其製造之物、始雖劣惡、迨經實驗練磨之久、旣有以超乎國內同業之競爭、則不難與外邦爭勝矣、又當一種工業將興之際、必有他種工業爲之相助、而後有成、總之世世相承、期功永遠。勉而不怠、則其國必能養成絕大之製造力、若英國者、其明鑑也、

英王基奧治一世（一千七百十四年即位）以前、英國政事家、已知他日富強之基之所在、故於一千七百一年開國會時。即聲言國家富強之道、莫善於輸出製造之物、而輸入製造之材。此即英國數百年來固守之秘訣。而傳自伯尼士者也、英國今日仍守此訣、毫無異於以利沙泊斯王之時。其鴻益昭昭。人所共見。而論者有謂英國之富強、非得之此訣、却得之反此訣者、吁。此

何異指庭樹之繁茂。而謂其嫩弱之時。非賴扶持護養之力、却在去其扶持護養之力也哉、 四五

凡國之政事與財用。其間有密邇之關係、考之英國往史。歷歷可見。初英國以製造振興人口增加之故。鹽魚煤炭之需用遂繁。而海濱貿易及漁業所需之船舶。亦因之而盛。往時海濱貿易及漁業。皆歸和蘭之掌握。至是英政府科外商以重稅。而奬內商以保護。於是其民競與漁業。又以舉行航海律之故。海上煤炭及他貨之運輸。皆歸於英國之船舶。由是其船舶之數。逐漸增加。遂致其海軍於强盛。當航海律發布之後。未幾而有英國與和蘭之海戰。和蘭遂失其英吉利海峽以外之貿易。而其北海及波羅的海之艦船。又多爲英商之剽掠船所盡奪。據赫尤拇之說。此時英國所奪和蘭之船舶。不下千六百艘云、又達布能脫之歲入報單中、載有英國自發布航海律後、閱二十寒暑。其海運之業、約增一倍云、

航海律發布之後、英國所得之重要利益、可列舉如左、

其一　據安德生之言曰、一千六百三年時。歐洲北部諸國之貿易。皆爲和蘭所壟斷。英國殆不得與聞、然及此律發布之後。英國與北部諸國之貿易。遂日有增加。而於日耳曼及比利時之貿易。尤爲興盛云。

其二　英國因此律。得與西班牙葡萄牙及其所屬之西印度廣爲隱密之貿易

其三　從來和蘭所占靑魚及鯨之漁業。大興起於英國。

其四　一千六百五十五年。西印度中之第一要地名加瑪嗟者。爲英所得。因此西印度之糖業。遂歸其掌握。

其五　一千七百三年。英國與葡萄牙訂麥熄炎條約。和蘭及日耳曼因此全失其在葡萄牙及其屬地之貿易。而葡萄牙亦失其主權。不啻爲英之藩屬。且英得利用葡萄牙之資本。以擴充支那及東印度之貿易。遂開印度藩屬之基。且屏和蘭之貿易焉。

第五項內所載英國籠絡葡萄牙。及通商於印度二事。實於其致富之道。有密接之關係。蓋葡萄牙出口之物。多係金銀。而印度入口之物。除少許之毛布外。亦多係金銀。故英國投其所好。來往其間。以本國所製毛布。售之葡萄牙。而以所得之價。購印度之棉布絹布。運至歐洲各國售之。其不以之輸入本國者。因印度之工價甚廉。而製造之材。又出自土產。若一任其入口。則內地製造之業。不免爲其所奪矣。且各國之互市。輸出製造品者常勝。而輸出未製品者常敗。此固英國所夙知。故其於北米洲已實行此政策。雖馬蹄鐵之一釘。亦不任其

製造或輸入於英國。況棉布爲英國貿易之大宗。豈有任彼熟練勤勉之印度人衆横奪其利之理哉。是以英國嚴禁印度棉布之入口。即一絲一縷亦不許其民之使用。惟使之服用本國製造之粗劣棉布。而將價廉而美之印度棉布販賣於各國焉。

然亞當斯密及戎巴哉塞之說曰。國用之盈絀。視物價之貴賤。而物價之貴賤。又視成本之輕重。然則英國所用之綿絹等布。欲其價廉而物美。莫如取之印度。今乃自費巨資以製造之。致價昂而物劣。以視他國之因利乘便。愚莫甚矣。然以余觀之。物價之貴賤。不過暫時之局。而製造力之消長。實關貿易之興衰。彼英國所以不惜工本。輸入生絲而輸出織布者。蓋謂外來之布。價雖賤而不過充一時之用。自織之布。價雖昂而足增製造之力也。果也其製造日以擴張。今至製出之棉絹等布。歲値七千萬磅。不但供歐洲之用。且應全球各國之需。即印度亦爲其所給矣。設使此百年中英國惟印度之製布是求。安能獲此厚利哉。彼各國之貪價廉而購入印布者。今日果何如耶。是知英國爲不購印布而養成無量之製造力。而各國則因購印布而失之耳。

以上所擧之効驗。固徵之史册而不可誣者也。然亞當斯密執其一偏之見。痛詆航海律之非與其詆貿易之限制同一意見彼以此律之功效與其素唱之自由貿易相反乃故掩其矛盾之跡而爲說曰此律於政治上固屬可嘉而於財用上則甚爲不利云然其區別之屬於牽強固證諸此律施行之實況而可無疑也

戎巴戢塞徵諸美國之實驗明悉保護貿易之利而因不合於其自由貿易之說往往矯實事以曲庇其說較亞當斯密爲尤甚如法國政府給與補助金以奬勵漁業誠盛事也乃戎巴戢塞爲論證其非故將一水夫之費用算出謂此數皆歸全國人民之負擔云云是也

執自由貿易之說者最忌辨難航海制限之利害而其爲海港之商賈者尤甚蓋彼等亦自覺其說之支離也要之航海之制限亦與貿易之制限無異當邦國草昧而農工業未興之前則航海運輸之業自宜假手外人以資則效蓋斯時既乏資本又無水夫雖欲自爲而有所不能也迨民智稍開漸知造船航海之術則自行航海之念必油然而生由是船舶之數亦必漸行增加然後不必假手外人亦得揚帆遠駛於是本國貿易之運輸皆可委之本國船舶及是時亟宜發布航海制限之法令以屛斥富強熟練之勝己者使不得染指於我貿易之利即以保護本國商賈至於富強也然及航海之術與海上權力已達至精極強之域

則又宜放棄保護政策。而改用自由方針。以與各國角逐而求進步。普力斯脫利曰。後世必有應廢此律之一日。如今日之應定此律也云云。即謂此時也。

凡二國結航海同等之條約。占其利者。必係先進之國。而後進之國。必因此而失航海之自由。然藉此可以戒其民之逸惰。而進其造船航海之術。與他國比肩。亦非無益也。

昔伯尼士擴張其國勢之時。曾設航海律以制限他國。而獲專利無算。此固其宜也。然及其航海製造貿易等業已雄視諸邦。尚復墨守舊規。則又爲失計矣。何則。制限他國而常專其利。必致其民流於逸惰。而失與人角逐之勇。故其造船航海之術及水夫之技。皆落後起諸貿易國之後。而其勢遂衰。

英國自行航海律後。航海業因之大興。貿易之區域愈廣。即海上之權勢愈增。而屬地亦愈多。亞當斯密論航海律曰。此律雖不利於商業。而其增長英國國力。則決不容疑云。抑知力爲富之根原。既謂能增國力。而又云不利於商業。是矛盾之說也。力譬則樹木也。富譬則果實也。有樹木而後有果實。則力不較富爲貴乎。有力而後富源可開。有力而後其富可保。一失其力。則國之工藝文明自由獨立諸大端。皆爲他有力者所奪。而入此窘處矣。此意大利列邦聯盟府邑比利時和蘭西班牙及葡萄牙等國所以垂爲殷鑒者也。

夫國力製造力及富三者實互相爲助者也。吾不解亞當斯密謂麥鳩炎條約及航海業之有害於英國商業者果何所見而云然也。抑知英國以此政畧之故而增國力。因國力而增製造力。因製造力而增財富之實效。有不可掩者乎。今試臚列其國力及製造力日增月盛之事實於左。

英國到處扼海門之要。以拘制諸國之舉動。其在日耳曼者。則有若赫利哥蘭德。其在法國者。則有若革倫希及這耳希。其在北美洲者。則有若哪伐斯庫希亞及柏門達島。其在中亞美利亞者。則有若啜埋喀。其在地中海沿岸諸國者。則有若基布拉爾達毛爾達及埃俄尼亞諸島。其至印度之兩海路上。則除蘇士海峽以外。所有扼要之地。皆歸其掌握。其在地中海。則扼基布拉爾達之要。其在紅海。則扼亞典之要。其在波斯灣。則扼布希耳及喀拉庫之要。若再益以打耳打尼士地桑德（在哪威丹馬之間）及蘇士但拿瑪兩地峽。則地上之洋海及航路開闔之權。舉爲英國所掌握矣。且其海軍之強。雖合諸國之力。不足以當之。蓋諸國艦船之數。雖或多於英國。而實地戰爭之力。則遠不及也。

英國製造之盛。亦合諸國所不能及。其毛布之製造。自這拇斯一世以來。已增十餘倍。值四千四百五十萬磅。而棉布之製造。爲十八世紀以後之新事業。且軼過於毛布。計值五千二百五十萬磅云。（原注）本文之計數及下文關乎英國事之計數、皆本英國有名統計家麻克管所查核而千八百三十九年德脫士意完巴拉雜誌所揭載者也、此數於當時似不無誇大之疑、然今日雖未滿此數、而不出十年必滿無疑、然英國尚不以爲足。進而奬勵麻布之製造。務與他國比肩或更駕乎其上。今其製造每年值百五十萬磅內外。又當十四世紀之時。英國慮鐵之乏用。禁其出口。今則其鐵器鋼器之製造。值三千一百萬磅。雖合全球各國不足與比。加以每年採出之煤炭及他種礦物值三千四百萬磅。若合二項價額。與全球諸國每年所採金銀價額九百萬磅相較。直七倍其數矣。又其絹布之製造。值千三百五十萬磅。較諸中世意大利列邦製造之總額尚有餘。其他磁器玻璃器合值一千萬磅。銅器青銅器合值四百五十萬磅。紙張書籍繪具及家具等品合值百四十萬磅。然此等不過亨利八世及以利沙伯斯女王時微細之工業而已。又雜品值一千萬磅之外。皮革具之製造值千六百萬磅。麥酒及他酒類值四千七百萬磅。回顧這拇斯一世時全國工業之總額。尚遠不及最末一宗也。

綜核以上諸項。英國今日諸製造物之價額。約及二萬四千七百萬磅。而因此製造力漲大之故、農業之力、亦異常增加、產出之物、值五萬三千九百萬磅、倍於製造之價矣。英國今日之强盛、固不可獨歸功於保護政略、航海律及與諸國所結之條約、即學術技藝之發明、亦大與有力焉、顧今日英國百萬之工人、常抵他國數百萬工人之用、此何故耶。必其開製造品之販路、機敏過人也、庇護工業、無微不至也、通道路、疏運河、布鐵道、以便國中運輸也、今試就英國運輸之便觀之、足見其國力工業財富人口等之增加、皆有其道、而英民勤勉伶俐、性愛自由、雖僅半百年間、又當戰事倥偬之際、仍能奮勉成此運輸之大業、其功亦不可沒矣。

往昔意大利運輸之業、雖稱極盛、而以較諸今日之英國、則殆如兒戲而已、查英國爲此業所費之金額、不下一百十八兆磅、而其着手之期、則在製造業既盛以後云、蓋製造未盛之際、運輸必不能盛行、必也製造及農業皆已大興、而後開運輸之業、方能損益相償、否則雖有其業、不能盡其用也。

今日英國之工業盛興、富甲地球、不獨原於其國力之富强、及其民之敏於經營也、凡其民之愛自由、重正道、貴氣力、高品行、其政府及貴族之多才、其憲法制度之完美、以及其地勢命運皆與有力焉。

凡致工業貿易於興盛者。係有形之力居多乎。抑無形之力居多乎。係社會全體之力居多乎。抑人民各自之力居多乎。此未易斷之疑問也。雖然。無論何二者。能互相助必能互相濟其効用不難立見。大抵其一盛則其他亦盛。其一衰則其他亦衰也。

世人有以英國强盛之本源。歸之安哥羅撒克遜及腦爾曼二人種之混合者。抑何不徵之自愛德華三世以前之情形。其民不曾有冒險敢爲憤勵勤苦之風乎。又有歸之其憲法之自由者。抑何未見亨利八世及以利沙伯斯遇國會之無狀乎。不當惟是。偸拖朝諸王之間。英國憲法自由之名。果能稱其實乎。當是時日耳曼及意大利府邑之民所享自由之權。不較英國之民爲多乎。夫安哥羅撒克遜及腦爾曼二人種混合之間。其中所存自由之痕迹。不過陪審裁判之一事而已。然此一事。實先他日耳曼種族而獨有。謂爲英國自由所由生之萌芽可也。

英國廢用拉丁語於俗語、文學、及官署之紀事。與法術之判決。實大有裨於立法行政及工業之發達。日耳曼因用羅馬法與並仍其文以致久罹其害。荷牙利亦然。今尚未免餘毒也。

英國自發明火藥及印刷術。改革法教。並發見印度航路與美洲等事後。其自由愈增。文明愈進。工業愈盛。日耳曼與法蘭西則異是。其在日耳曼。則國郡州邑。互相離畔。政令無常。法律敗壞。內亂外寇。竊發頻仍。教徒良民。皆被魚肉。戶口凋落。田野荒蕪。農工貿易衰落異常。自治制度。泯焉墜地。貴族跋扈。帝室式微。土崩瓦解。是其結局矣。其在法蘭西。則暴政行於上。臣庶屈於下。僧徒弄權。擅作威福。結托暴君。壅塞民智。又頻起兵端。以略地爲事。於是自由衰。而工業亦敗矣。惟英國則府邑盛興。農工貿易日有進步。內治整勅。外交有方。富源廣開。國威遠播。又皇室之權限明定不移。歲入有加。尊嚴愈固。加之貴族守法。且握參政之權。而工業貿易之利。亦得與人民共之。要之其民在內則得享安富自由之樂。對外則得博稱雄宇內之榮也。

然則英國富強之由來。其民質耶。其憲法耶。其地勢耶。其沿革耶。抑命運耶。吾恐皆非也。假使亨利八世。居楂爾斯五世之地位。則日耳曼與和蘭。或成今日之英倫。而英倫或成今日之西班牙。亦不可知。又假使以利沙伯斯爲一尫弱之女子。且與彼有名之非立魄二世聯婚。則英國後日之強盛開明與自由。必不能如當時。又假使英國近世之富強。由其民質。使然。則其民之不亂日耳曼人。更當底於富强。顧何以一經世變。反致其國於紛擾衰弱哉。歐洲諸國貴族之制無有如英國之得其宜者英國之貴族對於皇室及人民別占一獨立尊貴而榮尚之地位、又得參於國會、以練其才而伸之、其在平日亦有盡力國事公益之責平民之有才識資財或勳功者皆得列入貴族、而貴族之子弟則以次降入民籍。以是貴族平民漸相混合。此最可法者也蓋如是而民間之才力學識。漸流入貴族。而貴族高尚獨立之風、亦浸染民間。且平民有列入貴族之望、必爭自磨濯以圖榮貴而貴族子弟有所執業。亦不至於遊惰素餐。蓋貴族之庶孽雖多、而襲爵者不過一人。其餘則或入宦途。或研學藝。或爲農工商等業。以是門葉愈多而愈不厭也。嘗聞英國某公爵欲大會其同族。而開筵宴雖其起家不過二三百年。而以其末葉之多不可一一尋究而止云。故英國人民之興大業。拓遠地。强國勢。享自由。與有力者固非一端而貴族之制實其首矣。

然而英國之强盛。亦有地勢使之然者。蓋英國離歐洲大陸而別成一世界。其於諸國之侵伐訌鬩治亂興亡若風馬牛之不相涉故其憲法能純然獨立而發達法教改革。亦免人之干涉而成功。且得削寺院之財產、歸諸公有、而大利於他日之工業凡此皆其地勢與歐洲諸國分立有以致之也。又因其地爲海中孤島。故除國內革命之亂外。數百年間太平無事。海關稅行之整然。而常備兵亦可不置云。

且英國以其地勢之故。不特免於他國之侵伐。幷得乘大陸諸國之兵亂。以擴充其製造。蓋若使接境之國。一有戰亂。則其害之及於製造。不可勝紀。以直接之害言之。則妨於農業田野荒蕪。耕夫失業。製造無材。以深遠之害言之。則排兵之國。既不能輸入生品。（未經製造之材也）又不能輸出製造品。且變亂之間。製造之民。既苦於重賦。又苦於難得資本勞力。加之禍亂之害。不止於戰時。亂平之後。資本勞力。皆爲農業所先用。一時難及於製造。故農業蒙戰禍之害固甚。而製造以資本勞力不足之故。所損亦非淺鮮矣。往時日耳曼大抵每百年內。必遭此禍亂一次。每次其製造必致却步。而英國則反此。其製造惟見其日精月進而已。英國又助人以援兵。假人以軍資。或竟率師以與於他國之戰爭。其間英國製造之業。大得銷路。較大陸諸國獲利至二三倍云。

余固非主張不生產之費用者。（不生產之費用謂用兵及養兵之費）亦非和倡國債之利益者。然於今之時論所謂凡屬不生產之費用。皆爲有害無益。則亦不敢謂然。因兵備戰爭之費及爲此等事所負之公債。亦有時能增國之製造力。微之英國往史。歷歷可證也。蓋以費用視費用。則用兵養兵等費。誠屬徒費。然推其功効。則製造之發明改良。皆賴其保護維持之力。豈非生產之大者乎。況生產力一旦得之。可垂之久遠。與年俱增。戰費雖大。不過負之一時乎（原注）英國國債雖大。然若使因此戰費而獲利最厚之人。背負擔之。則尚不足爲國之重累。據麻克肯所查核。其全國之財產。若折爲資本。有四千兆磅云。又據瑪留鄉所查核。目下諸殖民地之事業。所卸下之資本。有二千六百兆磅云。然則英國人民。若拋其私有財產九分之一。已足償清國債之全額矣。政府即取此以償還國債。亦決非苛政。況僅徵稅以完利息乎。然如是償清國債之法。爲貴族所不願。惟欲以日用消糜品之課稅充之。此勞力之民所不堪也

由是觀之。彼時論所謂不生產之費用。其所得實足償所失而有餘。請徵之實事。拿破崙擾亂歐洲之際。英國棉布一業。養成極大之製造力。其每年所餘之利。足償戰費之利息而有餘。而他種工業之發達。及屬土之增加。尚不在此數云。歐洲戰亂之間。英國製造業之獲利可見者。乃在其出援軍賠軍資之時。而此時其製造之物。亦運入戰地。故其售價已足償軍資及出兵之費。且製造之物。一入製造衰廢之地。往往反客爲主。永占其國之市場。是故英國之戰費。恰如用爲獎勵本國製造。而摧折他國製造之補助金也。

是故歐洲諸國之製造。大爲英國所資者。不在其爲敵國之時。而在其爲與國之時。請一觀

夫七年之戰爭。與法國共和時代及帝政時代之諸戰。應知吾言之不爽也。

然而英國以其政治宗教地勢之故。所得於諸國來歸之民之利益。尙有勝於以上所舉之衆利者。十二世紀之間。發蘭德之毛布織工。已來住於威爾斯。百餘年後。意大利民之被逐來至倫敦者。爲興錢商及銀行之業。又發蘭德及巴拉班的之製造工。盡數來歸英國。已於第二章內詳之。此外尙有猶太人避西班牙及葡萄牙人之虐政而來歸者。又日耳曼聯盟府邑及伯尼士之商賈。亦率其船舶資本投歸英國。法教改革之後。西班牙葡萄牙法蘭西比利時日耳曼及意大利諸國民之苦其國教者。皆率其資本或技藝移居於英國。自英國發布航海律及訂麥鳩炎條約。和蘭之貿易工業以衰。其工商之陸續來歸者。最有利於英國。要之英國昇平最久。國民和樂。保護工商。無微不至。政教自由。流民樂歸。歐洲諸國一有事故。無非爲英國增加資本及工藝之民。即近年法國之革命及其帝政時代之亂。又西班牙墨西哥秘魯巴西等國之內亂外戰。亦莫不然。況英國又久設專賣特許之法。以羅致諸國發明之奇才。則其工業之臻於極盛。更何疑哉。

本編代派所

上海新北門外　中西書室
上海北市拋球場　廣學會
上海三馬路望平街　中外日報館
蘇州府堂巷　東來書莊
蘇州元妙觀前東首　開智書室
杭州城內銀洞橋　譯林
無錫崇安寺　三等學堂
蕪湖繹湖觀南岸　晉康煤炭公司
江西馬王廟背後　賦梅山房主人
香港荷理活道　聚文閣
香港上環海旁　和昌隆
香港文武廟直街　文裕堂
新加坡衣箱街　天南新報館
東京神田區表神保町　東京堂
東京神田區今川小路二丁目一番地　博愛館
大阪川口三十二番　鎰源號
神戶榮町三丁目　中外合衆保險公司
臺灣臺北府大稻埕六館街廿一番戶　良德行

明治三十四年一月廿三日印刷
明治三十四年一月廿八日發行
明治三十四年十一月十日再版

東京芝區愛宕下町三丁目四番地
編輯兼發行者　坂崎斌

東京本鄉區丸山新町十九番地
發行所　譯書彙編發行所

明治三十四年一月廿八日第三種郵便物認可
譯書彙編第二期　明治三十四年一月廿八日發行

No. 2.

THE
YI SHU HUI PIEN.

A MONTHLY MAGAZINE OF TRANSLATED POLITICAL WORKS.

OFFICE:

No. 19, Maruyama-Shimmachi Hongoku;

or

No. 20, Kikuicho Ushigomeku,

TOKIO JAPAN.

東京山本活版所印行

譯書彙編

一九〇一年第一卷第三期

（明治三十四年一月二十八日第三種郵便物認可）

（每月一次定期陰曆十五日發行）

光緒二十七年二月十五日
明治三十四年四月三日發行

譯書彙編

第三期

譯書彙編第三期

目錄

簡要章程

一是編所刊以政治一門為主如政治法律理財歷史哲學各門每期所出或四類或五類間附雜錄

一政治諸書乃東西各邦強國之本原故本編亟先刊行此類至兵農工商各專門之書亦有譯出者以後當陸續擇要刊行

一是編之外尚須刊刻譯成全部之書目錄均附於後

一是編由同人捐貲創辦尚祈同志之士慨與資助當酌量贈書以酬高誼

定價

一月一冊洋兩角　半年六冊洋壹元壹角

全年十二冊洋兩元　郵費照例

購閱畧則

一定閱本編可函向譯書彙編發行所掛號每期當按址寄送外埠可就近向各代派處購取

一價銀必須先付掛號後若不付銀及已送滿所付之價均一律停止不送外埠同

一代派處照定價提二成作為酬勞

簡　啓

一日本同文求學最易苦無援引來者頗艱倘內地有欲來學者但備二百四十元即足一年學費房食之川來時同人可代爲招呼一切並可紹介入日本各種學校有志之士幸毋裹足

一日本書籍之多浩如烟海內地之人雖知其益苦無門徑何從購買同人旣事探討頗能知其一二若有欲購閱各種專門書及一切有用之書者即祈函告局人當舉所知擇要以聞至購買之後必可效勞代寄照原書定價另加郵費可也

一中國乏才由無教育教育之難由於無書同人現編輯小學中學各種教科書然茲事體大海內名流有素留意此事者望賜函見教以匡不逮

信來請寄本編發行所

本編告白

本編第三期本應上月出書因中歷新年同人鮮暇加之日本印刷局萬分忙迫故至延期嗣後定當按期發行（定期每月十五日）決不有悞閱者鑑之

本編出書以來承　同志辱書　見教匡其不逮銘感無極自第四期起每次種類當稍減少每種頁數當益加多且務使每種結處自成章節無割裂不完之弊以饜閱者

已譯待刊書目錄

政治進化論　英國　斯賓塞爾著
社會平權論　同
教育論　同
政黨論　德國　伯倫知理著
今世國家論　法國　鮑羅著
理學沿革史　法國　阿勿雷脫著
歐洲文明史　法國　尼騷著
教育論　法國　盧騷著
平民政治　美國　勃拉司著
政治泛論　美國　威爾孫著
社會學　美國　吉精顏斯著

教育論　美國　如安諾著
泰西革命史鑑　日本　久松義典纂譯
國際論　日本　陸實著
國法學　日本　有賀長雄著
文明論之概畧　日本　福澤諭吉著
明治歷史　日本　坪谷善四郎著
時事小言　日本　福澤諭吉著
加藤講演集　日本　加藤弘之著
自由原理　英國　彌勒約翰著
自助論　英國　萬邁爾著
法國革命前事略　日本　中江篤介編

近世政治史

日本 有賀長雄著

第一部 德意志

第一章 政府及政黨

第一章 政府

合十數聯邦而成一德意志。各邦之中。有君主。有政府。有議會。各理其邦之政務。而置一帝國政府於中央。以管轄外交、軍事、通商等共同事務。普魯士國王即德皇也。普魯士宰相即帝國首相也。以各邦君主之全權委員。創設聯邦會議。合議帝國之行政。而又通較各邦人口之多寡。以別選舉之多寡。選定議員。（聯邦會議。乃會議行政。非會議立法。）

自其成立而言之。則德一共和政體也。德皇除帝國憲法中所有權力之外。毫無實權。行政諸事。均束縛於聯邦會議之決議。詳言之。即德皇不過一聯邦會議之議長。任以執行議定之事而已。不知創立共和政體之各邦。府隨盤之自由都市外。均君權政府也。普魯士既有實權。其君權較各邦更大。故帝國政府之成立。雖似共和而實專偏於君主。且帝國政府。不受議會之牽制。政黨內閣。尚未行於德國也。

二

帝國議會。毫無立法之權。其所決議。不得聯邦會議之同意。不能成爲法律。關於行政上者雖有議員十五人贊成。可以提議。可以決議。並有質問政府。上奏君主之權。而取捨之實權。則仍操之君主與政府。係於內閣大臣之進退也。內閣不啻一君權內閣。帝國議會僅有一反對政府之權而已。

第二章　政黨

議會之權力。如此其微弱。固憲法所使然。而亦非無他故。即政黨失之過多。俱無一大團力。千八百七十年以後。毋或稍變。十餘黨派之中。一黨無論矣。即二三黨派聯合之後。尚難占得實權。其爲問題也。種種變化。常無固定之勢力。故政府易得而操縱之。此黨而有一實行政略。要政府之贊成。政府即擇其輕而易行之條許之。他之問題起。而彼黨之條件又結矣。

德之政黨。約分爲二。

一反對憲法之四黨

其一本爲丹麥之一部。後併於德之小圜司矣地方所選之代議士一人也。

其二普魯士及撲山地方之堡蘭民種所選之代議士十三人或十九人也。其數之變動視 四五
堡蘭民種與普魯士人所雜居之地之選舉若何彼等乃貴族政治主義而其教則加特力
也。

其三取自法蘭西之安殺司及落來州所選之代議士十五人也彼等則民主政治主義。而
其教則亦類從加特力也。

以上三黨因領土被併之故。致與帝國抗議。尙有所謂客亞羅黨者則凡欲恢復被普魯士
所併之瞎諾威王國者皆入此黨而亦合於加特力黨也。

其四社會黨是也社會黨本分二派而自千八百七十五年團併以後則所謂勞働社會
黨也（勞働下等社會之謂也）此黨雖未許用共和黨之名而實與君主政體反對並與資本家及教會之
勢力相抗者也。初其數甚少。於政治上尙無十分勢力然贊同者甚衆將來可期有爲故當
總選舉之際。彼即利用此贊同者。以爲傳播社會黨主義之計。雖在無可希冀之處亦必派
人演說社會黨主義。招人入黨。久之而其效大著。通計全國社會黨選舉之數自三十萬遞
加至百七十萬。社會黨之代議士。選自製造事業盛處者。少則二人。多至四十四人。

二承認憲法之各黨

不與憲法相抗而據他問題以決去就者。其數甚多大抵與各邦國會之黨派相聯絡。而存其本據於普魯士國會者也。

其一保守黨　此乃普魯士之貴族及新教之轉化者而有本據於普魯士東部之農業地者也。其黨員類皆貴族之大地主。而奉戴現今之王統。保全君主之權力擴充軍隊之規模。以養農業上貴族之實權教育上宗教之勢力為主而者也。此黨之特性。在保存普魯士舊法。故與併普魯士為聯邦之一之畢思麥克政略。大相鑿枘。普魯士既為聯邦之一而猶能占於帝國之覇權地位者。實此黨之力有以助之也。威爾愛老帝。特重此黨。故在帝國朝廷。今倘大有勢力。普魯士外雖無一黨員。而普魯士上議院中。既占多數。在帝國議會代表者。少亦二十一人。多至七十六人。其所以贊成政府與否。視問題之若何耳。

其二保守黨自由派　即帝國黨也。係合普魯士中央部之大地主及官吏而成者。常助政府。

其三國民自由黨　是乃合帝國各部中教會以外之中等公民而成。製造家商業家及大

四

學教授。均入此黨。猶太人亦多。以助卑思麥克之帝國團結主義爲主義。而期貿易上與宗教上自由者也。其望責任內閣也。裁國會議員之歲俸。其於帝國議會之議員也。不得干涉工商各業。及廢消費稅。其於普魯士國會也。去町村自治上貴族之權力。普通教育上僧侶之權力。而得享有印刷（即著書出報之類）自由之權利。其中分爲二派。一則適從卑思麥克。一則稍能獨立。兩派之領袖死。至千八百七十七年卑思麥克之方針變後。俱式微矣。

其四進步黨　是雖如國民自由黨集宗教外之中等公民以成。而其所以稍異者。則抵抗軍人與官吏也。彼之志在縮小軍備。輸入英國之政法。商業則專傚孟其司達（英國一大都會商業極盛處也）之模範。此黨根據地之最要者。大市邑及普魯士之花爾司達州、海衰國、索撒國是也。此黨亦分二派。

其五人民黨　此黨俱在南方諸邦。而中以瓦敦堡爲尤多。專抗教會及普魯士之勢力者也。

其六中央黨　即加特力黨也。此黨在普魯士國會。與保守黨相合。而自帝國創立以來則與民權黨相結。名中央黨。以自別。彼等之公然主義。在立於宗教國家之外。保其自由。而實則欲維持加特力教會之權力羅馬法王之政權及普通教育上宗教之勢力者也此黨之根據在加特力國之巴威里婆與及普魯士之西方不承諾憲法各黨大抵與此黨相提攜也今將千八百七十一年及七十四年所選舉之議員黨派分別表錄如左

	千八百七十一年	千八百七十四年
保守黨	五六	二一
帝國黨	三九	三六
國民自由黨	一三〇	一五二
進步黨	四六	四九
人民黨	二	一
社會派	二	九
中央黨	六三	九一
反對憲法黨	一九	四四
無所屬	……	……

第二章　文化爭鬭及社會黨鎮壓

第一節　帝國統一政策

德意志戰事未竟之時。畢思麥克固嘗以團結主義。堅持新建之帝國也。然各邦之中。各有君主。有歷史。欲以普魯士爲帝國風氣之正。而強各邦人民以從同。頗非易易。財政上則以收自法國之賠欵。先備各種之用。而取歲必減縮之策。（如養兵費、戰備費、國防費、製艦費之類、）千八百七十二年。各邦貨幣。概歸一例。發行帝國貨幣。以換廢各邦之紙幣。創設德意志銀行。千八百七十三年。始全廢錢之輸入稅。關稅則概行低減。近乎自由貿易主義矣。如是則歲入不足。乃以各邦之歲入補之。司法制度。亦頗不易。各邦之間。以從來之裁判制度各異。故聯邦會議自不能贊同帝國議會所議定之統一法。於是使各邦之司法大臣。先會於伯林協議。繼使其會合法律學者以諮詢之。以其提案交之帝國議會之委員調查四年。始得公布執行。依此辦法而制定者。則民事訴訟法。破產法。刑事訴訟法。及裁判所構成法也。

德之興也。德皇與宰相。潛心一意。以計守成。惟冀後此之德。得如今此之德之長治久安也。此所以畢思麥克之經歷。較之拿破崙之事蹟。不啻霄壤之別也。拿破崙祇計一己之光榮。

畢思麥克則不顧一身之名利。拿破崙遂以擴張其勢力。無所底止。畢思麥克則善知所止。志在守成。然畢思麥克之所以如此者。其故有二。內恐加特力教會之勢力。恐於目前。外恐法蘭西國民之復讎。危在將來也。對外之策。如外交史所述三國同盟之事。就緒既無可慮。則惟計如何處此內敵而已。今述之。

第二節　加特力教會及南德諸邦

畢思麥克欲竟帝國之功業。料不能不與加特力僧徒大爭。故於未破法軍之時。業經籌畫一一。數年而漸就緒。此之謂文化爭鬬。文化爭鬬云者。雖去加特力派舊弊之謂。而實則政治上之爭。非宗教上之爭也。北德聯邦之間。加特力宗徒。其數甚少。殆不足慮。而南德諸邦。其數頓增。於政府內部之措置。極多妨害。

巴威里國民多係加特力派。而與法蘭西有相親之勢。近世外交史中有曰。普法戰事。因巴威里願居中立。故法王拿破崙第三。決意主戰。而既戰之後。巴威里政府與議會所以援普者。蓋期勝法後。割地而爲巴威里之府屬也。孰意事與願違。不得領有安殺司落來（法蘭西之二省）而以此爲德意志帝國所直轄。置之帝國宰相管理之下。於是巴威里官民。大懷不平。瓦敦

（未完）

堡及婆典亦爲失望因近來南德諸邦之中獨立之勢雖盛尙未敢公然與帝國爲敵故此諸國藉加特力教會之力以敵政府即以西翻里亞及蘭因河沿岸一帶之加特力教徒爲中點於是反對憲法各黨大都與此合矣

第三節　加特力教會及羅馬教皇政權

加特力教會之抗政府也意欲於選舉之時使加特力教徒占議員之多數於普魯士國會及帝國議會而推尊羅馬教皇必待政府贊助此說方不與抗彼謂教皇之威權非世界各國之權力可比而伊大利竟敢侵併其所領之地故欲合各國之加特力教徒謀恢復其政權此加特力之宗旨也

第四節　加特力教會及王政復古

然教皇之權力其有害於帝國安全之處在稍通外情者自能知之法蘭西全部俱係加特力教而萬殺有（德意志聯邦之一）國會之中加特力教會之勢力特盛法常教唆彼等合南德諸邦之加特力教徒以亂帝國內部法即乘機復讎則帝國立被其禍一也加特力教會若得勢力則法蘭西西班牙二國必恢復其教皇之權即藉教皇之力與各強國同盟以復德讎蓋

一〇 西班牙當內亂之際。德嘗助西班牙之共和黨。當法蘭西將復王政。立新盤公爲法王。而與思麥克嘗私袒法蘭西之共和黨。則二國皆有夙怨。矧西班牙國王之候補者同卡羅與新盤公相親。而亦屬於加特力教。自不難互相戮力。以謀德國二也。

第五節　加特力教徒之選舉

教皇結西班牙法蘭西以脅德。使德不得已而援教皇。於是一千八百七十一年二月。普魯士國會中。始議助教皇以恢復其政權。未幾又議保全宗教之獨立。而特列條欵於帝國憲法及普魯士憲法。時普魯士憲法中。載有三條如左。

第十五條。新教羅馬加特力教及其他各教會。各得自治其教務。保有其產業。及因傳教教育、救濟善會等所營之房產。

第十六條。教會中人。與其教主往來。均得自由。教會所發之告示。不得爲尋常告示所牽制。

第十八條。教官之任命、指名、選舉、許可。向爲國家所行者。概行廢止。但國家因保護及有他故者。不在此限。

要之各種學校之教育。凡關於宗教者。悉任諸加特力教會。又教官之除授。政府絕不干涉。教會與教皇書信往來。悉聽自由。凡由教會公示人民之處。巡查官不得而管轄之。麥因之牧師名開戀者。於德之加特力教中頗有勢力。以一千八百七十年十月贈書於畢思麥克。其大旨謂新教之國。似足勝加特力教國。然亦不足恃。苟於新定憲法中。不保全教會之自由。則難期宗教上之和平云云。十一月。部薩之大牧師名來特化野者。亦致書於萬殺有王威廉（即威爾愛）曰。請以仁義之師。再興宗教國家。出教皇於危地。十一月十六日。普魯士國會選舉議員。三月後。新帝國議會又選舉議員。加特力教會竭力遊說。以羅馬教皇之恢復。及教會之自由爲綱領。意欲使普魯士憲法中所載之教會獨立條項。務必通行於全國。此其本旨也。其後普魯士下議院中。加特力黨之獲選者五十七人。此五十七人。於一千八百七十一年十二月十八日。聯名建白於威廉帝曰。若所謂宗教國家者。從此滅亡。則無以保加特力教徒之自由。而大害其權利。願陛下早定大計。以復該教之權利。以保該教之自由云云。三月二十一日。帝國議會開議。二十七八兩日中。有加特力黨議員六十三人提議。謂新定帝國憲法中。須加入保全教會自由之條項。時畢思麥克將軍於外。不遑內顧。乃令國民自由黨。抗加特力黨之議。

第六節　文化爭鬪及五月諸法律

帝國議會閉會。以十月十五日再行召集。先是九月。教會以大學校及中學校之宗教學教習。有背教旨。欲使之一律罷免。普魯士政府不許。於是大起爭端。勢不並立。卑思麥克先廢普魯士文部省中之加特力教局。以文部大臣米可勒左袒加特力黨。故罷其職。舉樞密司法顧問官發爾閉以代之。一千八百七十二年一月三十日。卑思麥克因討議內政。親詣帝國議會。以加特力黨首領何因化而司演說過激。乃反駁之。蓋卑思麥克見此情形。知加特力教徒。必與政府爲難。故不得不爲防禦之策。乃公言曰。教理之問題。政府不願干涉。吾人之信仰與否。雖各不相同。但其徒踰數百萬者。則其教必有可取。無論爲政府爲人民。必以其教爲是。惟教會欲干預國權。則在所不許。今不得不制限教會。以維持平和。此政府與教會所以並立。而議院中何必論神學哉。卑思麥克之言如此。此即卑思麥克與加特力教徒開衅之始。故其後於小學教育。制限教會之權力。實基於此。於是政教交涉。三年中無已時矣。

二月。發布教育之新法。各地牧師。俱不遵奉。請羅馬敎皇指揮。畢思麥克乃派化亨落大牧師爲帝國出使大臣。至滑其肯與羅馬敎皇商明政敎之分界。使敎會不得在議會中抗論。羅馬敎皇不納。宣言與德政府爲難。德政府乃逐哉西脫之敎徒以報之。羅馬敎皇宣言與德政府爲難者再。於是伯林與滑其肯之外交既絕。政府與敎徒之釁端遂開。惟不相見以兵而已。

一千八百七十四年七月。畢思麥克至叩斯新開療養。每日午後。必赴溫泉。十三日。有自馬車之左。發手鎗以狙擊之者。傷其左手及頰。凶漢乃二十一歲之工人。隸酸載潭之加特力會。爲牧師司脫安門所指使。以畢思麥克爲敎會之公敵。誓必殺之以爲快。當日即以此意自首於法廷。直認不諱。畢思麥克乃乘機而動。以舊敎敎徒之不奉國法者。悉付法衙。奪其官職。所謂五月諸法律。蓋即一千八百七十三年、四年、及五年五月所發布之諸法律。無不去敎會之權力。使其服屬於國家者也。依此法律。除國家所設之大學校及學塾外。不得有宗敎敎育。凡欲爲牧師者。須入國家之大學校。肄業三年。聽國家考試。苟非經國家許可者。不就准職。欲傳敎者。須具一不背法律甘結。不具者不准。違者處罰。或逐出國境。一千八百七十五年。普魯士國會所訂憲法三條。見第五節概行廢止。

第七章　卑思麥克操縱國民自由黨

卑思麥克當創建帝國之先。欲免憲法上之軋轢。故與保守黨相合。舉保守黨中人。使入內閣。及欲削加特力教徒之權力。更離保守黨而依於國民自由黨。緣保守黨中有親於加特力教會者也。

國民自由黨。取自由主義者也。故此時卑思麥克之內政。亦偏於自由主義。漸以國民自由黨中人。代保守黨。使入內閣。然卑思麥克之依附政黨。與英國內閣之依附政黨大異。決非盡聽其主張。務使之贊成政府。如一千八百七十四年。常備兵額。加至四十萬零一千人。故不得不籌七年之費用。又本年雖重定報館章程。而免其印花稅及保險稅。然妄攻政府。則處以重罰。及嚴定陸軍刑法等。凡與政黨相反之制度。無不得政黨之同意。

自由主義之施行於普魯士。其最著者。爲改正自治制度一事。先是普魯士東部。地主之權力過大。政府謀欲去之。爲貴族院之保守黨所抑。卒不果。一千八百七十二年。卑思麥克奏明威廉帝。特授二十五人爲貴族院議員。卒奪地主之裁判權及警察權。而公選郡會議員以決其事。

第三章　社會黨鎭壓及社會政策

西國學者。憫貧富之不等。而爲傭工者。往往受資本家之壓制。遂有倡均貧富制恆産之說者。謂之社會主義。社會者云。蓋謂統籌全局。非爲一人一家計也。中國古世有井田之法。即所謂社會主義。

第一節　社會黨之由來

帝國政府自創業以來。即用力以鎭壓其社會黨。始則用尋常之裁判制度以鎭壓之。而以一千八百七十三年之阻滯。故社會黨之勢焰頓增。社會黨本分麥克司及拉司來二派。後合爲一。

一　萬國工人總會及德意志支部

麥克司與拉司來。均以一千八百四十八年。倡自由之說而兩黨之勢以熾。然其主義。各不相同。麥克司始在可倫開設報館。倡均富之說。後爲政府所不容。竄於倫敦。會一千八百六十二年。各國工人之首領。均會集於倫敦。名曰萬國工人總會。其會分爲二部。一各國支部。各舉總董、以每年一次。集會於康各來司總會。以議總會之宗旨及辦法。二於總會之中。指定各董。另設參事會。置公所於倫敦。議總會之事。幷管理交通各國支部事務。此總會之主義。始極平和。不過欲擴張英國工人同盟之範圍。合各國工人之勢力。以來保護工人。脫資本家之束縛而已。一千八百六十六年。開總會於其內伐。議定總會規約。麥克司自爲參事會長總理全體。一千八百六十八年。會議於瑞士國之落長。以爲欲脫社會上之束縛。須先脫政治上之束縛。一千六百六十八年。會議於伐山爾。謂戰爭及常備兵。宜一律廢止。凡同盟罷工時。各國工人宜互相協助。凡鐵道、鑛山森林均爲共有。宜一律平分土地之物產。爲國家公有。宜一律平賫。一千八百六十九年。會議於拍而。欲全廢土地私占之制。此即一千八百四十八年以前。所謂均產之說也。要之德法戰爭以前。不過議定其主義綱領。尙未見諸實行。但政府恐外國工人爲其後援。事更難措。故威逼資本家。殉同盟罷工者之請。實則並無援助工人之心。而未嘗爲之定工價。至德法戰事起。萬國工人之總會。遂爲中止。更以戰後巴黎之亂。萬國工人總會亦與聞其事。致法蘭西及英吉利。均設爲法律以禁制之。然德意志支部之勢。日見其盛。

創此支部者。名黎白克內脫。卽革命黨新聞主筆麥克司之門弟子也。黎白克內脫始遊說索撒之進步黨公民。使創設工人教育會。更說一長於演說之工人名敗敗而使之助已。卒公選爲聯邦議會議員。一千八百六十八年。遂變教育會爲萬國工人總會之德意志支部。名曰國民保工會。明年議定宗旨於愛成諾。其宗旨較萬國工人總會。尤爲激烈。今舉其大旨如左。

第一　國民保工會。以設立自由民主國爲目的。

第二　今日之政治。及社會之狀態。腐敗已極。此會宗旨。務盡全力與之反抗。照此辦法。務求精進。如限定工作時刻。限定婦女工作。廢止幼者工作。制定累世遺產之稅法。又國家宜均百姓之恒產而保護之。

此會以平權爲主義。故不得聽一人之指揮。須各會員合同商辦。與尋常結會不同。故集同町同村內之會員以協議會事。中選一人。使掌集會及徵收會費等事。每年開總會一次。議定公事。置董事五人。監督十一人。董事與監督。不得同町同村。更以會中費用。發刊新聞紙一種。

二　拉司來之德意志全國工人會

萬國工人總會。及德意志支部。既已述及。而當時德意志國中。與此派全無關係者。更有一派。拉以夫其之工人。於一千八百六十二年之頃。當伯林政治上爭鬪之後。乃互相結合以圖改革。推拉司來爲謀士。拉司來者。決非過激之畫。係有識之政治家。頗通文學。觀其所著述。蓋熱心愛國之流。彼嘗鼓動工人。藉其力以助畢思麥克而合併窩而司何以與化而司脫因。以爲他日保護工人之地步。即以一千八百六十三年。教拉以夫其之工人。使圖改革。彼謂與其商之資本家。而仍屬徒勞。不如激動政府。設立均產公會。以仰國家保護。而苟欲激動政府。莫妙於行普通選舉法。（全國人民。皆有選舉議員之權。謂之普通選舉）於是拉以夫其之工人。與蘭因河沿岸一帶之工人。合而爲一。創立德意志全國工人會。舉拉司來爲會長。一切任其指揮。此會之宗旨。其所以異於黎白克內脫敗敗而之國民保工會者。以此會之權。屬於一人故也。拉司來至伯林。常與畢思麥克往來。畢思麥克在議會中演說。亦常稱拉司來之爲人。謂非無謀過激之流。所可同日而語。惜黎白克內脫及敗敗而。譏其賣社會主義於政府。遂以一千八百六十四年。決鬪而死。然其所結之會。尚未解散。繼拉氏爲會長者。爲蕭委脫安。即一千八百六十七年。選爲聯邦議員者也。

三　德意志工人會黨

（未完）

以上二派之工人會。始不相合。而普魯士各命解散。乃以一千八百七十五年。共相聯合。別爲德意志工人會黨。其意欲成一獨立政黨。公然于選舉塲中。與他政黨相爭競。五月會于華太討議各事。

其所議者。一爲政治主義。如普通選舉權。參預立法權。及民兵、出板、集會等自由權。廢止人民裁判訴訟之費。以宗教爲一家之私事等是也。一爲社會改良。如簡易稅法。同盟罷工之自由。限定工作時刻。禁止幼者工作。失業工人之保護法。工塲衞生之管理法。雇主撫恤疾病負傷之工人。整理監獄內工作等是也。

此會辦法。係倣麥克司派之國民保工會。設自治支部于各地。每年各派總董以開總會。分爲三部。一曰理事所。設理事者五人。二曰監理所。設監理者七人。（不得與理事者同町同村）三曰判決所。設辦事者十八人。若監理者與理事者有所爭議。則使之調停其間。又設一庫。以全黨之會計。悉由是出焉。又刊新聞紙一種。

依此辦法。工人會黨之勢力頓增。觀于一千八百七十六年總會中提出之報告書。自一千八百七十五年六月八日。至第二年八月十日。其間所得之捐欵。多至五萬四千四百三十二馬克。其外各地支出之黨費。至少較此三倍。當此之時。業工者雖尚無起色。然食力之工人。頗能減其妻子衣食之需。助入會中。作爲公用。其熱心可想而知。其報館所請之主筆。及會中所請演說之辨士。共六十八人。其中五十四人。均受全俸。十四人酌取俸給。均能文舌辨之士。長于遊說者也。更有雖非請定。而常在會中熱心演說者。七十七人。此百四十五人。無不出沒于選舉場中。大倡社會主義。以鼓動全國。 二〇

一千八百七十七年之報告書。更爲可觀。最重要之新聞紙。共銷一萬二千份。此外更有大小新聞紙四十一種。又工人會黨遊戲新聞紙。共銷三萬五千份。工人會黨年報。共銷五萬部。無論何地。必散布此等新聞紙。以廣傳社會主義。意欲使無恒產者與資本家相抗。而爲平民者與政府中反對。更表揚一千七百九十三年共產黨流血之徒。其宗旨在破敗決裂。故行刺者則目爲豪俠。舉事者則尊爲義烈。彼工人日薰陶于此等議論之中。尚有以此爲不然者乎。

第二節　德皇遇刺及社會黨鎮壓法

一千八百七十七年三月二十三日。爲德皇威廉第一八十誕辰。德民以國運隆盛。故祝典

之盛。遠逾往例。更以其年四月二十四日。俄皇亞歷山德第二。與土耳其搆釁。而德居局外。故上下咸歌太平。俄土之戰幾及一年。以三月三日。訂和約于山同鐵伐英國不能默爾而息遂與奧結出而干預。其實英俄之齟齬。殆卑思麥克有以啓之。卑思麥克更乘機出爲調停。會各國公使于伯林。以六月十三日。召集公會。先是五月十一日。威廉帝與其大公主白蘭。同車自公園還宮。途中有自車後發手鎗以狙擊之者。幸尙無恙。凶漢罷圖。二十一歲之工人也。搜之得社會黨各種新聞紙等。及黎白克內脫與敗敗而之照片。知其曾往來于社會黨演說之地無疑。

五月二十三日。政府有法案六條。在議會中提出。名禁制社會黨法。委聯邦會議議決。而求議會之允許。苟照此辦法。則政府得收沒社會黨之新聞紙等物。解散其會。違者處以禁錮之刑。然此日議會開議。以此法爲然者五十七人。而以爲否者乃二百五十一人。於是政府所建之議。遂作罷論。二十四日。議會議定之後。遂閉會。至六月二日午後三點鐘。威廉帝在馬車中。過黃探定林定街時。又有從第十八號客館之三層樓上。發手鎗以狙擊之者。威廉帝之首。負傷數處。鮮血淋漓。護衛者負之入宮。凶漢諾比林者。哲學士也。居伯林已及二年。

常出入于社會黨中。感服其主議。遂決計行刺。自認不諱。當日見事已成功。即欲自殺。不果。負重傷。遂被縛。

卑思麥克以六月六日。于聯邦會議中演說。意欲解散議會。衆以爲可。遂於十一日擧行。并定於七月三十日重擧議員。先是五月二十三日。政府所建之議。其所以不果行者。蓋以國民自由黨中均不以爲然。故不得已而中止。乃此次改選之際。該黨之數甚少。而保守黨及帝國黨之數爲多。羅馬敎皇亦以威廉帝兩次遇難。故贊助政府。加特力黨亦如之。政府遂提出新案。亦名禁制社會黨法。共二十二條。以十一月二十一日爲執行之期。以一千八百八十一年三月三十一日爲滿期。

此法律之主眼。在禁過社會黨共產黨之作亂。而以其權委之政府。社會黨出沒之處。嚴行防察。禁其集會。凡有嫌疑者。悉命去職。此法律更多延年期。以一千八百九十年爲滿期。以是社會黨之新聞紙等。凡一百四十種。一律停刊。禁錮者百五十人。去職者九十人。此法既行。社會黨遂不能伸其志。乃移其本部于外國。其總會或開于瑞士。或開于丹麥。在德意志各部。僅立小會。私相協議。密募黨員。在瑞士之紫克西。刊行新聞紙名社會民主黨者。密銷于德意志各部。當是時也。一千八百八十一年之選舉人總數。共三十一萬人。代議士十二人。一千八百八十四年。共五十五萬人。代議士二十四人。一千八百八十七年。共七十六萬三千人。一千八百九十年。共一百四十二萬七千人。

第三節　國家社會主義

然卑思麥克以禁制社會黨法。未能奏功。更設一變通之法。以散社會黨之勢力。乃先使理財學者西司馬來滑葛南等。於一千八百七十二年。創設一會。名社會政策協會。其會宗旨。蓋欲調停資本家與工人之利益。藉以服工人之心。遂以一千八百八十年十一月。置理財顧問官于普魯士。以理財學者七十五人任之。第二年十一月。提出負傷工人保護法于帝國議會。宣諭於衆曰。國家扶助貧苦之人。不僅爲國家應盡之義。抑亦維持國家之一策也。又曰樂善之舉。乃自有基督教以來。爲國家所當盡之職。亦十八世紀以來普魯士王室相傳之主義也云云。此所謂國家社會主義。實則採用西司馬來等之社會政策協會主義而已。

國家社會主義。蓋以資本家及國庫中所出之費。養贍貧苦工人。不使失所。故負傷者保險法。經一千八百八十四年、五年、六年、七年而漸次改正。疾病者保護法。經一千八百八十三年。五年、六年及九十二年始行制定。老病者及失業者保護法。于一千八百八十九年制定。

第四章　帝國財政革新

第一節　卑思麥克之宗旨一變

德法戰爭以後。所得法之賠欵。皆以供政府一切費用。更以興建鐵道及伯林市中之工築。所費不貲。遂于一千八百七十四年。財政大困。時保守黨大不滿于卑思麥克。決欲使安尼摩伯代爲內閣。卑思麥克。遂收安尼摩伯爲已黨。保守黨更誣卑思麥克收猶太富人之賄。以政權供一己之私。於是訴之於法院。一時騷然。

時有戈楷可夫者。與卑思麥克反對者也。以爲德苟有利。俄必有以阻之。故不以三國同盟爲然。而欲聯英。當是時也。西班牙有客利司脫黨者。頗執政權。與法之君政黨合謀戴羅馬教皇爲德意志主。且法蘭西于一千八百七十四五年間。擴張軍備。有加無已。卑思麥克不忍坐視危局。乘軍人之欲戰者衆。欲決一戰。以免危局。而威廉帝欲保平和。不肯妄啓兵端。更以俄皇亞歷山德第二之干涉。而卑思麥克之志卒無以償。故此時卑思麥克之處境頗有進退維谷之勢。

一千八百七十四年。至一千八百七十六年。畢思麥克所處皆爲逆境。而亦足以鍊達其幹事之才。故畢氏之對外政策。向主聯俄。今乃一變其十五年來所守之主義。而忽取排俄主義。其治內政策。向主自由貿易之說。而取鐵道屬民主義。今亦一變而均取保護之說。按泰西言商學者有自由貿易說及保護貿易說兩派自由貿易者謂外國貨物入口不科以稅即科之亦甚輕故外商得以自由保護貿易則反是必重科其稅以保護本國之貿易又管理鐵道之法亦有二說一曰鐵道宜屬國一曰鐵道宜屬民屬國云者宜歸公衆保護歸國家公辦屬民云者聽民自爲謂宜歸商辦也

一千八百八十一年。畢思麥克在議會中演說曰。自一千八百六十五年以來。自由貿易之制既壞。唯賴法之賠欵五億。稍補不足而已。故講求救濟之方。萬萬不能再緩。然余前十五年間專注于對外政策。不遑他顧。至一千八百七十七年。始稍就緒。而其時地方困窮。各處工場。均有停工之勢。工業與工人。均疲弊不堪。全國工商之業。大爲減色。此余所深慮也。

此時畢思麥克欲竭畢身之全力。以振興德意志之財政。而立永久不變之基。據云畢思麥克于理財學夙有心得。故處理財政。頗爲得手云。

第二節　畢思麥克力爭財政之改革

一千八百七十七年。豫算不足。畢思麥克提議增課烟稅。贊之者寥寥。乃不得已而辭職。威廉帝不許。僅賞假而已。畢思麥克遂歸臥于甫利特利西酸。既又至叩斯新開。至完琴。至葛司脫因。至酸盤夫。又至完琴。與外務大臣皮由落時相往來。促大藏大臣即定豫算。自四月至十二月。凡九月。間置他事于度外。專講財政。十二月十五日。致書于皮由落曰。

余之去留。一視稅法之改正與否。及鐵道章程之實行與否。若普魯士中之有職者。不能照辦。則余萬難留任。閣下有便。請將此情代奏。余非有他故也。爲普魯士及帝國之公益計。欲得熱心贊助之閣臣而已。

時大藏大臣坑步耗山。不能照畢思麥克之辦法。制定豫算。而畢思麥克屢促之。謂苟不變革財政。斷不能持久也。

第三節・財政之改革及政黨之情形

照國民自由黨之辦法。意欲廢止關稅。及一切雜稅。或減輕之。而專收落地稅。徵各邦之歲入。補帝國歲入之不足。各邦應出若干。則視邦之大小爲等級。而歲有變動。一千八百七十二年。八千二百萬馬

三九

克。一千八百七十八年。七千萬馬克。卑思麥克之宗旨則不然。欲帝國之財政。離各邦之財政而獨立。先倣法國之例。定煙葉專利之制。而課以重稅。更設一切雜稅。並倣近鄰各大國之例。（指與法俄）徵收關稅。如是則不特帝國之財政。可離各邦而獨立。且可以帝國之餘裕。分之各邦。而漸次廢止落地稅。又取鐵道屬國主義。槪廢鐵道保護費。及一切運費。

依此辦法。則國民自由黨之自由貿易主義。全不能行。故與政府反對。而政府以一千八百七十八年二月二十八日。先提出烟葉增稅法案。又欲實行烟葉專利之制。國民自由黨。知政府明與彼黨爲難。遂亦百計設法以反對政府。當其時適社會黨中有狙擊感廉帝者。卑思麥克遂乘機解散去年改選之議會。更行選舉。更選之後。保守黨自四十人增至五十九人。帝國黨自三十八人增至五十七人。而國民自由黨。反自一百二十七人減至九十八人。今將改選前後之黨派比較。而列如左。

	改選前	改選後
保守黨	四〇	五九
帝國黨	三八	五七

國民自由黨	一二七	九八
進步黨	三六	二五
人民黨	三	三
社會黨	一二	九
中央黨	九二	九四
反對憲法黨	三〇	四〇
無所屬	…………	…………

一千八百七十八年十月十七日。當議會協議。欲禁制社會黨。政府忽建議、欲改革德意志之關稅、以保護德意志之農工業。故不獨課製造物以稅、更於農田所產各物。課以關稅。議員之贊成者二百零四人。中央黨八十七人。保守黨三十六人。帝國黨三十九人。國民自由黨二十七人。蓋卑思麥克于未發此議之前。已與各黨之首領。商議妥協。故皆贊成之也。議會既贊成之後。卑思麥克以十一月十二日。建議於聯邦議院。欲另設改革關稅調查委員數人。十二月十五日。遂以所擬條陳。傍示各人。書中通籌全局。無一遺漏、一字一句。無不斟

酌議善。故無疑義可指。遂得採用。

德意志帝國議會。以五月二日起。討議關稅法案。至九日而就緒。關稅中之最重大者。爲鐵與米穀之進口稅。故于會議時議之。其他稅目。則決自調查委員。英國以鐵爲出口貨之大宗。其鐵鑛多在附近德國之海濱。以運至德國爲最便。故不得不課鐵以進口稅。以與英競爭。俄羅斯、葛利氣亞、拉馬尼。其運至德國者。以米穀爲多。故又不得不課米穀以進口稅。以保護內地之農業。于是議定鐵值一百吉羅。（一吉羅約抵中國一斤十兩）抽稅一馬克。米穀稅二倍。議會並皆允可。遂以九月九日。關稅法始定。

其間中央黨。（即加特力黨）更倡議于議院。謂一年之進口稅。及烟稅總額。若過一億三千萬馬克。當照帝國憲法。第三十九條。分其餘裕于各邦。何因化而司演說而贊成之。國民自由黨。不以爲然。而保守黨助之。卒如其議。

討議關稅法案之際。帝國議會議長。福祿懇敗克。以五月十七日。在某會中演說食物進口稅爲不然。後爲利希退而等所攻擊。遂以二十日辭職。保守黨之若伊笛維之代爲議長。副議長司託非盤葛亦辭職。以中央黨之福輪懇司太因代之。文部大臣發爾開辭職。以小來卸州總知事步坑美而代之。大藏大臣化潑來希脫辭職。以議員羅希耶司博士代之。農務大臣福利定探辭職。以內務次官皮脫而代之。

文化爭鬥時。中央黨與政府爲難。至此忽贊助政府。其間必非無故。蓋卑思麥克欲與羅馬教皇和好。因與各州議會以便宜廢止五月諸法律之權。而加特力教會遂漸得復其本有之特權。

國民自由黨。以政府之政畧變更。遂分二黨。其贊成卑思麥克者爲一黨。固守自由貿易及諸法律者。二十八人。別爲一黨。後至一千八百八十四年。均與進步黨合而別爲夫拉新尼希黨。

政府既以鐵道歸官辦。故一千八百七十八年五月。于普魯士政府。新設工部。以綮情鐵道事務之麥以白福爲工部大臣。先使之倡議收買國中之四大鐵道。一千八百七十九年。協議于普魯士國會中。然贊成者甚少。

第五章　卑思麥克之世界政策

第一節　奬勵海外貿易

畢思麥克既過加特力教徒及社會黨之勢力。又改革稅法及關稅制度。凡有利于財政者。無不竭力舉行。其最大者。如開通桑克脫華塔特之隧道。以使與伊太利及瑞士貿易。一也。開深懷薩而河口以利步藍門港之貿易。二也。開鑿技而運河。又自波羅的海經丹麥海岸與細特海峽而出北海。三也。籌開東洋航路。四也。

第二節　亞非利加殖民政策

畢思麥克于一千八百八十年四月。在議院中建議。擬買取南洋之薩馬亞島。以行殖民政策而保護海外貿易。有彭盤衆者。不以爲然。議員替助之甚衆。遂不果行。至今德人猶耿耿于心也。

一千八百八十一年。樞密理財顧問官。以爲欲振興德意志之財政。不可不有殖民地。于是須定十年之中。共須一億二千五百萬馬克。以爲經營殖民地之用。德之不可不有殖民地其故有二。德意志人之遷至亞美利加者。每年不下十五萬人。或二十萬人。雖未必盡入合衆國之籍。其于本國關係。不免日疎。而于國力有害。若有殖民地使居之。則德意志之國威益大。一也。外國進口之穀、煙葉、菓子、茶、珈琲、米、香物、染料、棉花、麻布、絹、家畜、材木。每年共耗

二

十億馬克。若使德意志人在殖民地中播植此等物產。則此十億馬克、每年仍爲德意志所有。二也。又因傳教。故亦不得不行殖民政策。五十年前。南亞非利加中。有一德國教會。其傳教之地。在英國之喜望峯殖民地。及南亞非利加之西。達麥拉納麥客之間。自一千八百七十年以後。傳教之暇。兼爲貿易。然此時德意志政府。在亞非利加中。毫無權力。故此教會。全賴英國保護。至一千八百八十年左右。達麥拉納麥客之民間。大起爭端。攻襲傳教師之住所者六次。英國政府。並不嚴行懲禁。故拉陰之教會監督。福亞捕利。以一千八百八十一年八月二十八日。致書于帝國外務省。請其向英國政府索取賠欵。又著一書。極言德意志之不可不有殖民地。此書四年之中。重印三次。可謂風行一時矣。

此事未結。他事又起。一千八百八十三年之秋。步藍門人商人聊豆利紫。在納麥容之南安葛拉敗奎之附近。向該處酋長。買得一百五十方里之地。以八月十八日。致書于喜望峯之德意志領事。請其向該處土人及英國政府。伸明此地已歸德人所有。領事以此事達之本國政府。卑思麥克以一千八百八十四年電覆之曰。

據聊立利紫所言。其所買得之地。以在奥倫治河流之北。恐英之殖民廳。或有意外交涉。

足下即言明該商人及該地。皆歸帝國保護可也。

此事實爲畢思麥克之第一殖民政策。其次則西亞非利加之殖民政策也。漢堡之殖民會社。以一千八百八十三年。在西亞非利加之卡美龍地方。買得一地。而求政府保護。政府即命欺由尼斯之總領事納矣葛氣爾。與該處酋長修好。而訂通商及保護條約。以劃定德意志之殖民地界。

納矣葛氣爾以一千八百八十四年七月四日。與脫華部族之酋長。訂保護條約。領收沿攀凝灣之脫華蘭全部。使厤愛惟愛軍艦之將士。上陸舉行典禮。而建德意志國旗。七月十一日。厤愛惟愛軍艦。回披耶福拉灣而至卡美龍河口。與攀爾亞夸亞兩酋長。訂保護條約。一切主權。皆歸德意志。而賦課徵發之權。仍歸酋長。十四日。建德意志之國旗于酋長之宅。

于是漸進而南。近法國領地控華之界。德國政府。以八月二十九日。電告駐劄巴黎之德國公使化亨落。囑其往告福愛利大臣。謂德國一切舉動。決不有礙法國之領權。此時德法二國。正極親密。

四

一千八百八十四年十二月。德意志又闢殖民地于東亞非利加。先是有一德意志之會社。在纓席拔爾對岸之烏薩戈拉烏各米尼由羅等處。取得十三萬吉羅之地。然此地仍屬于纓席拔爾。未幾德意志之兵卒與土人生隙。德遂乘機派艦隊至纓席拔爾。迫其不得干預對岸內地之主權。

(註)纓席拔爾。爲回回教之文明國。其君主薩脫拔克西以聰明稱。曾游歷歐州。贊成歐人之殖民事業而助探中亞非利加者也。領有纓席拔爾撲白麥滑奕亞諸島對岸之地。北自滑麥利斯。南至葡萄牙之廡塲皮克。領地。島中之主權。悉歸其掌握。一千八百六十二年。英法二國。共立條約以保護之。

第三節　一千八百八十五年之伯林會議

一千八百八十三年以後。畢思麥克既在亞非利加行殖民政策。遂大遭列國之忌。英國聞德國在卡美龍。如此舉動。即遣領事希懷脫。乘福拉爾探砲艦至卡美龍。責問酋長黎爾亞夸亞等。終占威爾夫陰攀異而罷。此時英之自由黨內閣。與葡萄牙訂立條約。欲占領控華河之下流。以妨害各國之殖民地。于是德與法合。共抗一千八百八十四年二月二十六日之英葡條約。英葡見德法之勢洶洶。遂罷前約。而葡萄牙更倡控華河之主權。當由英德法葡四國分掌之議。法蘭西首相舒翻利。以五月二十九日。與德國政府商酌。以爲控華河之主權。非英葡二國所共有。亦非葡萄牙所獨有。當爲各國所公有。德國大以爲然。又駐劄伯林之法國公使康邏爾男。以爲不但控華河當如此辦理。即那善河亦當如此辦理。德國政府。亦以爲然。

德法二國。乃首倡召集萬國會議之說。議定將來控華河之主權。爲各國所公有。而定殖民及通商條約。載明各國皆屬平等。以免彼此紛爭。于是德國政府。使其駐劄比利時丹麥英國伊大利荷蘭與大利匈牙利葡萄牙瑞典諾威西班牙合衆國之各公使。照會各國政府。駐劄英國之德公使。照會英國政府之辭如左。

近年西亞非利加之商務漸盛。德法二國政府。爲興商務解紛爭起見。意欲妥訂約章。俾各國之在此地通商者。皆地所遵守焉。今定其約如左。

一在控華河之沿岸及河口。皆得自由通商。

二維也納會議。有川河往來。各國皆得自由一條。後丹牛波河做照辦理。今控華河之體干河亦當照行。

三亞非利加海岸。當加以經營。

德國政府。擬與法蘭西政府。于本年中開會議于伯林。妥議以上各條。各國有與亞非利加商務有關係者。可派員至伯林會議云云。

英國允之。各國亦皆贊成。遂自十一月十四日開議于伯林。卑思麥克為議長。至明年二月二十六日而終。共議定三十八條。均關于國際法者也。

第六章　擴充兵制及兩帝逝世

第一節　一千八百八十六年以後之德法關係

法國當喬翻利為首相之時。卑思麥克之世界政策。甚為得手。德法二國亦極親密。而喬翻利以辦理東京一事。（即越南事）未臻妥協。遂以一千八百八十五年三月三十日辭職。四月六日。白利沙代為首相。一千八百八十六年一月七日。福蘭西綏又代白利沙為首相。至是德法二國。漸覺彼此不能相容。原其故。蓋由于法人復讎之念又熾。或出于卑思麥克之計畧。亦未可知。不然則彼此或皆有故。

福蘭西鍰首相。以婆崙棨將軍爲陸軍大臣。婆崙棨極欲擴張陸軍。而增常備兵額。以五月二十五日。提出軍備擴張案于議會。十二月三日。福蘭西鍰辭職。戈普蘭入爲首相。仍以婆崙棨爲陸軍大臣。軍備擴張案。亦經議定。

此時法國民間。有名愛國團者。盛倡復讎之說。又有一詩人名翟爾蘭脫。作一愛國歌。慷慨淋漓。全國爲之鼓動。

第二節　常備公額增加案

卑思麥克。頻使報館中登載新聞。謂法蘭西將欲與德爲難。所以然者。或因偵知婆崙棨如此舉動。將不利于德。即藉此爲口實。以擴德意志之陸軍。均未可利。十一月二十五日。帝國議會名集之際。遂提出常備兵額增加案。而定自一千八百八十七年四月一日至一千八百九十四年十二月三十日。共設常備兵四十六萬八千四百零九人。而每年之自願爲兵者尚不在內。

德意志之常備兵額。一千八百七十一年。共有三十七萬八千零六十九人。一千八百七十四年。加至四十萬零一千零五十九人。一千八百八十一年以後。又加至四十二萬七千二百四十七人。然法蘭西之人口雖少。而一千八百七十一年以後之常備兵額。反較德意志爲多。一千八百八十年。自三十五萬八千八百四十人。加至四十四萬四千四百七十七人。一千八百八十六年。又加至四十七萬一千零八十人。而婆崙桀之軍備擴張案若准。更可加四萬四千人。

又一千八百八十四年以來。俄羅斯與德意志曾立密約。謂德意志可不必防禦俄羅斯。而世間並未知有此約。以是卑思麥克又講防俄之策。于是俄土戰後。俄羅斯亦大改兵制。多築鐵路以便運兵。而其常備兵額。除士官外。共有五十四萬七千四百五十六人。以是德意志南北受敵。兵額益形其不足。且德意志之兵役年限。平均祗有二年零四月有半。故又不及隣邦之兵之熟練。若不加長兵役年限。而欲兵之有用。是非大加兵額不可。

德法二國之海陸軍經費。以德法二國人口之多寡相比較。法國每人較德國每人所出之額爲多。而法人却甚踴躍輸將。並不爲難。今錄表如左。

甲德意志

一八七〇年	二七二、四七八、三九七馬克	一人所出	七、〇六馬克
一八八〇年	四〇三、四二五、八二六馬克	仝	八、九二馬克
一八八六年	四四六、二八八、六七二馬克	仝	九、五三馬克

乙法蘭西

一八七〇年	三九七、八五六、〇〇〇馬克	一人所出	一〇、三三馬克
一八八〇年	七六六、〇九六、〇〇〇馬克	仝	二〇、四七馬克
一八八六年	八二六、六一六、〇〇〇馬克	仝	二一、五七馬克

一千八百八十六年十二月三日及四日。爲開常備兵額增加案之第一次議會。由陸軍大臣酸輪潭藴宣布其意時。毛奇將軍。年已八十有六。亦演說而贊成。但兵額既加。經費更大。故反對之者甚多。而以中央黨之反對爲尤甚。調査委員。乃修正而報告之。第一減爲四十四萬一千二百人。第二改七年之期爲三年。（自一千八百八十七年四月一日至一千八百九十年三月三十一日）而限一千八百八十七年以後之一年。置常備兵額四十五萬人。然此修正案發表之際。輿論又甚非之。一千八百八十七年一月十一日。開第二次議會議員司託非盤蔼提

一〇

出二修正案第一案係如調查委員之報告限一千八百八十七年以後之一年加至四十五萬四千四百零二人第二案若第一案不決則照原案四十六萬八千四百零九人而改七年之期爲三年

第二次讀會毛奇將軍又演說而主原案之數卑思麥克亦于十一十二十三三日中演說三次謂若不賛成原案當即解散議會十四日議會可決可託非盤葛之第二案政府乃命解散議會

此時法蘭西陸軍大臣婆喦槃以爲此機若失再無復讎之一日遂不謀之同僚而備與德國開戰增築兵營于國之東境于消藤潘福脫紫羅等各要塞中貯足數年之彈藥及糧食商借巨款于商人及試驗砲彈及鎗彈等事爲之不意

婆喦槃如此舉動却于卑思麥克改選議員之事大利德意志保守黨國民自由黨帝國黨既與卑思麥克約而賛成增加常備兵額七年卑思麥克遂以二月二十一日改行選舉各黨之勢力爲之大變德意志自由黨僅選得三十二人德意志人民黨無一人得應選者社會黨減至十一人憲法不承諾黨自四十一人減至三十三人中央黨本有百人此次賴羅

馬教皇之勢僅減去二人。而國民自由黨。則自五十人加至九十九人。德意志保守黨自六十七人加至八十人。帝國黨自二十八人加至四十一人。

先是羅馬教皇使普魯士政府。施行寺院法改正之條約。至是中央黨與常備兵額增加案反對。頗于此事不利。故駐剳巴威里之羅馬教皇公使徽綠。使中央黨之首領何因化而司。不得反對。何氏允之。

新選之議會。以三月三日召集。毛奇將軍。以年長故。暫爲議長。七日。陸軍大臣酸輪潭福演說曰。常備兵額增加案之可贊成。自無容疑。若贊成者多。即此案之効力更大云云。次國民自由黨之潘猗深。謂委員調查。當可從簡。而即行決議。九日議會遂可決常備兵額增加案。而中央黨自願不與決此案。

常備兵額增加案既決。可法國之政治。遂一大變。大統領葛蘭維。使其機關新聞名拉攀意者。載一論說。中明法蘭西並不欲與德意志開戮之意。于是探蘭豆以政府失此機會。深爲可惜。即辭愛國團之首長。而婁畚槃之籌畫。亦盡屬徒勞。

第三節　兵役年限延長法

三 此時卑思麥克既得多數議員之助凡有作爲自可贊成故欲擴張兵備亦非乘此時機不可。

此時自爾懇半島有事德意志雖守中立之約而俄羅斯頗干涉之或至與奥大利失和亦未可知然奥大利爲德意志之同盟國奥大利若與俄羅斯開戰德意志必當出全力以爲之援至是卑思麥克又可藉口擴張兵備

卑思麥克函告駐剳伯林之俄公使蕭滑羅步伯謂欲謁見俄帝有事面奏俄公使爲之轉奏俄帝亞歷山德第三允其自戈耆海耕歸時暫駐伯林以便面見十一月十八日卑思麥克遂見俄帝告以俄德之間雖有中立密約而俄若與奥開釁德亦不得不遵三國同盟之約以援奥且謂曰爾懇之事外間盛傳德意志與俄羅斯反對此皆不足爲憑于是俄德二國親密如舊而俄之報紙上仍攻擊德意志不衰十一月初旬起即屢次派兵至葛利西亞國境而俄羅斯亦決不遽爾中止十二月五日有某報紙詳載俄兵所集之地人頗注意十二月九日花司氣福爾大臣遂提出兵役年限延長法案

俄羅斯之兵役年限共十五年法蘭西共二十年而德意志祇十二年今依新法案則現役

仍照舊例。二十歲以上。二十七歲以下。爲豫備役者。改五年爲十二年。分之爲二級。後備亦分二級。即十七歲以上三十九歲以下。而未爲徵兵者爲一級。三十九歲以上。四十五歲以下者爲一級。若行此制。則豫備兵數。更當加至五十萬人。一旦有事。可得二百六十七萬四千八。一月十六日開第一讀會。攀尼克山等演說而贊成之。且付之委員調查。

一月三十一日又提出一案。係爲擴張兵備而募公債二億七千八百三十三萬五千五百六十四馬克。

卑思麥克以二月三日發布三國同盟之條約。德意志本欲備禦法國。故與奧大利及伊大利同盟。今奧大利爲俄羅斯所襲。德意志不得不竭兵力以援之。而伊大利政府。早于一千八百八十三年宣明三國同盟之事。惟未公示其條約。今爲白爾悉之事。致使俄與二國失和。于是德與二國始商妥將此條約之全文。發布于伯林及維也納。俄則于前年十一月中密告之矣。

二月六日、卑思麥克至議會演說三國同盟及今日發布此條約之故。次各黨之代表者亦均演說而贊成此事。遂開第二讀會。福爾克司脫因及攀尼克山以爲不必逐條討議。即可決議。于是全會皆決爲可。
議事既畢。卑思麥克遂出議會。適其車不在門前。乃步行歸家。途人數千擁之而頌其功。且護送至家。此實巴黎陷落以來。卑思麥克最得意之時。而德意志帝國此時亦爲歐洲最大強國也。

第四節　德皇威廉第一逝世

一千八百八十七年三月二十二日、即常備兵額增加案決議之後二十餘日。爲威廉第一九十誕辰。全國舉行慶典。友邦之君主派公使來祝賀者八十五人。帝申謝國民之辭。以明日之官報公布之。
是年之秋。皇太子威廉第三患喉症甚重。而至深蘭麻療養。
六月、帝親臨瓦斯脫榮運河之開業式。遂罹風寒症。是後漸覺沈重。十一月行議會之開會式。遂不能親臨。召議長至宮中。而賜以勅語。此年帝國財政餘五千萬馬克。而國家社會政策亦已全行。一千八百八十八年三月三日帝病革。八日、猶召毛奇將軍而告以將來須再擴張兵備。侍醫灰堪勸帝稍休。帝不之聽。至九日而崩。

世皆知卑思麥克之爲賢相。而不知威廉第一之爲明君。威廉第一。雖非豪傑出衆之人。然能識卑思麥克而終始信之。以成大業。決非庸君所所出此。且其意以爲外交雖善。而無兵力以支之。究屬無功。故終其身節公私之用以修兵備。而卑思麥克之政策。毛奇之軍政。亦皆因之而成。遂成帝國統一之偉業、噫、可謂盛矣。

第五節　德皇威廉第三

威廉第三以一千八百八十九年三月九日即位。至六月十五日即位。帝生于一千八百三十一年十月。娶英國女皇維多利亞之女。博學而慈。故爲皇太子時。民已愛慕之。一千八百六十四年。從軍于寫而司何以化而司脫因之役。一千八百六十六年、親將一軍以伐奧。一千八百七十年、以戰功敘爲元帥。戰地居民。無不稱其仁惠。

威廉第一崩時。皇太子病既篤。由深蘭廉入即帝位。仍以卑思麥克爲首相。而帝深信皇后。皇后又深信英國之議院政治。以是帝與卑思麥克不甚相得。皇后欲以公主多利亞嫁于勃客利亞王亞歷山德。英國女皇亦贊成之。而卑思麥克以爲如此必與俄羅斯失和。故極力反對。且謂不聽其言。當即辭職。帝乃止。帝又不直普魯士內務大臣勃脫加美龍之行政。

不謀之卑思麥克而許其辭職卑思麥克深爲不安

威廉第三旣崩皇后盡收國書之關于卑思麥克者其中有秘密者請賜還后不之許一時物議騷然

帝未崩時以日記一冊賜國法學者蓋福耕崩後以之刊于龍獨蕭羅誌中其中所載皆係帝與卑思麥克之交涉而爲帝辯護者甚多蓋出于皇后之意也卑思麥克命其停刊且收沒其旣刊者而使其機關新聞辨明此日記中所記悉係虛語捕蓋福耕而交之于拉以夫其之法廷目之爲國事犯綿歷歲日後以無罪放免之

第七章　德皇威廉第二

第一節　訪問則國

今帝威廉第二威廉第三之長子也以一千八百五十九年生于伯林婆寫而司何以化而同脫因公爵之女與克司維多利亞帝好武而性急頗見重于軍人而初握政權果能統禦帝國之安全與否則未可卜也

先帝最重卑思麥克一切政務皆委決之及帝之世極欲與俄羅斯結好一千八百八十八

年七月帝親率德意志艦隊出技而運河訪問俄帝亞歷山德第三十九日兩帝會于芬蘭灣相攜而至聖彼得堡逗留數日觀俄國陸軍之觀兵式于克拉司諾愛郊外歸途訪瑞典王于斯蔣克化而召丹麥王于哥本海庚

帝又欲維持三國同盟故于十月訪奧大利帝于維也納伊太利王于羅馬二國均歡迎之一千八百八十九年伊大利王來訪接待之後帝再出游自諾威至英國謁其外祖母維多利亞女皇歸後又至希臘及土耳其

第二節　社會黨及同盟罷工

一千八百八十九年春東司脫翻利亞有同盟罷工之事各地之煤鑛夫以一日之工價祇有三馬克爲不足故又皆罷工五月十三日罷工者共九萬人煤遂缺乏各處之鑛夫與兵士接戰鑛夫負傷者數人既而漢堡之製酒者伯林之業麵包者梅亭之木匠紫蘭維之馬丁等亦均罷工而遣代表者至帝國政府要約多端帝許其當爲變通惟約其不得與社會黨相結

此時瑞士政府移文各國政府謂爲保護工人起見擬開國際會議于攀龍府議定列國共

同之法德意志帝雅欲以此事爲己任。故卻卑思麥克之勸。而請各國政府即以此會議開于伯林。各國允之。瑞士政府遂撤前議。

一千八百九十年三月十五日至三十一日。爲開國際會議之期。各國之代表者。分爲數部。而决議各事。一各國之各種工人。一、禮拜中當許其停工一日。二、講求鑛夫及鑛內安全之策。三、疾病負傷及殘廢之工人。當撫恤救濟。北部中未滿十四歲南部中未滿十二歲之幼者。不得使其採鑛。四、不得使婦女在地下工作。五、其他各種工業。不得使北部中未滿十二歲南部中未滿十歲之幼者爲之。六、不得使婦女操作夜工。七、每日工作。不得多于十一點鍾。

然以上各項。均不見諸實行。故同盟罷工之勢。仍未稍殺。其年五月。工人中又有倡議。謂工作時刻。不得多于八點鍾者。

第三節　卑思麥克辭職

威廉第二即位之初。即欲親政。而卑思麥克嘗牽制之。故兩人之意見遂不合。保護工人之事。其首端也。帝之意極欲保護工人。而利用之。卑思麥克則大不爲然。又德意志保守黨本

六五 與國民自由黨及帝國黨相合而助政府者也。今忽欲離國民自由黨而與中央黨（即加特力黨）相合。以抗普魯士政府提出之小學教育無報酬法案。且使其機關新聞排斥三黨聯合之事。以爲挾保守主義者不應與自由主義者爲同志。倡此議者爲宮廷僧官長斯鐸愛勘氏。而威廉第二仍欲三黨聯合以助政府。此時一千八百八十七年成立之帝國議會。至一千八百九十年業已滿期。遂以二月二十一日至二十八日爲改選之期。改選後。三黨仍相聯合而三黨之議員均大減少。如左

德意志保守黨	七十一人	減九人
國民自由黨	四十三人	減五十七人
帝國黨	二十一人	減二十人
自由黨	六十七人	增三十五人
人民黨	十人	增十人
社會黨	二十四人	增十三人
中央黨	一百七人	增九人

反對憲法黨　　四十二人　　增九人

于是政府黨無不減少而反對黨無不增加。卑思麥克遂欲使德意志保守黨與中央黨相合以助政府而帝不許。蓋帝此時決欲親政。而不願卑思麥克之諸事掣肘也。其後帝又使普魯士之國務大臣。不必經總理大臣。有事可與帝直商。而卑思麥克以爲有背責任之制。遂辭職。辭表中引用一千八百五十二年之勅令以爲之證。（勅令中言欲使總理大臣一人任責不得不使總理大臣統一政權）帝以三月二十日許卑思麥克辭職而封以公爵。卑思麥克以二十八日至瀉洛鐵福克訣別威廉第一之靈。徘徊移時。夫德意志者威廉第一與卑思麥克所手創者也。今先帝逝矣。而已又不見容于幼主。以致引身自退。言念及之。不勝愴感。此時卑思麥克年將七十有五矣。二十九日退隱于甫利特利西酸。至蘭羅採火車棧之時。人民送之者不可勝數。

第四節　卞捕利維宰相及其宗旨

卑思麥克既辭職。帝即舉海軍大將卞捕利維爲宰相。下詔曰今國家之責惟朕一人是任。一切措置。自當率由舊章。然觀其所行之政。則有大不然者。以海軍中人爲宰相。則其欲擴張海軍之意。從可知矣卑思麥克在位之時大權獨攬故議會中人咸與之不合事無大小。皆反對之今卞捕利維之政策。專尙溫和。而議會之勢。因之一變餘如印刷及集會等事。漸與民以自由。而社會黨鎮壓條例。亦即至一千八百九十年而止。故社會黨。又可明目張膽。設立政黨。並不如前此之東竄西突矣。

理財之策。亦稍有變通。雖未行自由貿易之制而一千八百九十一年已先與同盟之奧大利匈牙利及伊大利。訂立通商條約。一千八百九十三年又與比利時瑞士塞耳維亞西班牙訂立通商條約。一千八百九十四年又與俄羅斯訂立通商條約。既成。乃叙卞捕利維之勳爲伯爵。

(註)與各國既訂通商條約外來之物遂無所制限。而內地物價。因之大減。于是農業中人咸抱不平。一千八百九十二年東部普魯士之保守黨大地主創一經濟黨。一千八百九十三年又改爲農業黨此黨之首倡者係一雪蘭西亞之農夫其宗旨不過欲講求理財之道。而反對德俄通商條約而已。至一千八百九十四年亦遂罷。

當卑思麥克之執政也欲使撲山之波蘭人。一切變其俗尙與德意志人同。故盡買波蘭貫族所有之土地。以分住德意志之農民。小學校中不得教授波蘭語。以是波蘭之議員在帝國議會及普魯士議會中者。常與反對黨合而抗政府。卞捕利維鑒此。變其舊日政策。置波蘭牧師以總理其舊教。優待波蘭之貴族。故一千八百九十一年之後。帝國議會及普魯士議會中之波蘭議員。無不與政府黨合而贊助之。

一千八百八十七年改選議員之後。德意志保守黨帝國黨國民自由黨三黨聯合以助政府。及威廉第二即位之後。德意志保守黨頗有離國民自由黨而合中央黨之勢。卑思麥克亦欲使中央黨為政府黨。而棄國民自由黨。威廉第二不聽。今政府之政策既變。議會之形勢亦異。德意志保守黨反對政府提出之地方自治制改正案。而國民自由黨亦反對保護工人案。及增加軍費案。于是卞捕利維決計聯絡中央黨。而以一千八百九十年在議會中提出加特力教神學學生免當兵役之法律案。又提出地方自治制改正案及所得稅法改正案。中央黨贊成之。一千八百九十一年皆決可。

地方自治制及所得稅法之不可不改。普魯士政府早知之。惟當時政府與德意志保守黨國民自由黨相合。故未辦理。今議會之勢既變。因此可成功。普魯士東部之村邑過小均不能獨立自治。乃合數村邑以協理道路學校救貧等事。所得稅法未改正之前。工業家所納之所得稅甚少。未免過寬。今特加多且採用累進法則。每年可得三萬馬克而漸次可以減去地方附加稅。

一千八百九十二年。威廉第二欲于小學教育上。增宗教之勢力。使小學校中教授宗教教育。給憑于各教會之監督與宗教教習。凡有此憑者。即可爲小學校教習。其學力不足而既得此憑者。均須繳還。此憑保守黨之新教派及中央黨均贊成之。而其他各黨併力抗之。各大學校及市會中亦甚不以爲然。于是威廉第二見輿論不服。遂撤回此案而提出此案之文部大臣殘特利脫。及贊成此案之普魯士總理大臣卞捕利維。遂皆辭職。而卞捕利維仍爲帝國宰相。而以油蘭盤爲普魯士總理大臣。

第五節　擴張陸軍

卑思麥克所定之陸軍擴張案。共行七年。而以一千八百九十四年爲止。卞捕利維以一千八百九十二年又在議會中提出一擴張陸軍案。謂自一千八百九十三年十月一日至一千八百九十九年三月三十一日之現役兵數。平均須有四十九萬二千零六十八人。每年入隊之數由皇帝勅定。而在營期限。則縮爲二年。蓋因俄法同盟而豫防之也。一千八百九十三一月十二日開委員會。卞捕利維伯即在其中演說。而贊成之者寥寥。又在本會議中演說且引毛奇卑思麥克之言。以明德意志之不得不擴張陸軍。而贊成之者又寥寥。五月十日即在議場中公決可否。可者一百六十二人。否者二百零十人。于是政府遂命解散議會。

五月九日威廉第二向各將校演說。謂下次選舉之時。政府黨若不得多數。則百事皆當以權力行之。六月十五日至二十四日爲改選之期。政府黨頗干涉此事。改選之後其數如左。

德意志保守黨	七十人	減一人
國民自由黨	五十二人	增十人
帝國黨	二十七人	增六人
自由黨	二十三人	減四十四人
人民黨	十一人	增一人

社會黨	四十四人	增二十人
中央黨	九十九人	增八人
反對憲法各黨	五十三人	增十一人

社會黨鎮壓條例。既於一千八百九十年滿期。故此次選舉。社會黨大有增加。若改正選舉區之法律。社會黨當更可多增議員。七月四日起開會。十五日公決陸軍擴張案。可者二百有一人。否者一百八十五人。陸軍擴張案。遂可照行。乃於安殺司落來大演習陸軍。伊大利皇太子。亦往陪觀。德皇又親行觀兵式。

第六節　社會黨反對策及更迭宰相

威廉第二即位之初。頗善待社會黨。及一千八百九十三年。改選之後。社會黨之勢大增。而帝之宗旨又爲之一變。一千八百九十四年九月演說之中。甚不滿於社會黨。而帝國宰相卡捕利維。與普魯士總理大臣油蘭盤。亦各有意見。遂以十月彼此皆辭職。帝乃擧化亨落公爲帝國宰相。當俾思麥克執政之時。化亨落曾爲外交官。派至各國。與俾思麥克甚相得。其先代亦曾爲普魯士總理大臣也。

化亨落公。深恭帝之社會黨反對主義。提出一案。謂無論何人。有教唆兵士以叛戾者。及譽宗教君政家族婚姻財產爲不利者。罰之不貸。主張宗教教育之一派。及中央黨。均贊成此案。而帝國黨與其他各黨。均反對之。一千八百九十六年五月。遂決爲否。

第七節　改正民法及陸軍刑事訴訟法

一千八百九十五年之冬。至一千八百九十六年之春。改正德意志之民法。一千八百九十六年之冬。至一千八百九十七年之春。又改正德意志陸軍刑事訴訟法。

第八節　擴張海軍

普法戰爭之後。德意志以陸軍雄於地球。實行世界政策之後。德意志以商業鳴於列國。所不足者。海軍之勢力已耳。海軍之勢力不力圖擴張。即無以保其商業之進步。

德意志既拓殖民地於亞非利加。又移居數千萬人於日本支那合衆國智利叙利亞等處。以便經營殖民事業。德意志之權力。因之日大。而擴張海軍之事。愈覺不能一日緩矣。

一千八百七十年至一千八百九十六年。爲德意志商業進步最盛之時。商船噸數共加一倍。其運搬力。則加四倍。一千八百七十年。德意志之海運業。不及法美二國。近反過之英國之船舶。雖多於德國。而有速力十九米突以上之新式船。英國祇有七艘。德國共有九艘。英國商船之人役。或間用外國人。德國則全用本國人。德國政府。又與海運業者。以極大保護費。故英國之海運業。漸爲德人所奪。而德意志欲保此海運業。非擴張海軍不可。

德意志之海軍。創自一千八百六十六年。雖爲日尙淺。而已卓然可觀。以艦數之多而言。第一英國。第二法國。第三俄國。第四即爲德意志三國同盟（德奧伊）之海軍主力。其初本在伊太利。近漸移於德意志。而伊太利之海軍。並未有所欠缺。特以財政紊亂。各事殊難振作耳。

一千八百七十二年以後。德意志之海軍。始大進步。一千八百七十年。普法戰爭之際。北德意志聯邦之海軍軍事費。不過一百二十萬一千磅。一千八百八十五年。德意志海軍軍事費已有二百十一萬九千磅。威廉第一登位之初。加至二百七十萬磅。一千八百九十六年。又加至四百三十一萬五千磅。合八千六百三十萬馬克。一千八百九十七年。共有一億二千萬馬克矣。威廉第二登位以來。共增軍艦八十六艘。而帝及海軍大臣化富盲提督。皆猶以爲未足。

一千八百九十六年之冬。至一千八百九十七年之春。提出海軍擴張案於議會。威脅力迫。

以冀贊成此議。而卒以反對者多。未經議決。是年之冬。再行提出。十二月五日起。合衆討議。至明年三月二十八日。將原案稍加修正。遂決爲可。於是新造鐵甲艦五艘。巡洋艦九艘。合之以前所有。共得鐵甲戰鬬艦十九艘。鐵甲海防艦八艘。巡洋艦四十九艘。議定六年之內。共用造艦費一億一千八百萬馬克。海軍維持費。尚不在其內。於是更創一議。謂海軍經常費。若每年須用一億一千七百五十二萬五千四百九十四馬克以上。則當增設消費稅以補每年歲入之不足。各黨皆無異議。即從前最爲梗阻之中央黨。亦無不樂於贊同。此其故則以占據膠州灣一事。政府措置裕如。有以饜夫衆望也。

第九節　占據膠州灣

占據膠州灣之初意。不過欲以爲東亞之通商根據地耳。然非得中央黨之贊助。必難有成。其故有二。請詳述之。

一德意志與羅馬教皇之關係。　文化爭鬬之時。卑思麥克力抑加特力教徒之勢。使不得預聞政治。行之未久。亦自知其不利。乃盡廢五月諸法律。略與加特力教徒以政權。及至改革財政之際。遂離國民自由黨而與中央黨（即加特力黨）相親。一千八百七十八年。擴張軍備大得羅馬教皇之助。威廉第二親政之後。亦以卑思麥克斥中央黨。合德意志保守黨國民自由黨帝國黨爲不然。而與中央黨最爲相得。不特議會各事。皆求中央黨之贊助。且與羅馬教皇重修舊好。利用教皇之勢力。以行德意志帝國之世界政策。凡此籌畫。皆外務大臣皮由落及教皇之傳教部長蘭特化司有以助之也。

皮由落曾爲德意志公使。久駐羅馬。羅馬之內情。無不審知。當時教皇雖無尺寸領土。而加特力教所行之處。即教皇勢力所及之處。以故羅馬之舉動。無不與各國之政策大有關係。皮由落鑒夫伊太利王之政務日漸腐敗。知教皇之勢力益當伸張。故與教皇深相結合。以便返國以後。一切政策。有所措手。

蘭特化司。本堡蘭人也。初爲撲山地方長之時。甚與威廉第一相得。文化爭鬥之時。以罪繫獄。三年之後。逃之羅馬。教皇拍牙司甚庇護之。政教解和之後。教皇舉以爲教書會長。教年即昇傳教部長。傳教部長。總統全地球之教會。教皇與以此職。蓋豫爲與德意志聯合。恢復教皇之政權也。一千八百九十二年。威廉第二至羅馬。先訪蘭特化司。卑思麥克退職之後。遂與德皇時相往來。今且爲羅馬之德意志黨領袖。惡自由主義而好帝國主義者。歸之若驚。於是皮由落引以為同志。而羅馬教皇之政略。亦遂與德意志之政略如出一轍矣。欲知此政略之如何。當先詳述加特力教徒在支那之情形。

二加特力教徒在支那之情形。　蓋特在支那傳教之加特力教徒。無論何國之人。皆歸法蘭西保護。支那人亦優禮待之。來自法蘭西之教師。較之荷蘭葡萄牙之商人。尤為清高自許。故第十七世紀之中。與支那人頗為相得。然以宗教分爭之故。彼此遂不能相安。一千七百三十年。遂有禁制基督教之令。教師窘苦萬分。至十九世紀之初。存者寥寥數人而已。鴉片之役既竣。一千八百四十四年九月二十四日。法國政府。遂與清廷訂約。與加特力教徒以保護之權。迨英法聯合軍人北京之後。一千八百六十年十月二十六日之天津條約及北京追加條約。亦照一千八百四十四年之條約辦理。凡所毀壞之加特力教堂。悉由清廷賠款修理。於是加特力教徒。請之教皇。謂各國之加特力教徒。當盡歸法蘭西保護。教皇許之。

德意志人入支那內地傳教。始自牧師牆山。初牆山不堪政府之苛待。逃之外國。一千八百七十五年九月八日。至荷蘭之司脫愛耳。建一福音會。一千八百七十九年。囑其教友二人。

一名恩磚。一名富辣內紫。(均德人)入支那山東省傳敎。綿歷歲月。信者日衆。乃請司脫愛耳福普會添派敎師數人來東。分設一敎會於山東省之南部。而以恩磚專理之。此一千八百八十六年一月十二日事也。

一千八百八十七年。羅馬有遣使駐北京之議。恩磚亦參預此事。回至羅馬。順途赴德。此時畢思麥克正變其排斥加特力敎徒主義。歷五月諸法律。意欲藉該敎之勢以行其世界政策。凡在外國傳敎之加特力派學生。悉免其兵役義務。四月三十日。又獎勵設立傳敎學校者。召集帝國各地之牧師於福汗脫。議定倣照司脫愛耳福普會之章程。設傳敎學校六所於全國。恩磚既到伯林。畢思麥克數稱其在東亞傳敎之功不置。優禮有加。懇其協助德政府。俾成東亞傳敎事業。恩磚即勸其以後德之加特力敎徒。不必歸法保護。而德政府自籌一保護策。一千八百九十一年以後。德政府即發護照於恩磚。凡山東省南部之加特力敎師。皆歸德自行保護。羅馬之法公使翟亨。曾於一千八百八十七年及一千八百九十一年。兩次專告法政府。法政府皆置之不問。此山東省之權利。所以漸歸德之掌握也。

日清戰爭之後。一千八百九十六所。恩磚親至伯林。請於兗州設一敎會。遣一牧師專司其事。德皇許之。照會清國政府。即於一千八百九十七年九月八日。恩碍率各教師至兗州行開會典禮。既畢。恩碍復回德。而使尼斯及亨蘭二教師。留於兗州。十一月一日。二教師爲該地亂民所殺。恩碍時在伯林。聞接此報。即趨謁德皇。面呈其事。皇深嘉之。賜以己之相片。允其必向清國政府索償。清國政府。後果厚其撫恤費。以恤二教師之家族。十一月十四日。德提督褚淡利。即占據膠州灣。而懸德之國旗。數年前德之地理學者。曾建策謂德在東亞。不可不有一通商根據地。而相度形勢。當無逾於膠州灣矣。今果以兗州二教師被殺之故。藉端占據。不可謂非克償厥願矣。

威廉第二。即欲藉此時機。總攬山東省之權利。並收回保護加特力教徒之權。故任皮由落爲外務大臣。令其去羅馬時。謁見教皇。可與蘭特化司併力說之。更派恩碍至羅馬。善爲周旋。於是三人見教皇時。皆盛言法之保護加特力教徒。未能妥協。山東省之加特力教徒。非歸德意志保護不可。教皇不之許。蓋其意實不欲以此開罪於法。以冀恢復其政權也。

保護加特力教徒之權。既屬無望。乃乘占據膠州灣之勢。以行其擴張海軍政策。威廉第二本擬親率艦隊來東。嗣以政治上關係甚多。未便離國。乃以此職授其弟亨利親王。時恩碍返自羅馬。力說中央黨以海軍不得不擴張之故。中央黨皆無異議。遂告厥功。

第十節　一千八百九十八年改選議員

海軍擴張案既經議決。一千八百九十三年之陸軍擴張繼續豫算案。至一千八百九十九年三月三十一日。亦已期滿。自四月一日起之軍費豫算。又當重議。而一千八百九十八年。適值議會改選之期。各黨人數。大有更動。

德意志保守黨		六一人
帝國黨		二〇人
國民自由黨		四九人
自由進步黨	人民黨	三〇人
	一致自由黨	一二人
	民權黨	八人
社會黨		五六人
反對憲法各黨		六九人

中央黨	一〇八人
無所屬議員	二三八人

三四

中央黨議員百人以上。本無足怪。所可異者。社會黨之如此增多耳。全國三百九十七選舉區。每區之中。社會黨計用遊說費三十馬克。共合五十九萬餘圓。是蓋一千八百九十年廢止社會黨鎮壓法之後。社會黨得以成一政黨而自由遊說之効也。

社會黨本不以擴張軍備爲然。而時局使然。斷無不擴張軍備之理。以故政府仍與中央黨相合。

第十一節　德皇遊歷

德皇威廉第二。以十有十二日。挈同皇后。率宰相化亨落公外務大臣皮由落以下百官有司。發於伯林。十三日乘御艦花海龍。護以二艦。向君士坦丁進發。十八日午前。抵君士坦丁。土皇極禮以迎之。午後張盛宴於孝司克宮中。土皇服元帥正服。佩德意志勳章。坐德皇於左側。坐德后於右側。德皇親呈威廉第一及與葛司脫皇后之相片於土皇。土皇亦贈勳章於德皇之隨員。十九日德皇引見各國公使於梅臘欣宮中。後又賜謁教皇之公使花皎利及俄皇所派之特使維愛福晤談數刻。恩禮有加。又使外務大臣皮由落以黑鷲勳章授土之宰相。及外務大臣。二十日午前發於君士坦丁。渡地中海。二十五日午前至海福上陸。陸行三十日入巴蘭司慶。德皇及隨員皆服禮服車駕入斜富亞門時。放皇禮砲奏德意志國歌。皇及后均於踏維特塔下下乘。萬歲聲中。徒步至耶穌墓前。行參詣禮。加特教會希臘教會等之教徒。迎皇於途而進以頌詞。皇亦親以勳章授之各長老。

初土耳其之加特力教徒。無論何國之人。皆當歸法蘭西保護。法國以外之加特力教徒。苟欲至巴蘭司慶禮拜耶穌聖跡者。非經法之領事官許可不可。以故德之加特力教徒。毫無尺寸之權。德皇此行。蓋欲奪回此權已耳。法人知此事不可不有以防之。乃說教皇。冀保護加特力教徒之權。不爲德人所奪。而教皇亦助法宣明此權本爲法所固有。非他人所得攙取。德皇於是亦遂無所施其技矣。惟是加特力教徒保護之權。雖不可得。而土皇以德皇訪問之故。報以柴雄山麓一地。此地即前耶穌之母麥利所居之處也。十一日一日。德皇乃在巴蘭司慶行耶穌墳墓寺院之開基式。一切典禮。備極隆盛。

近世政治史第一部完

日本　酒井雄三郎著

第一章　今世歐洲之起原

（一）　拿破侖一世之敗亡

歐洲當十九世紀。其內政外交。無他。惟由千八百十四年。至千八百十五年之間。法帝拿破侖一世敗亡。列國會議於維也納。於是歐洲之新局面以開。當前世紀之末。法國之大革命起。從來之治安。悉一舉而破裂。倡自由平等之大義者。聲振遐邇。餘波遂及於全歐。其勢滔滔。大有河出孟津。一瀉千里之狀。於是列國君主。累世握專制之政權者。莫不望風震駭。相與合從。欲免其覆亡之禍。而拿破侖一世。以梟雄之才。遭此古今罕見之大變。迺乘勢驅慓悍無前之法民。以四出侵畧爲事。戰無不勝。攻無不克。方其盛時。實奄有歐洲大陸之過半。所至之處。悉布以專制武斷之政。洎千八百十二年。即向執牛耳於德意志聯邦之澳地利普魯士二大國。猶且爲所迫脅。不得已而請成締盟焉。當時拿破侖所不能號召者。僅歐洲邊陲之英、俄、瑞典、葡萄牙、西細路諸國與西班牙之叛徒而已。於是諸國協力圖謀以與拿破崙抗抵。當斯時也。歐洲之局面截然分而爲二。蓋非拿破崙之敵。即拿破崙之國也。

拿破崙既敗績還自莫斯科。墺普二國遂叛。英俄復聯盟。相與糾合德意志小邦。以締結所謂大同盟者。嗣萊布吉古一戰。法軍遂蹶於德意志焉。於是同盟諸國。要挾法國歸千八百年所據之版圖以和。拿破崙不聽。迺復進兵侵入法疆。更要挾法國歸千七百九十年所據之版圖以和。又不聽。遂進陷巴黎。廢拿破崙帝位。流謫於耶爾巴島。此千八百十四年三月事也。於是歐洲列國。舉自法國革命及拿破崙一世所敗壞往時之治安。一朝盡復其舊。千七百九十年以降。爲法所併呑之國土。與拿破崙一世所建設之新國。茲皆收其疆土。還於舊主。幷分隸於列國。又申明將來國際之關係。以保列國之均勢。圖他日永久之政策。以維歐洲之和平。復申言拿破侖之統制既已更易。此後之歐洲。當期永保新統制也。同盟軍之入巴黎也。先復法國正統君主布爾崩家之王位。更招集與拿破侖戰爭相關諸國之全權使臣於墺都維也納。開大議會。以協議將來歐洲列國率由之一切條約。此即千八十四年。署名之維也納列國會議也。

雖、無當時主大同盟者即竭力以仆拿破崙之英俄墺普四大國也至善後之策亦由四大國協商而定其餘諸國不過盡諸奉命而已當四大國之去巴黎也於邦土之分合歐洲之均勢已竊與列國協商其條約之大本早有成算維也納會議其實不過承認四大國協定之事項而已此會之開設總不外訂成四大國之條約也

(二) 維也納會議之情形

初、豫定千八百十四年八月上旬爲開維也納會議之期其與拿破崙戰爭有關係者旋應自蒞會議是時列邦君主遣全權使臣於斯會者其未失國土者有九十已失者五十有三名外如希臘波蘭等國民失獨立之權者將希望於斯會亦各遣委員若干名至其總數已達百五十餘名之多雖然、如前段所述預本會之議者不過承認四大國之協定而已於是非待四大國協議定局之後終不能議及他事然四大國議事多關於疆土之分合配置意見不無異同其意見合者已在巴黎協定其意見不合者乃延其期以便決定於維也納會議比至四大國協議於維也納之際四國亦固執主義久之未有所決開會之期遂延至十月一日復以未决故又延至十一月一日遷延遲滯遂不能開正式之會議其間唯經四大

國之協定事項。至列國使臣之間。僅開特別議會。結訂特別之條約耳。

於是法國全權使臣達雷朗。憤四大國之專横。糾合諸小邦。將大抑其勢力。且主張君權正統論。欲止四大國任意制削正統君主之領土。是時因關於疆土之處分諸件。英墺二國與俄普二國。頗不相善。達雷朗乘之。將破裂從前之四國同盟。以圖謀英墺法三國之同盟。計將成。俄聞拿破侖一世。脫耶爾巴島。復歸法國之變。是以四大國須堅結同盟以禦凶暴。而達雷朗之計。遂不果成。

拿破侖各入巴黎也。復僭帝號。維也納議會聞之。以拿破侖擾亂世界之平和。宣言其爲歐洲之公敵。英俄墺普四大國。將連兵討之。以期勦滅而後已。兼責成維也納議會之特別委員。宜本四大國之協定。復與列國纂訂諸條約。稱之曰維也納會議之最終決定書。一千八百十五年三月。四大國及法蘭西、西班牙、葡萄牙、哪威之全權使臣。悉簽名蓋印。其餘諸國。唯向之求承諾而已。遂於一千八百一十五年六月。倉皇解散維也納議會。

哇朶爾羅之戰後。四大國更秘開會議。務削弱法國之勢力。欲使之不能擾亂歐洲之平和。迫使法國要賠償欵。率割土地。雖然。就其可割土地之廣狹而論。則英俄墺普之間。意見難出一轍。墺普之勢力可直接與法國相衝突。故欲多割土地。英俄則反此。惟欲削弱法國。而不欲加墺普之勢力。反覆協商。墺與普卒屈於英俄之意見。使法國還給沙布俄亞州於德牛王。及割壤其國境之若干城市。與隣封諸國。遂得了局。

此時四大國。各思維持其國之安全。與全歐之平和。相與締結永久之同盟。蓋恐法國日後復有革命之變。致蔓延他國。擾亂治安。凡同盟之人。宜戮力撲滅。以維持共同之和平。世人嘖嘖稱為神聖同盟者。蓋此條約也。現世紀前半之歐洲政治史。總不外神聖同盟與革命旨義之搏鬪而已。

（三）維也納會議之事業

以上僅述維也納會議情形之大畧。列國至今猶奉行之。洵今世統治歐洲最高至貴之憲法也。爾來已不拘前約。頗有違背者。溯維也納會議之宗旨。既如前所述。在恢復法國革命時。及拿破侖一世所蹂躪舊時之歐洲。故國土之分合配置。一本十八世紀之舊例。以期維持歐洲之和平。援賠償之定例。察國民之意向。即當時所發之新要求。亦并不期滿足。所有法國革命以來。併有之土地。悉被收沒。拿破侖一世新建設之邦國。亦悉被剪滅。其版圖悉

六

復之舊土。列國之中有失領土於一方者、更以他方充其賠償。而英俄墺普四大國主持大同盟。乘主裁歐洲列國疆土分割併合之際、所自利者頗多。英占伊阿德群島。及馬爾達等要害於地中海、併海爾哥蘭島於北海。收錫蘭莫利士二島於印度洋。海上之權力大為擴張。俄割芬蘭土於瑞典。併拿破侖一世於普領波蘭土建設之蛙爾索伊大公國。復撤去從前之自由國。及歐洲列國隔離之藩屏、以伸其勢力於歐洲之中原、墺普二國、前所失之土地、今僅收之他方以充其賠償而已。雖非增加版圖。而已逾賠償之標準。且有波蘭土最後之分割、其版圖之膨脹可知。二國自收此土後。則國力較加於昔也明矣。其中普國雖得統治極難之蛙爾索、而復與以索遜之大部與萊因島耶士拖浮利二洲、以固其圉、異日因之、遂開德意志帝國統一之基。墺國於小邦分立之伊大利半島、亦獲有領土、且得執牛耳於德意志聯邦之中、此二國亦遂得大振其勢力於歐洲

其他沙爾德牛分割法國沙波阿亞一部、且併有澤奴共和國。為伊大利統一之基礎。瑞西得有沙布蛙之一部、及吉沛拉兩處、以全其聯邦之組織。比利時合荷蘭為一新王國。而德意志及伊大利割據之諸小邦。其領土亦各有所增減

法爲革命之起原。又爲歐洲之公敵。而今者因勢力之削弱。自革命以來。征畧之疆土。悉被剪削。仍復千七百九十年之版圖。瑞典被俄國奪去芬蘭土。被墺國併去火米拉麥。屏息於土堪季辣比之一偶。西班牙二國。由維也納會議決定後。不惟不能增加版圖。且內亂洊起。國力衰頹。土耳其帝國。被歐洲列國擯斥於歐洲之外。遂成今世歐洲之形勢。

維也納會議。雖得經營成之。而歐洲之局面。依然不異前世紀。其西部有英法二大國。其東部有俄墺普三大國。此五大國。互相牽制束縛。以維持歐洲之均勢。此五國之中。無論何國。不得侵淩其他四國。而獨擅勢力於歐洲。且不得背他四國之意向。而妄起戰端於歐洲。至東西兩大部之間。有德意志及伊大利諸小邦。荷蘭及瑞西。俱爲五國所保護。素有中立之權者也。

（四）維也納會議後之歐洲

維也納會議。爲復興歐洲之均勢。亦即復興專制政治也。初諸國援助法兵。起而革命。因之而變易政體者。茲時悉規還之舊時君主。仍復其舊制。於是專制政治。復爲歐洲列國通行之政治矣。其中能設憲法。開議會。限制君主之權力者。僅英吉利、法蘭西、荷蘭、諾威、瑞典、

八

及俄所統屬之波蘭土新王國而已。究此等國之政治實權。大概爲君主及數貴族占而有之。其憲法之効力幾無矣。觀維也納會議之事業。其實非建設今世之歐洲。不過復興前世紀之歐洲耳。其不適於時勢不近於人情亦云甚矣。宜其不旋踵而破綻百出。不可收拾是何足怪哉。

夫革命既經奏效。而人權自由之主義。已浸淫於國民之腦漿。固非區區法制之力。可得而遏止之絕滅之也。於是欲得民主及自由政治之不平家。乃相起而反抗維也納會議所復興之專制政治矣。當斯時也。歐洲列國。其說勃興。一唱百和。以組織所謂自由黨者。加之維也納會議所定國土之分合配置。亦實不得其道。且不體察各國之民意若何。如德意志伊大利波蘭土等。宜相合而爲一國者。乃分割爲數國焉。又如墺國宜別爲數國民者。乃統轄於一政府之下焉。於是諸國有所謂民政黨者。欲以一國民人組織一國家。且欲設一政府以統治之者亦崛起而與自由黨人雲集景從。以反抗當時政府。究其志之所存。惟在破裂維也納會議之事業而已。是以無國靡有黨人。且無國靡不相聚而爲一團。諸國政府疾之愈甚。乃相與協力圖謀。期維持現存之政治。而諸國之反對黨亦相與互通聲息。益

（未完）　六六

張其反抗之勢。往年縱橫於歐洲者。惟拿破崙之國。與拿破崙之敵耳。今則縱橫於歐洲者。在上者爲專制黨。在下者爲民主黨。各分畛域。勢如氷炭焉。

當時墺國內則有民黨。外則當德意志及伊大利之勢力衰頹。有自由黨與專制政治爲敵。是以墺政府懼之尤甚。其首相麥德尼比乃糾合列國君主。極力禁壓之。斯時政府與自由國民二黨之競爭軋轢。聲勢徧於遐邇。故今世歐洲。由競爭軋轢之中。生出無數政變與革命。故曰。歐洲政界之進化。皆由競爭軋轢中來也。

第二章　政黨之抗爭及制度之變更

（一）　政黨之勃興

維也納會議而後。雖成今世之歐洲。實則復與前世紀之歐洲也。余既于前章論之矣。當時歐洲列國。政府所主持之政策。專在排擊法國革命之旨。撲滅人權自由之說。其政權皆爲世襲君主。收之掌握。藉以翼世襲貴族之特權。內閣亦專屬君主。權力之大無量。是時列國中。能定憲法。設民選議院。有行政監督之權利者。惟英法與其餘一二邦國。然亦不過供君主內閣之顧使而已。雖曾檢制其專橫。柰無監政之實權。卒濟無于事。

一〇

是時工商之業。未能振興。富商大賈。於政事多漠不相關。曩日之封建貴族。至今猶有旣富且貴之聲勢。力足以聳動君主。其於議會之團。且能獨擅選舉之權力。與大小官吏專其政柄。而不顧國民。至於軍士。則不以之防衛國民公共之利益。而專爲君主爪牙。以爲威脅國民之具。除南歐諸國之外。宗教之獨立權。亦漸頹敗。而教徒悉充官吏。衣食亦賴政府之供給焉。

以上之政。凡享有特權者。莫不相與戮力防衛。外之有維也納會議所定之邦土分界。與維特專制政治之約。欲以使歐洲政事無稍變動。內之君主、官吏、貴族、教徒、兵卒、之間。亦有暗契默約。相與保守舊來之政治。以期掌握無窮之權力。而不稍喪失。全歐同盟之勢力。至强至大也。當時奮然興起而與之反抗者。其爲數至少。不過都會之商人。報館之主筆。各地之學生。與夫被外國割據之國民。將欲脫其羈絆。以謀獨立之國民黨而已。但彼等於政治上無一實權。徒振空拳。大聲疾呼。其力微弱。皆不足以當保守黨。至若占國民大部之內地市民。及鄉村農夫。則柔順卑屈。不敢議及政治。是時反對黨。欲求一聲援。豈易爲力哉。

當時歐洲之專制政治。其外觀極堅牢鞏固。似百世不可動搖者。然不出五十年。而掃地無餘。此其何故哉。蓋斯民革命之念。浸淫於腦漿。潛隱於胸臆。隨時出沒。旋欲驅自由國民二黨。以破裂維也納會議之事業。於是擾亂都邑者有之。企圖兵變者有之。舉國民人齊起以逐其君。而覆其政府者有之。而諸國之政府。亦特設嚴刑峻法。以迫害反對黨。殫精竭力。百端圖謀。欲絕滅革命之種子。無如巡查之法不足恃。兵士之力不足用。且立於防禦之地者。大率門閥貴族、與夫富商大賈、教徒、官吏、宦官、軍人等。動輒自相攻擊。不能一致。而國與國之間。又有累世宿怨。及勢力之競爭。常不能相和。反對黨乘其隙。遂得擴張其勢力焉。

（二） 政黨之類別

當時歐洲列國諸政黨所爭論者。皆在政權之大本。無論何國。如出一轍。莫不爭論主權。當屬何人。當歸何派。所爭者諸國既同。則政黨之區別。自無不同。今試臚列各黨有欲脫外國羈絆。而謀國民之獨立者。有宗旨不定而入人之私黨者。有介立於諸黨之間。僅以調和折衷為宗旨者。蓋無論何邦。總不外以下四黨也。

一曰保守專制黨　是黨迺高級官吏與門閥貴族等。相合而成。其宗旨在維持專制政體。與夫君主之權力及教士之特權。且欲禁止言論出版之自由。當時在歐洲之東南部。其勢力極大。稽之往昔。英國有一種專制政。曰嘉佑拜受。其自由制度。均汨沒於保守黨之中。迄今世紀不過痕跡稍現耳。和蘭瑞典諾威三國。未嘗公然設立政黨。法國雖有政黨而不假他黨聲援。然獨以政黨之力建立內閣。則自一千八百十四年以降。未之聞也。

二曰保守自由黨　一名立憲黨。如英國之拖利。及法國之中央右黨是也。入此黨者。大率富商大賈。及喜自由宗旨之官吏等。雖喜定憲法。開議會。然欲制限議會之權力。但使監督行政及財政而已。故統治萬機。仍為君主親裁。其輔翼。一由貴族。一由選舉。而議院之制度於是乎備。選舉人之資格。須身家殷實。若總理政務任用大臣。概屬君主之權。言論出版之自由。雖不禁止。而多數之國民。其自由不如少數之富者。至國民所享有之權利。皆顯然著之憲法。是黨於立憲之國。已占有政權。於專制之國。則專以要求政府定憲法。開議會。並言論出版之自由為主。

三曰議院自由黨　英國之烏伊古。及法國之中央左黨。俱屬是黨。其黨人皆工商之具有中人資產者。其民選議會。不僅監督君主之施政。更欲擴張其權力。駕君主宰相及貴族院而上之。且將推議會多數黨派之首領。以建立內閣。至執行國政。並不許君主親裁。總以牽民選議員之會議爲主其憲法悉經國民認爲無上權若集會、結社、出版、信敎、等完全之自由國民皆得而有之其選舉權雖非全恃財產之資格而總以減財產少資格爲務且主張分政權於多數之國民是黨爲一千八百十四年之反對政策在歐洲諸國前雖遭遇否塞迨一千八百三十年法國革命以來甫挽回其勢力有時占議會之多數得掌握政柄焉

四曰民主黨　亦名急進黨其黨員大率學生、工人、律師、新聞主筆之類本法國大革命之旨唱主權在民與政治上平等之說要求設議院政自由黨之外更布普通選舉之制給歲費於議員廢富豪之特權且要求分離政權與敎權如往年法國大革命時之國約會議設代議共和之制欲行代議民主政及舉國投票之制使國民得以參與國政是黨創始於今世紀大都無政治之實權若除英吉利瑞西諸國外卽其黨之宗旨亦不能公表於世

以上所謂專制黨民主黨者就政治及社會而論不無反對之意見何者專制黨之於社會以世襲之不平等爲基礎其於政權以獨裁君主爲本源凡一切權力先爲君主收攬而後分任於大小官吏設國敎以制國民之信仰民主黨則反是於政治上欲排斥切一世襲權廢國敎之定制倡平等主義以主權爲國民所有凡法律命令皆欲出自民間委任者要之

民政黨以政權歸於下。漸而使之上。專制黨以政權歸於上。久而不欲下。其說相距。實不啻天淵。豈知政治之進化。乃能連此兩說。由制專政經立憲政及議院政而達於民主政。何以言之。專制國之君主。准定憲法開議會者。如一千八百十六年。至一千八百十九年。德意志諸邦之專制政。變而爲立憲政矣。立憲國之君主。重民選議會之權利。以舍己從民者。如一千八百三十年後。英國之立憲政。變而爲議院政矣。議院政之國。益擴張國民之選舉。而民選議會之權力。遂凌駕乎諸官司之權力者。如瑞西聯邦之議院政。變而爲民主政矣。

夫政治之進化。既所先後。而政黨之主義。亦不無次序。証之西史。國民之選擧權。逐日擴張。議會之勢力。亦與年俱增。監督變而爲攝理。協贊變而爲統制。專制政遂轉而爲民主政矣。核之理論。殆有不可解者。按之事實。各國於今世紀中。已屢見施行。歐洲之政界。亦云幻矣。縱有詭辯曲論之徒。欲從而掩之。豈可得哉。

政黨之主義。既有次序。則衆黨之間。其宗旨有相近者。勢必相與聯合。擴張其勢力。以敵反對黨之攻擊。亦理之所必然也。故專制之朝。則自由主義之三黨。必相與聯合。共圖傾覆專制之政。立憲君主之朝。則議院政黨及民主黨。亦必相與聯合。以排擊立憲之政。要之各國政黨。唯視政体如何。以定其趨向。故今世歐洲之政界。其政策均無一定卓見。若法國之自由黨。私與立憲政黨。謀鞏固憲法之基。英之急進黨。且扶自由黨。以遂其改革之策。德及伊大利之民主黨。與立憲黨。均以要求定憲法。爲當務之急。

（三） 一千百三十年之革命

英法二國。先歐洲諸國而有憲法議會。且有言論出版之自由。故諸國之自由黨。皆取法二國。於是二國之政論。波及諸國。而革進之徒。遂藉爲口實。自一千八百十六年。至一千八百十九年。英國急進黨之改革論起矣。一千八百十六年。法國自由黨。要求擴張選擧之權。而政界之紛擾興矣。又有德國大學學生之擧動。一千八百二十年。至一千八百二十三年間。西班牙拿布爾煞爾持瀏等國之軍人。倡民主之說。騷亂四起。而彼神聖同盟諸國。相與發兵鎭壓。尙易蕭淸。於是諸國之專制黨。乘此機會。共立一約。准用兵力干涉他國。以防革命之亂。以保君主之權。且謂此權力爲君主所固有。其勢洶洶。風靡全歐。蓋欲使諸國之自由黨。屛息斂跡。而無所措其手足也。

雖然專制黨之得志。與列國之同盟。其勢不能久保。就維也納會議之西班牙殖民地。及土耳其帝國等事而論。其意見多不能相容。於是漸次解體。一千八百二十年。法國之革命起。卒至分崩潰裂。不可收拾。

一千八百三十年之革命。法王瑕爾十世。與不和之自由黨相與會議。竟至兩不相容。主民黨乘之。一舉而覆其政府。遂立民主政体之基。開議政院之端。定言論出版自由之制。斯時英國亦能由平和改革。以擴張國民之選舉權。而公正完備之代議制度。亦於是立也。一千八百三十二年。諸國之議院政黨。莫不羨英法二國之所為。皆建立盡善盡美之制度。如比利士於一千八百三十一年。得英法二國之援。脫和蘭之羈絆。取法二國。創立議院。瑞西聯邦。亦屢倡革命。以覆保守黨之政權。而立民主政体之始基。

革命之勢力。波及伊太利半島。各國政府。與民間抗爭。愈形激烈。波蘭人民。亦起而革命。將脫俄國之羈絆。無如計不能成。反速滅亡之禍。並憲政黨而喪之。充法國之民主黨。復起革命。欲覆政府。孰意反被昔日之同盟自由黨所敗。伊別利古半島。因王位相續之爭。亦啓立憲政之端。其餘歐洲諸國政黨蹶起。軍人常於政治上有極大勢力。革命之說。後先繼起。迨其終也。不免有衰弊之勢。

是時歐州列國。復分爲二。東部及中部諸國。概尙專制之政而不變。西部諸國。皆建立議院。極力伸張國民權利與自由之說。昔日之神聖同盟。亦分爲二。一爲英法二國相結而成。一爲俄墺普三國相合而成。一專代表自由主義。一專代表專制主義。互相並立。以維持歐洲之均勢。洎一千八百四十年。有事於東方。其間瑞西聯邦革命之變蹶起。彼索勃德斑之同盟。所稱爲舊派之七州者。皆已戰敗。迺更合其餘諸州。於一千八百四十八年。新定聯邦憲法。創立統治瑞西全土之民主共和政。英國由一千八百三十年至一千八百四十八年。因政治工作及愛爾蘭等事。雖紛擾已極。然除一千八百三十二年之選舉法改正外。其餘不見有一毫之改革。是時歐州諸國之政界。皆萎靡不振。如法國之立憲獨裁政。至此亦有退步。

於是沈靜一時。諸國政黨。遂促其政治思想之進步。悉潛養其勢力。將雄飛於異日。未幾遂有法國之革命。勢力所及。全歐震動。當此之時。忽有所謂社會黨與加特力黨者。二黨雖由從來之政黨分岐。而均不能以政治爲本然之宗旨。惟利用政權而已。其政綱如左。

一　應以社會主義。見諸施行。

二　挽回宗敎之勢力。

二黨之勢。以加特力敎黨爲盛。又遊說保守黨人。同入敎黨。并聯絡田舍農民。以爲聲援。而究其志之所在。不過欲如昔日。復政權於敎士之手而已。社會黨則反是。求同黨於民主黨中。且糾合矯激粗暴之工人。以大張其勢力。設普通選擧之制。極力要求政權。使普及全國不分上下。而其所希望者。欲使議會之代議士多爲同黨。以遂其社會革命之計而已。二黨各分畛域。目無國紀。欲破壞列邦現行之制度。以實行其說。觀其所爲。亦與尋常政黨相似。雖有所不可。而加特力黨。恒與保守黨同其步趨。社會黨恒與急進黨同其進退。至今世歐洲之政界有此二黨。則政事之棼亂尤甚。斯時國民黨亦起於德墺伊諸國。蓋言語風俗相同。且皆厭忌外國之羈絆。上自貴族。下至平民。合而爲一。以與政府相抗。又合在野之反對黨。以爲革命黨云。

（四）　一千八百四十八年之革命

法國洵一革命之塲也。前一千八百三十年之革命。歐洲政界之變動。實亘古所罕見。此亂漸熄。而專制之風。又將復熾。遂有一千八百四十八年之革命。較之一千八百三十年之革

新書告白

和文漢讀法

全一冊　定價洋兩角　郵費在內

此書最便讀日本文書籍寓東人士深知其益故特印行公世欲購者請函向本編發行所及上海大東門內王氏育材書塾北市拋毬場掃葉山房書坊寄售處購取可也

東語正規

全一冊　定價一元　外埠加郵費一角

此書專爲初學日語者津逮其中分文言俗語長句短句精當便易由淺入深誠學日語者必要之書也寄售處橫濱山下町二百○一番信箱二百○二番福和號

國民報告白

本報宗旨以昌世界之公理振國民之精神爲第一要義半月一冊首社說次時論次叢談次紀事次來文次外論次譯編次答問現已定於西歷四月間出報有欲定閱者請函告日本東京麴町區飯田町六丁目二十四番地國民報社掛號可也

日本學校章程一覽

此書搜譯日本官私各學校章程其中自大學校高等學校中學校以至小學校幼稚園旁及各種專門學校及師範學校女學校搜羅宏富詳簡得宜凡有教育之責及有志遊學日本者尤宜家置一編也不日即可出書

每部價洋五角

政治小說 累卵東洋

全一冊　定價洋二角五分　郵費在內

此書爲日本有名學者大橋乙羽所著近由某君譯出書中皆言印度屈服之慘英國壓制之酷悲壯淋漓激昂慷慨讀之令人熱血坌湧獨立之心油然而起誠我中國前車之鑒也至文筆之婉轉流暢猶其餘事欲購者請函致本編發行所可也

本編代派所

- 上海新北門外 中西書室
- 上海北市拋球場 廣學會
- 上海三馬路望平街 中外日報館
- 蘇州廟堂巷 東來書莊
- 杭州城內銀洞橋 譯林
- 無錫崇安寺 三等學堂
- 蕪湖寄漪觀南岸 普康煤炭公司
- 江西馬王廟背後 賦梅山房主人
- 香港荷理活道 聚文堂
- 香港文武廟直街 文裕堂
- 新加坡衣箱街 天南新報館
- 東京神田區表神保町 東京堂
- 東京神田區今川小路二丁目一番地 博愛館
- 大阪川口三十二番 鉛源號
- 神戶榮町三丁目 中外合衆保險公司
- 臺灣臺北府大稻埕六館街廿一番戶 良德行

明治三十四年四月六日印刷
明治三十四年四月七日發行

編輯兼發行者 東京芝區愛宕下町四丁目八番地 坂崎斌

發行所 東京牛込區矢來町二十番地 譯書彙編發行所

仝 東京本鄉區丸山新町十九番地 譯書彙編發行所

第三種郵便物認可

評書彙編第三期　明治三十四年四月三日發行

譯書彙編

一九〇一年第一卷第四期

（明治三十四年一月二十八日第三種郵便物認可）
（每月一次定期陰曆十五日發行）

光緒二十七年三月十五日
明治三十四年五月三日發行

譯書彙編

再版　第四期

譯書彙編第四期

目錄

簡要章程

一是編所刊以政治一門為主如政治法律理財歷史哲學各門每期所出或四類或五類間附雜錄

一政治諸書乃東西各邦强國之本原故本編亟先刊行此類至兵農工商各專門之書亦有譯出者以後當陸續擇要刊行

一是編之外尚須刊刻譯成全部之書目錄均附於後

一是編由同人捐貲創辦尚祈同志之士慨與資助當酌提附書以酬高誼

定價

一月一冊洋兩角　半年六冊洋壹元壹角

全年十二冊洋兩元　內地酌加郵費

購閱畧則

一定閱本編可函向譯書彙編發行所掛號每期當按址寄送外埠可就近向各代派處購取

一價銀必須先付掛號後若不付銀及已送滿所付之價均一律停止不送外埠同

一定閱本編以半年起碼概不零售

一代派照定價提二成作為酬勞

簡啓

一日本同文來學最易苦無援引來者頗艱倘內地有欲來學者但備二百四十元即足一年學費房食之用來時同人可代爲招呼一切並可紹介入日本各種學校有志之士幸毋裹足（本編第一期及第二期內載每年一百八十元已足者專指學費房食而言至衣服書用未括在內故復擬第二案約之數於第三期內更正爲二百四十元近因內地有來信詢其前後不符者故特誌之）

一日本書籍之多浩如烟海內地之人雖知其益苦無門徑何從購買同人既事探討頗能知其一二若有欲購閱各種專門書及一切有用之書者即祈函告同人當擧所知擇要以聞至購買之後必可效勞代寄照原書定價另加郵費可也

一中國乏才由無教育教育之難由於無書同人現編輯小學中學各種教科書然玆事體大海內名流有素留意此事者望賜函見教以匡不逮

信來請寄本編發行所

本編告白

一本編出書以來承內外同志提攜推廣無任銘感惟本編每月出書同人竭力向無存款全使收回書價以資接濟倘望各同志及各代派處早日將款收齊見付俾得源源不絕是爲至禱

一本編所譯各書間有沿襲外國名目難於索解之處閱者儘可函致本編同人相與析義冊雖同人知力所及無不竭力以告閱者鑑之

已譯待刊書目錄

政治進化論　英國　斯賓塞爾著
社會平權論　同
教育論　同
政黨論　德國　伯倫知理著
今世國家論　法國　鮑羅著
理學沿革史　法國　阿勿雷脫著
歐洲文明史　法國　尼騷著
教育論　法國　盧騷著
平民政治　美國　勃拉司著
教治泛論　美國　威爾孫著
社會學　美國　吉精顏斯著
教育論　美國　如安諾著
東西洋教育史　日本　中野禮四郎著
美國民政　美國　莫里著
國際論　日本　陸實著
國法學　日本　有賀長雄著
文明論之概略　日本　福澤諭吉著

明治歷史　日本　坪谷善四郎著
外交通義　日本　長岡春一著
加藤講演集　日本　加藤弘之著
國際法論　法國　羅諾而著
自助論　英國　斯邁爾著
新聞學　日本　松本君平著
國家學原理　日本　高田早苗講述
近世二英雄傳　英國　格理飛司著
經濟學史　日本　井上辰次郎著
俄羅斯史　日本　山本利喜雄著
十九世紀　日本　博文館編
丈夫之本領　日本　鈴木天眼著
政教進化論　日本　加藤弘之著
近世海軍　日本　福本誠編
近世陸軍　日本　新橋榮次郎編
萬國國力比較　英國　默爾化著
國法學　日本　岸崎昌　中村孝　合著

德國　伯倫知理著

緒言

第一節　國法及國政

希臘之世。凡關於政治之學。統名之曰國政學。近世乃有國法學國政學之別。

國法國政。其事本殊。故欲精究國家所以治平之理。必先分其學爲二科。一論國家存在之理。一論其元氣活動之方。

法與政有動靜行止之異。譬之生物。法猶軀體之靜止。政猶精神之運行。然以政法二科爲絕無關係。而嚴爲區別。則又不可。蓋軀體與精神。互相依附。而不可偏廢者也。

法非終始靜止而絕無變動者。政亦非終始變動而絕無休止者。古今憲法之有沿革。即法有變通之證也。制立憲法。即謂之政。此法既定。此政亦止。即政有休止之證也。是故法與政皆有變動有靜止。與生物之動靜兼備者無異也。

然則政法果絕無區別乎。曰否。試觀國法沿革史與國政沿革史之所以相殊。則其別自見矣國法沿革史祇論國家之所以存在制度憲法之所由立與其變通改革之跡而不及其他國政沿革史則論歷代君相之賢愚明暗施政之得失當否及臣民禍福利害之所繫者也

國法之最著者憲法是也國政之最著者政令是也政令者國家統御之術也故政屬術而不屬學

法爲政之本然時勢有變遷欲預防弊害之生以立適時之良法則非政不能故法之呼吸資於政政不能與法以呼吸則法與死體無異矣雖然政苟無法以爲之限制其弊必陷於苛刻暴虐而國家敗亡之禍隨之是知政法二者互相維繫而不可偏倚者也

第二節　國法私法之別

國法之根據在國家定公權之規律者也私法之根據在民人定私權之規律者也

國家之有土田物件與民人之有土田物件其理無異既稱爲國家之私有則國家亦一私人（猶言平民）也故國家所有物之法屬於私法而不屬於國法又如請願（民人向政府有所請求謂之請願）之權利刻書自由者（不詣政府檢閱而逕刻謂之刻書自由）之權利皆爲民人之公權宜乎屬於私法矣然此等權利乃民

人對國家而行之權利。故屬於國法。而不屬於私法。此國法私法之難辨者也。

國法上所定之權利。謂之公權利。亦謂之公義務。（應盡之責、謂之義務、）譬如國君有統御臣民之權利即有統御臣民之義務。法官有掌訟獄之權利。即有掌訟獄之義務。私法則不然。其所定之權利。行否取捨。可任有此權利者之意。此公權私權之別也。

是故國法爲國家全體而設。民人不得任意取捨者也。若夫私法之立。本爲民人。苟非國家利害之所繫。則取捨變革。民人得而議之。

公權私權之別。在行否取捨之可以任意與否。固已然有與以上所說相反。而不可以常理論者。今舉三例如左。

（第一）請願之權利。雖爲民人之公權。而行與否不妨任意。蓋立此公權之本意。實欲以自由與民人。非專爲國家全體之公利而設也。

（第二）選舉代議士（即議員之類、）之公權利。選舉者無故不得廢棄。當然之事也。然有國焉。其與民以選舉權之意。本非專爲國家之不得已。而爲人民利益計。則居此國者。行此權利與否。亦可任意也。

四

（第三）保護之權利。雖爲私權。而專爲被保護者而設。故不但爲保護者之權利。且爲保護者之義務。非可隨意廢棄者也。上二例、雖爲公權而可棄者、下一例、雖爲私權而不可棄者、由是觀之。有公權利者必兼有公義務。私權利專言利。而公權利兼言義。於此見二者之輕重焉。

公權利之品級愈高。則行此權利之公義務亦愈重。故以國君之權利。爲國君之私有。而行廢任其意者。謂之汚辱國法。蓋國君之權利。非國君一己之權利。實爲國君於國家應盡之義務。不可以不知也。

國法私法之別。既如此矣。而又有位乎國法私法之間者。邑法小社會及會社公司或商會、謂之會社、法之類是也。然此等之法。實非獨立於二法之間者。加之會社法中有屬於私法者。有屬於國法者。又有二法相合者。乃合數法而爲法者也。

第三節　諸法之關涉於國法者

（第一）列國法即萬國公法、所定之規律。爲列國交涉之規律。其關係非止一國者也。

列國之關係。似與國內人民之關係無異。然其間所行之法。決非推廣國內之私法。以及於

（未完）

列國之謂。其爲法也。可及萬國之全體。非僅如國法之關於一國而已。其所定之公權更大於國法可知也。

設令統一宇內萬國而爲一大政府。定萬國共遵之憲法律令。則列國法可變爲宇內之國法。誠盛事也。然萬國尚未有統一之時。故列國法亦未至完備之地位。則不得不於既完且備之國法學外。別爲列國法之學。

（第二）與國法相分者。神法（關於宗教之法、謂之神法、）是也。政教之分。雖胚胎於往古。實顯分於晚近。昔者羅馬。尚以神法爲國法之一部。其明證也。及基督教行世。而國法神法。始分爲二。蓋基督之爲教。本與國家相離。故其法亦與近今之國法。判然各別焉。雖然。神法於國家。不能全無關係。且政教關涉之規律。定之之基。恆在國家。故神法亦不得不屬於國法也。

（第三）治罪法、刑法、訴訟法。皆屬於國法者也。

治罪訴訟二法。所以防侵害臣民之權利者也。若刑法之本旨。不獨爲保護臣民計。且以保全國家全體之安寧。此近世刑法之進步也。

訴訟法與刑法。於國法中須分爲獨立之法。其不得不然之故。有二。（一）法與私法。關係甚密。

實所以保護私法而防遏私權之侵害者一也二法所關涉之範圍頗廣而其所主掌之事理亦甚切要故不得不別爲專一獨立之法二也

六

第四節　國法汎論及國法各論

因各國之制度風俗而分論其國法者謂之國法各論如言羅馬國法論英國國法論之類是也因普通之人性及世界之公理以汎論國家之法者謂之國法汎論

土之汎論國法者往往專以性理說國法其意以爲惟理是窮則國法之學在是矣於是有探理國法論（一曰天理國法論、）之學派此派之起實與現立國法論（講各國現定之國法者）及探蹟國法論（探討古今沿革之蹟、以講國法者、）諸派相表裏焉

以余觀之諸派所見皆偏倚而不得其當凡國家之事不可專以性理論亦不可專以古今沿革之事蹟論蓋性理沿革論國法者皆當注意無論汎論各論不可偏廢者也

國法汎論所探討之理實爲國法之根據此理既明則因時制宜千狀萬態皆爲所用而其所謂古今沿革之事蹟又非僅數國之沿革而爲宇內萬國古今之大沿革學者能注意於此而研究之則凡由太古之渾沌以至今日之文明其間時論之變化國體制度之變革無

不洞悉其所以然而無專論皆理之弊矣是故國法汎論之學實所以示今日文明世界之公理而備因時制宜之用非紙上空談可比今日各國之所施行而見效者大都國法汎論之所討論者也惟因各國民彝習俗之不同故所奏之效自有差異耳

（附論）亞立斯度德爾（希臘之碩學）、所著之書有通法各法之別而與吾輩所謂國法汎論及國法各論者其趣不同其所謂通法者乃天理自然之公法而非專爲國家說法者也所謂各法者乃各國因時制宜之國法而不以法典爲依據者也

第五節　國法之淵源

甲　憲法

欲使人知國法之所在而詳以載之名之曰憲法國家有憲法而後能保有其權利故論國法者必首言憲法

一國之中各部局可以自己之權制定本部本局之規律其所制定者亦可稱之爲憲法如王室之戚族憲法及各府各邑之法度規則之類是也然皆不得謂之眞憲法余之所謂憲

法者。乃國家全體之命脈。除國家之外。無人得而議之者也。

制定國法之權。與制定私法之權。不能同視。國家之制定國法。乃國家自己之事。其權甚爲自在。自與制定私法之事不同。蓋私法爲私人而設。私人之權利。乃固有之權利。不過借國家之力以保護之而已。故國家之定私法。在辨識民人天然所有之權利而調理之。非任意制定之謂也。

乙　國約

互相結約以議國法之編制與改革者。謂之國約。列國相交。則有此約。即列國法之一種也。而一國之內。亦有互相立約者。如羅馬古時。貴族與平民結約。中古之世。國君與臣民結約之類是也。

國約之於憲法。非無相類。然有大異者存焉。憲法之立。斷非出於一二人之意。須國家全體同心協力以謀之。其所謀者。全局之利害也。至於國約則不然。凡預於國事之各部局。皆有獨立之全權。各闡述其所欲言者。而後決之。其所言者。必先謀本部本局之利害而後計

（未完）

及全體之利害。則其所決者。安得與憲法之專計全局者。同日語哉。

是故以憲法之體裁。與國約之體裁相較。則憲法爲有益於國家。何也。合國家爲一體。而各都局無暌隔之患也。惟列國之間。初無合立之立法府。故其所立之約。有不得不用國約之體裁者。

立國法而用國約之體裁。則分離國家之勢力。舉國家全體之法。任各部之所欲。先各部而後全體。輕重倒置。非所宜也。英國之立憲法也。國王與上下議院。協力同心。合爲一體。故巴力門（英國議會）所定之憲法。乃公正之國憲。而與國約之體裁相去霄壤者也。古時日耳曼各國之國法。大抵用國約之體裁。失國家一體之意。由是大損國家之活動力。且害於國家全體之公安公利者不少。及乎開明日進。乃廢國約之體裁。而用憲法之體裁。即有不能全廢。亦必大爲變革。力求與憲法之體裁相近。國史具在。昭然可考也。

(附論)論者有以國約爲永世不變者。可謂大誤。凡人世之事。自古迄今。不能無轉變。則國家之事。亦斷無不變之理。古來無不變不壞之國約。猶之無不變不壞之憲法也。若謂法律出於天理之當然。故爲不變不壞之物。然古今萬國之變遷。往往以人事爲斷。可知轉遷變化之事人事之所不能無即天理之所必有者也故憲法與國約。其用雖異。而其不能不變則一也。

丙　沿襲

憲法所明記之外尙有官民心中共以爲當於事理。而帖然行之者。所謂沿襲也。沿襲者。久經民心之默許由習慣而成自然由自然而成當然者也

羅馬國法中緊要之條規。多出於國民之習慣。而不以憲法或國約明記之。中古各國亦然。即今日英國之國法。亦出於習俗之相沿者居多。其他各國可推而知也。

故沿襲法者爲國法之一淵源而不可輕忽者也但以此法與憲法相較則憲法之定必出於理之當然而沿襲法多出於自然而非預論是非得失以定之者故不如憲法之確實明白也然沿襲法又非無優於憲法之處。蓋其爲法也本於勢之自然故勢有轉變法亦隨之轉變而自合於時勢之宜此憲法之所不及者也。

勢也者自然之景況也法也者現在之趨向也勢之所在即法之所在也故曰。國家現存之景況及趨向即所謂國法也

丁　討論

就現存之法而究其理義辨其是非者謂之討論討論者與憲法、國約、沿襲、三者同爲國法之淵源其說有二

一)憲法、國約、沿襲、三者不過湊合可以爲法之材具而已而討論則將精鍊此材使之美善以增大現存之法者也譬如立法之始他日此法之利害得失立法者或不能窮究而討論者能據理以窮之又如就沿襲法而發明其理確定其法以開憲法之基此皆討論之功也

(二)不斷斷於現存之法而專論理之當然與否者法理之討論是也此種法理漸浸民心習之既久自能得其默許以備國家之採用是足以增大現存之國法者莫加法理之討論矣謂爲國法之淵源不亦宜乎

論者往往以討論二字爲講學之事此大誤也凡當路者之論國政以解羣疑也將軍之定紀律以教士卒也法官之辨曲直以平訟獄也新聞主筆之著論說以明公理也如此之類皆所謂討論也皆所以增大現存之國法者也

法之出於討論者。與法之出於沿襲者。相類。其為法也。因輿論之許可而後行。非若憲法國約之必須明記必經政府而後確定者。故不能無轉遷變化之事。而轉以收因時制宜之利。此二法之相類者也。雖然沿襲法之立。本於習俗之相沿。不識不知。由自然而成當然之法。若討論法則不然。國民之智識。足以辨別理義之是非。得其認許。而其法始立。此則討論沿襲之所以不同。而不可概論者也。

第九節　國家假法

何謂假法。未得國家之認許。惟因現在之勢。自然而生之規律是也。國法學中。假法亦在重要之列。而其所以重要之故有二。假法因現在之勢而生。故不可不保之護之。而預防其妨害。一也。假法乃真法之萌芽。今日之假法。可轉而為他日之真法。二也。（現在已行之法、謂之真法、未行之法、謂之假法）參觀下文所舉二派之辯論。則如何而後假法可轉為真法。其理更為明晰。且能得其中正焉。

（第一派）成功事業之學派是也。此派以實際之轉遷變化為宗旨。凡事業上顯著之權力。即為法之所自出。權力足則事業成而為法。權力不足則事業不成而為不法。是故變法而奏効也。則取之曰此合理之事也。變法而不能奏効也。則斥之曰此非理之事也。凡此之類。惟以今日事業之成敗。定是非善惡。而爲法不法之憑。於是何者爲法。何者爲不法。其所取捨。一以當日之形勢時態爲準。形勢時態而忽轉變也。則取捨亦因之轉變。而絕不以道之邪正。理之當否爲依據焉。

時世有變化。法亦隨之變化。此派所論。大有所見。然但以今日事業之成敗。論法之善惡可否。而絕不注意於理義。此余所以謂爲僻論也。假法之轉而爲眞法也。必國家民人共許以爲當然之事而後可。夫如何而爲許。如何而爲未許。固難懸斷。而要必有許之之機會焉。觀下文所舉各條。則可知此機會之至與否。亦非無一定之界限也。

(甲)一國之內。二黨之間。因新舊之見。爭鬬未已。而當時新黨之所爲。尚未得民人之認許。則雖新黨之勢力。大於舊黨。而新黨所欲行之假法。尚未能轉而爲眞法也。

(乙)即或新黨一時制勝。而舊黨遂爲所罷。然當時國家之勢。尚未一新。民心亦未盡服。而舊黨時時有復興之勢。則新黨所行之法。仍不得謂之眞法也。

(丙)執保護法制之權利與義務者。國家之職官是也。設一新法制。而不得職官之默許。或

明許者不可謂之眞法而立法司法諸府乃國家權柄之所歸故諸府之許否尤爲切要焉 一四

(丁)各國政府所以互保各國之和親及平安者也故外國政府之認許亦不可少也

以上數條。必悉備而一無所遺而假法始可謂之眞法即目爲傾覆法制之所爲者亦可轉而爲合理之事矣。

(第二派)守法之學派是也。此派以恪守成法。不事變革爲宗旨。故與成功事業之學派。適相表裏。其說亦偏倚而不足取者也。

所謂守法者。遵守法制之義也夫使所守之法而適於時勢也吾無間然然此派之所謂守法者不顧時勢之轉遷變化而徒以墨守死法爲事且號於衆曰是法也出於理義而不可變革者也是何以異於擁抱死體而不知其無氣也謂之愚陋誰曰不然

唱此學派之徒。絕不知時勢所以轉變及民智所以開明之理故其思想恆不能出舊法古制之範圍墨守死法亦罔其所然歷觀古今萬國沿革之跡知時勢之變遷往過來續無時或止有迴出若輩所見之外者夫法之不能無變猶人之不能無死也故舊法者已死之人也。基督之言曰埋葬死人之事任之死人可也（昔有欲從耶蘇者、曰、我先埋葬死人、而後來從、耶蘇答之曰、埋葬死人之事、任之死人可也、不須勞汝、蓋

二

即從余、茲借用此語、以喩今人不可守古法之意、

天下之大萬國之衆墨守舊法不顧時勢而能保其國者未之有也夫前事不忘後事之師也前車之覆後車之鑒也古來執此說以釀國家之禍者不可謂不多奈何今日之蹈其轍者尙比比也嗚呼可慨也已

第十節　研究之方法

研究國法學之方法有數種而數種之中又有純正偏倚之別如探理國法論及探蹟國法論所謂純正者也由探理而爲偏理國法論由探蹟而爲偏蹟國法論所謂偏倚者也

法有出於理義者亦有出於事蹟者而研究國法學之徒其性質又各有不同此探理探蹟二派之所由來也

法以性理爲精神故必求之於理義固也然立法之際不可不以時勢爲權衡用其適於時宜者而廢其不適者此法之所以爲法也乃偏理者之論國法也惟理之當否是求而不知因時制宜之道偏執一理而不顧時勢其說之不可通固不待智者而後知也

是故偏理國法論在學問中爲無用之長物而施諸實事則弊害叢生至於破碎顚覆現存

之法而後已研究國法者不可以不知也。與偏理之說相反如氷炭而仍不免於偏倚者偏蹟國法論是也偏蹟者之論國法往往泥於現在之法及從來之成蹟而不顧理之當否自古以來用此說者甚多而奸雄之欲擅威福弄國柄者莫不有取於此焉。

偏蹟論之爲害於國家雖不至如偏理論之甚然小害之積遂成大害實足以傷國家之元氣而破其安寧譬之於劍其始光彩奪目浸假而生鏽浸假而蔓衍浸假而光輝爲之余蝕當此之時雖欲挽回亦不能爲力終亦必亡而已矣

以探蹟國法論與偏蹟國法論相較而論其所以異則二者之優劣立見探蹟者之說國法也必探討古今來變遷沿革之跡及其開明進步之實以察其理義如何故雖以求實爲宗旨而自有取捨損益之權衡存乎其間非若偏蹟者之但泥於事蹟而已此其所以爲純正也。

純正之探理論必能與探蹟論相合而非徒以空理論法者也推探蹟論先考時勢之沿革與古今之進步而後及於理義之是非探理論則必先辨人性剖理義而後察時勢之變遷

及人心之感動以探求其所以此二派之所由分也

古今之碩學雖多而能兼備探蹟探理二派者不數數覯蓋學說之偏一各人之氣稟使然也亞立斯度德爾之學乃理蹟兼備之學也此人生於太古未逢文明開化之盛世而其所講論之國家學至今不能易其說眞萬世之龜鑑也羅馬人西施羅之論國家學以希臘諸碩學所講求之性理爲根本而充之以羅馬治平之實故其所立之範圍無偏蹟偏理之弊近世學者之理蹟兼備者則以法人白勤意人希夸英人伯克爲巨擘而英人勃耳克之國家學亦能如西施羅之著爲說辭先論沿革之事蹟及其形勢而復以性理之力潤飾之若夫意人馬克哀立之著書也備嘗人世之艱難通曉人民之情性以發爲議論法人孟德斯鳩具慧眼以洞觀世事其所發揮之理無不精美此二氏者皆所謂理蹟兼備者也但馬克哀立之論近於探蹟而孟德斯鳩則近於探理焉至如法人路索英人便撒謨之類乃專以理論爲宗旨者其偏理之處較之普拉士有過之無不及也

由是觀之理蹟二者實互相資益而非矛盾者也史學家恃其所知以爲法盡於斯而不知求其法於理理學家恃其所窮以爲理盡於斯而不知求其理於史一則失之褊狹一則失

之淺陋皆不足與言國法者也善學史學者必知性理之不可以不重而兼學之善學理學者必知事蹟之不可以不察而兼習之此純正偏倚之別也

國法汎論緖言終

國法汎論卷之一上

論主權

第一節　論主權之義

主權之稱。始於羅馬。其義爲國家之最上權。或曰至高權。白勤以此語爲法國國法之基礎。

主權之於國家。關係甚大。故言國家者。必首言主權。

近世之法學者。大抵以主權爲無限之國權。法王路易十四亦曰。吾即國家也。國家者。握無限之全權者也。言之悖謬無倫。莫有過於此者。國家而有無限之權。則下民不能保其自由。而國家行政諸部。亦不能保其權利。此必然之勢也。所謂主權者。外以列國之權利爲限。內以官民應得之權利爲限。非專橫無制之謂也。

主權有四要焉。獨立不羈。一也。尊嚴不可犯。二也。至尊無上。三也。獨一無二。四也。四者缺一。即失其爲主權。是不可以不知也。

（第一）不聽命於外國之權。亦不聽命於國內各部之權。此之謂獨立不羈。此之謂主權。若夫外制於公法。內制於行政各部及議院之議論。乃國家理勢之當然。而主權之獨立不羈。

不因之而稍損也。

（第二）昔時高等之法院。稱之曰司威來耐克立𢊍。猶言有主權之法院也。然此等法院、實非主權之所在。不過有此權之一端而已。因其一端。而即謂之實有此權。此不揣本末之言也。若謂高等之職官。皆有主權。則國家不止一主權矣。若是者安得謂之尊嚴哉。安得謂之眞主權哉。

（第三）主權爲國家最高之權位乎。一切權柄之上。無有軼而上之者。中古時。法國之勝哀爾。（受封地之侯伯）嘗威權褫奪以後。即不得謂爲主權者。若德國之戈爾休斯德。（中古時德國之侯伯、有選立德帝之權者、）又曰司選侯、則自十四世紀以來。一國之政權。全在其手。實即德國之主權者也。（此節引法德之諸侯、以爲主權至尊無上之證、蓋以位言、則國王爲尊、而諸侯爲卑、以權言、則主權尚在諸侯之手、諸侯即爲主權者、雖以國王之尊、亦不得不聽命於諸侯、故有國者莫不兢兢焉保此無上之權、而惟恐或失焉、）

（第四）古之言曰。天無二日。民無二王。言主權之不可不一也。使主權而分裂焉。則國家必委靡不振。至於土崩瓦解而後已。故曰主權不二。其國興。主權不一。其國亡。

第二節　論主權之區別

主權之別有二。一曰國家之主權。一曰國家元首之主權。其說列左。

（第一）世之論主權者。其說不一。大率以主權歸之國民。而未有言國家者。以余觀之。獨立也。尊嚴也。至尊無上也。獨一無二也。主權之所以爲主權者在是。而國家之所以爲國家者亦在是。是知國家者主權之所寄也。彼以主權歸之渙散之民者無論矣。即歸之有倫有序團聚統合之國民。亦未可謂爲確論也。夫有國民而後有國家。有國家而後有主權。故謂國民爲主權根本之所在可也。直以國民爲主權之所由生不可也。

國家之主權。君主必與議院共之。非一人所得而施行者也。執專制之說者。以國家爲君主之私有。倡君權無限之說。遂視君主爲國家。而全國之主權盡歸於君主之手。不知國家者積國民而成者也。非君主所得而私也。國權者國家全體之權利也。非君主所得而專也。是故國之存也。爲其有國權也。於君主無與也。國之亡也。爲其無國權也。亦與君主無與也。古有國君雖絶。王室雖滅。而國家依然不變者。即此故也。

（第二）國家主權之外。有所謂國家元首之主權者。在君主之國。此權最爲顯著。故君主有主權者之稱。英國之國法。稱國王爲主權者。其明證也。

國家之主權。乃國家全體之權。非一人所得而專者。君主不過爲行此權者之首領而已。至於元首之主權。則爲君主一人之權。而於他人無與者也。故國家之主權在元首主權之上。而可以制立國家之憲法者惟國家全體之權而已。然爲君主者苟於憲法所定之範圍內。行其所有之權。則非他人所得而限制者矣。

國家之主權。爲國家之立法權。而元首之主權。爲國家之行政權。行政者行國家所立之法也。故立法權在行政權之先。而行政權乃在立法權範圍之內。二者雖分。實無抵觸矛盾之患。如人身然。全體與元首。有合同而無抵抗者也。

第三節　論國家之主權

（第一）國家之體不可辱。國家之威不可瀆。有犯之者科之以罪。有之而不問者。是謂無主權。天下之國。未有無主權者。

（第二）國家必有獨立不羈之主權。以與外國相對峙。此公法之所由興也。若夫一國之外交內政。一任外國之干涉。而不能自主。是失國家固有之主權。而服從外國之主權矣。尚可謂之國哉。

（第三）制定憲法之權。及改革憲法之權是也。憲法爲國家至重至要之法。故制定改革之

五

權不在政府而在國會國會者。全國之代表者也。國會之議員。既爲國民所公選。則議員之意即全國國民之意也。故有以此權歸諸國民者。雖然。國民既有議定憲法之權利。即有遵守憲法之義務。苟非萬不得已。未可以一二人之私意。妄議更張。蓋憲法之所關者。國家全體之利害也。

改革國法之道有二。一曰改正。二曰顚覆。廢背於時勢。戾於人情之舊法。而代以適宜之新法。是謂改正。舉國家之法度。政府之官吏。一掃而空之。是謂顚覆。

天下無萬世不變之法。國法之有改正。乃國家進步之道也。彼以國民改正之權利爲非者。是阻國家之進步者也。此顚覆之所由來也。

顚覆國法。爲國民不得已之權利。苟非時勢之所趨。利害之所迫。舍顚覆之外。別無所以保國家求進步之道。則不可輕用。若夫因國憲不變之故。國家將趨於危亂。國民將陷於痿痹。天下之公益公利。將至於滅亡。當此之時。爲國民者。不得不因通國之人心。顚覆國憲。以圖改革。此所謂不得已也。

(附論) 嗹國之政治家尼步爾曰。必不得已之事。而非人之不已者。非通達事理之言也。

希臘人嘗爲土耳其所制。馳驟束縛。恣意殺戮。殘暴之甚。主婦女不能全其節。當此之時。非倡革命不足以圖存。所謂不得已之時也。於此而猶以顛覆之舉爲不義者。是無人心者也。

（第四）憲法之外。一切法律。定之之權。亦在國家。政府不得而擅之。

（第五）國家之主權。既定憲法以明上下之權限。又定各種法律以限制政府之權。而立法權之作用。於是乎備。至於一日萬機。國家不能自理之。故行政之權。不得不歸諸政府。若夫政府覆亡之時。則有建立新政府之權。君位空虛之日。則有選立新君之權。此皆所謂國家之主權也。

（第六）凡人之行爲。莫不有責任焉。作善降祥。不善降殃。此對於天而有責任者也。善者賞之。惡者誅之。此對於國而有責任者也。至於國家者。至尊無上。則無人得而審判之。獨立不羈。則無人得而賞罰之。是故國家主權施行之際。外對列國。內對臣民。皆無責任者也。

第四節　論國家元首之主權

國家元首之主權。在君主之國。尤爲彰明較著。故尊君主爲主權者。若民主國之統領。則雖亦有此權。而無主權者之稱。此政體不同之故也。

國法學中。分元首之主權爲固有與承受二類。世襲之君主。及以攻奪得國之君主。其所握之主權。謂之固有之主權。選立之君主。其主權實爲國民及司選者所託付。故謂之承受之主權。

國法汎論卷之一上終

國法汎論卷之一中

論國家之元首

第一節　論君主國之元首

君主得位之制有二。一曰世襲。二曰選立。不主一姓。擇賢而立。是謂選立。父死子繼。兄終弟及。是謂世襲。二者之得失。議論紛紜。莫衷一是。非世襲之說者曰。父兄雖賢。不能必子弟之不爲不肖。故欲國家常得賢明之君。舍選立而外。別無他法。非選立之說者曰。用選立之制。則國人易生覬覦之心。其弱者作僞以淆選者之識。其强者植黨以撓選者之權。必至朋黨踵興。互相傾軋。而爭奪相殺之禍作矣。故君主之國。宜於世襲而不宜於選立。有斷然者。以余觀之。法制之利害得失。恆隨時勢爲轉移。歷觀古今沿革之跡。古之君主多選立。今之君主多世襲。選立之君未必皆賢。世襲之國未必不亂。可知世襲與選立皆非萬世無弊之法因時制宜。庶乎可矣。

國君傳位之利。乃國家之公事。非王室之私事。故當載之憲法。著爲定例。雖君主亦不得以私意變更之。

第二節　論民主國之元首

國必有政府所以專責任也政府必有長所以一事權也長政府者在君主之國爲君主在民主之國爲統領皆掌握行政之權者也近世民主之國有以行政之權委之數人者瑞士各邦是也有以行政之權委之一人者美法諸國是也

(附論)一千七百九十五年法國始立民主政體置合議官五人以裁斷庶政然五人合議恆不能一致故當時政令常有凝滯之象乃廢五人之制而易以三人當時攬大權者爲拿破侖第一即三人中之一人也由是政令之行如水之就源絕無滯礙之患其後一千八百四十八年民主政復興之時仍用合議官之制而政令凝滯其弊如昔乃定議舉一人爲統領而委之以全權焉

統領必由國民公舉乃民主國之通例也蓋國民既不能親執國政則不得不於全國之中共舉一才望出衆者託之以行政之權奉之以尊嚴之位使之代已以主持國政此民主之義也

選舉統領之法有二一以選舉之權歸諸國民羅馬古時用此法者幾數百年一以選舉之

二

權。歸諸議會。今瑞士各邦中。凡設立議會之邦。皆用此法。二法之得失。恆視各國之情勢而異。而世之論者。皆主國民選舉之法。其說列下。

選舉之權。苟公之於國民。則以全國之公論。定主持國政之人。其得人也易。且其人既為國民所公舉。則雖未必有出類拔萃之資。而其不至為殘賊之小人。可無疑也。

選舉之道。公則明。私則蔽。故當舉而不舉者。弊在嫉忌。不當舉而舉者。弊在阿私。若夫以通國之民而舉一政府之長。則衆目所屬。既無阿私之虞。又無嫉忌之理。而君子小人之別。自判然而不容混矣。

統領既由國民公舉。則為統領者。必能與國民休戚相關。利害相共。而不敢私國家為己有。為國民者。亦必能知主持國政之人。即吾民所公舉之人。亦即吾民素所尊信之人。其所作為。必無損下益上之患。於是上下相爭猜忌之心消。而頌禱之聲作。如是而國家不興者。未之有也。

美國之舉統領也。先使國民公舉選舉者。而後使選舉者會議以舉之。其得舉之數多者。即定為統領。而定之之權。則委諸議會。可謂斟酌於二法之間。而得其中者矣。

國家之元首。其位宜久而不宜暫。若屢屢變更。則政務必多廢弛。甚非所以治國之道也。然民主國之元首。其在位之期。不得不以數年爲限。假令任以終身。則是君主國之選立君主。而非民主國之統領矣。近世民主之國。特設一折衷之法。凡任統領者。必以數年爲期。如其人而稱職焉。則滿任以後。仍可再舉。蓋所以矯傳舍之弊。而又預防專制之漸也

一千八百四十八年。法國所立之國憲有云。統領任滿以後。四年之間。不得再舉。設立此法之意。蓋因當時法國之民。尚未確知民主政體之利。若設統領可以再舉之制。恐復變民主而爲君主。乃防微杜漸之策也。其後拿破侖第三。終由統領而登帝位。民主之制。蕩然無存。此又法立者所不及料者矣。

一國之中。有可以舉爲統領者。有不得舉爲統領者。各國皆有一定之資格。載之憲法。非可妄舉者也。今舉二條於下。

（第一）必享有國家臣民之權利者。方可舉爲統領。　此民主國通行之法也。更有苟非生於本國者。不得舉爲統領之法。其法似過於嚴密。然設之者自有深意。蓋恐本國之政府。爲外國之議論所動。故設此以防外權之侵入也。

（附論）同居一國之中。莫非國家之臣民固也。然臣民之權利。各國皆有一定之制。非人人得而享之者也。如女子、幼年、刑人、及貧窮而仰政府之救助者。皆不得享有臣民之權利。此近世各國之所同者也。

（第二）任統領者。必擇老成之人。　美國之制。任統領者。必在三十五歲以上。其他各國。雖有不同。要之皆在成人之年以上。故君主之國時有主少國疑之患而民主之國無之

國法汎論卷之一中終

權利競爭論

德國　伊耶陵著

第一章　論權利之起原

權利云者其目的（猶言宗旨）在平和而達此目的之方法則戰鬭是也外患交乘不能無抗拒即權利不能離戰鬭外患無已時戰鬭亦無盡期故權利之生涯競爭而已國際之競爭國權之競爭各種類之競爭以及各人之競爭皆其現象之顯著者也

世界所存之權利無一不由爭鬭而得者也其始皆以強力制服其不從我者於是權利之諸原則始立今日所謂全國民之權利一個人之權利率確守此法無日敢懈蓋權利云者非僅理論實活力也希臘古時有所謂正義神像者一手執衡以示較量其權利重輕之意一手提劍以示實行其權利之意故有劍無衡則所謂豺狼之力有衡無劍則權利亦終歸無效而已劍衡相需無所偏廢法律之眞相于是完矣

權利者不息之勤勞也非僅謂國家可爲之勤勞實國民皆可爲之勤勞也故權利之生涯略與一國之財政及一國之文學相似財政之興文學之盛皆基於其民之勤而一國之權

利。亦皆由于其民不息之競爭。是以保衛權利者國民之事業也。又非僅一國國民之事業。全地球權利思想之實踐。舉由此涓滴之功層累而上矣。

二

保衛權利之義務。固非人人所得而盡也。一生之中無所爭鬥。不受侵害。優游以卒歲者。不知其幾千人。然則權利競爭之說。若而人者。必惘然不解矣。曰。此但就平和時論權利也。富豪之子。無秋毫之勞。坐享祖父之遺業。語云。財產者勤勞也。習聞此語。不解所謂。固無足怪此輩亦猶是耳。雖然。曰權利。曰財產。人所以有誤解者。果何由耶。蓋此二者之中。截然分爲兩途。一則安樂與平和。一則勤勞與爭鬥。而人之心中。往往各執一面。甲以彼爲眞相。乙以此爲本態。此其所以致誤也。故今若叩乙以權利財產之意。彼必執貧富反對之說以相答。由是觀之。財產與權利者。其猶及哀那神像乎。及哀那神有兩顏。甲見其一。乙又見其一。各執所見。思想遂異。權利之關係亦猶是。一時代以平和爲終始。一時代以戰爭爲終始。故國民之所感觸。亦時時不同。太平日久。國民皆相習於無事。而礮聲一起。酣夢初覺。始悟恬熙爲不可恃。于是平和之運終。而爭鬥之日至。故無論權利財產。勤勞與安樂。各屬其人。互相關係。今日之享安樂以終世者。冥冥中皆有爲之勤勞與爭戰者也。不競爭而享平和。不勞苦

而得康樂此惟極樂淨土能見之非所望於塵世也人有疑我言者請質之太史太史必曰權利與財產者勤勞之結果也

曰競爭者權利之要務也曰競爭者與財產上之勤勞同一基礎也曰競爭者必有何等實際與何等道義上之價値也凡此三者皆余所欲逐次闡發者也余之爲此將以補法理哲學之遺漏不屑惟是又將以修吾邦成法之缺典也吾邦之爲法理論者孜孜於正義神之衡於劍則忽焉不問此人人所知無待贅言之事實矣夫權利者就論理學而言固爲理想上之原則而亦實際上之觀念也今之法學社會但以科學爲基礎行其理想之偏見此不過解釋權利之一道至事實則相去遠甚矣余請逐次證之

權利二字世人所知者其意義有二客觀意義及主觀意義是也就客觀而言權利者指國家所通行諸法律之原則及人類生存當然之秩序就主觀而言權利者指理想上所有之規則而人生應盡之職分凡此二者各有其所謂抵抗力者以保守其自立之道也余著此書非就客觀而言而就主觀而言也抑余更有進者競爭者權利之原則也即執是以例客觀之權利亦未見其有異也

曰、競爭者。權利之原則也。就國家實踐權利而言。個人無異辭矣。誠以國家欲保其權利。則凡關乎破壞其權利之暴行。必抗拒之而與之競爭耳。雖然若論權利之起原。則競爭一說尚不能遽得世之贊同也。抑茲之所謂權利之起原者。固非就上古之歷史。溯權利之濫觴而已。吾人目前所見之事。法律之更改。舊制之廢棄。新法之成立。凡權利之進步。即可概見何則。以余所見權利發達之情狀。無論往古。無論今日。其所從之規則皆一也。今姑即反對論者。揭而出之。其言曰。權利原則之成立。猶言語之發達。無形之中。不必痛苦而自得進步。故構造權利。曾無所用其競爭也。是說也。似亦求權利者之要務矣。何也。權利之原則。固不外沈靜之動力。初無庸其劇勞者也。又曰。權利者。漸次發之于人心。而見之於行事。所謂確信力也。權利之新原則。其發見於世。平易坦蕩。亦猶文法中之規則。自然而成者耳。信如此說。古羅馬有言曰。爲債主者。可以使不能負債者爲奴隸。而鬻之於他國。又曰。有物之主。至是物已屬他人。無論何人。原主不得往索。此二語中所用之過時文法。同於拉丁文規則。固不可謂其非自然矣。

此等觀念。余始自大學卒業。頗以之自信。雖然此豈足謂合於眞理乎。固也。權利之中。有與言語相似者。不由人類之計畫。不待人類之知覺。自然發達。無所阻格。所謂自內部而至外部。有形之發達也。即如人生交際之道。不假外力。其權力自然平均。又如理想上之理論規則。藉學問之力推演其所經歷之實事。而入於人之意中。凡此二者。皆不能不歸之於有形之發達也。羅馬學者。著權利起原論一書。力主是說。固亦未可厚非。雖然。抑思人生之交際及學問。此二者之力甚狹隘乎。二者之力。譬猶在一區之中。整頓水道。略增速力而已。至於毀其隄防。築成新路。決非其所能也。能之者。其唯立法力而已。立法力者。國家力之一部。其目的在拓權利之水流。而別開新路者也。故凡法律上之變更。無一不由立法力而成者。此非偶然也。法律之性質。固不得不然耳。或者曰。現行之法律。為立法力所變更者。其勢力所及。不過立法力之關乎理想者耳。至於古來已成之法律。其確然可見者。權利所不能及也是特如法律機關上之螺旋。去其朽腐者而使之完耳。此言似矣。雖然。抑思法律之變更。於人之權利。有至切之關係在也。當一法律之變更。則凡從來私人之權利利益。人人蒙其害者。皆一掃而空矣。一法律之原則立。積年累月。於是與此原則相關係者。亦漸次而生。故及其廢棄。則數千萬之生靈。一種類之民族。不得不受慘酷之害者。比比然也。是以欲變動法

六 度則關乎有反對利益者即有宣告開戰之義以兵力壓服其抵抗之千萬人故當此時往往有反擊之舉有反擊之舉即有競爭之勢此生物自保之天則不得不然者也至於勝敗之數則視其戰鬥力之強弱何如以定優勝劣敗之局而道理之強弱不與焉及其結果與物理學上所謂平行四邊形相類甲不能達其方向乙不能至其平點二力平均進取一方其現象往往然也故有死刑已布而殘喘長存其所以能維持此命脈者非物理學上之所謂習慣性欲保此權利者之防衛力也

新權利之初出世也有舊權利者欲保持其固有於是競爭之難始起競爭之久其性質愈固權利愈重競爭亦於茲最烈當是時其黨派有二一爲歷史之權利即守過去之舊權利者也一爲永遠無極之權利即關方來之新權利者也權利之本體與權利之觀念互相衝突其中悲慘之事不可言喻二者各竭其心力賭其生命以求達其目的然及其終局則舊原則終不免爲新原則所壓倒也試觀奴隸之廢止莊丁之廢止田地之自由工作之自由宗教之自由凡此數端法律史上所載之大業偉蹟其始也何莫不由競爭而奏其功者耶競爭之甚或連亘至數十百年凡關乎權利所及之處無一不受權利競爭之蹂躪伏屍流

血。慘不忍觀。由是觀之。法律者。所謂生啖其兒也。希臘有神名沙打倫者。父天母地。其幼子初生時。夢天地告以此子必奪其位。及兒生。遂生啖之。權利競爭之道。何以異是。又法律者。除舊布新之一物也。故初見乎世。即欲保存其無極之權利。猶兒生而即乎吮其母也。故既成之權利。深恐有權利之觀念。何也。權利之觀念不絕。則既成之權利早晚必爲新生之權利所攘奪也。此新舊權利之間。所以不能無競爭也。昔有詩曰。宇宙無量物。茲成旋復摧。由是觀法律發達之歷史。不啻一戰鬥煩勞痛苦之圖而已。試觀言語之道。不知不覺之間。自然搆成於心。初何嘗有抗拒之者乎。凡百技藝。亦然。爲風俗嗜好所廢棄者則有之。無進攻而來戰者也。獨至權利則異是。權利者。發於人類之目的。潛伏於奮激利害之中。自己感覺自己進行。覓其可進之路。俾得其道。而妨礙物即橫梗而起。於是不得不戰。故縱令權利之發達。亦如言語與技藝。可以從一定之規則。至其發達之方法。則萬不能同也。柴婆尼翁者。創爲權利與言語技藝比較論。世俗稱是。余則排斥之。以其宗旨悖謬也。其中雖哲學上一說。尙無甚害。至政治上一說。則流弊大矣。其言曰。人不當因確實之目的而進行。奮全副之力。直往無前。人之目前。即有虛妄之期望。變幻雜出。以給人。而必受失敗之慮。故善處此者。

其期望無他天下之事皆有定理非人力之所能補助人唯橐弓矢束劍戟靜以俟之而已。諸法之淵源皆由權利之自信而顯出者耳其言如是豈非荒謬之至乎柴氏及其門人忌立法之干涉其理由實在此也。而婆打氏之習慣法論其所以誤解習慣之眞意者亦未始不在此婆氏之說以爲習慣者不過權利發見之方法而權利者不過爲管治人生之權力而已至於表明職分及權利本體之作用婆氏皆未及深思也一言以蔽之權利者含有勢力之觀念也諸大家皆忽視之耳然婆氏之所以爲此說者其實不過逐世俗之風潮而已氏以小說名於文學界不憚以小說之觀念移之於法學又敢取小說法律兩界之事情而比較之余以爲沿革法理派亦可稱爲小說派矣試思以權利之原則無勢無爲如野百合花之自然發生豈非小說家之放論以過去之事情而幻成虛想者乎其於世界上之事實相反無待言矣蓋法律發達之問題非安樂之問題而勤之問題也其所以然者非僅論現時之形勢而已考之往古亦未有不然者也信如柴氏之說此文獻以前吾人所自爲洪荒時代者所假想而出者耳然即使推之太古余亦不能徇柴氏之臆說也氏以爲法律者皆由人民確信權利發於內部之意識平穩和順而進化者也。此與余之臆說正相冰炭而

（未完）

不得不辨別者矣。嗚呼。原世一篇。固一時之往文字也。曰眞誠曰樸實曰純潔曰祇敬皆模畫原世之套語也。信如此說。則權利之原則舍確信之外無待他力舞劍揮腕均非要務矣然時至今日。世界如是。妄談決不可信。雖億萬世安樂之日少而憂患之日多也。且求權利之道。往古較難於近世。此亦人人所易知者矣。以余所信者往古之民爲權利而盡其勞力者實有更甚如羅馬最古之法律。有曰。爲債主者。可以使不能負債之人爲奴隸。而鬻之於他國。又曰。有物之主。至是物已屬他人。無論何人。原主不得往索。即此二語雖極簡略。而當國民未經確認之前不知其幾經阻難矣雖然文獻以前之事態。雖費萬言不過臆說。而權利之起原。但就最古之文獻。其所表示者足以知矣。最古之歷史云何。若曰。權利之誕生。猶如人之誕生不能無分娩之苦痛也

權利之出世也與苦難俱來此何足爲病乎惟其難艱辛苦而後所獲者始堅固耳故國家之於權利亦有母子之愛情也母之生子實以生命相更易此其所以有情於兒也由艱苦而得之權利譬猶哀鴻之遺孩爲猛鷙狡狐所獲者固有之然其在慈母懷抱之中者豈狐鷙之所能望乎積無數之勞苦膏血而得此權利決不能遽從其民而奪卻之此不待言矣

人民保衛權利之氣力與愛情其多少之程度恆視其所費之痛苦勤勞以爲衛故國民之於權利若鐵鎖之相聯結非僅習慣而已實犧牲也天之降福必使經大難而後得由是觀之權利之出世必有戰鬪非禍也福也

第二章　論權利之生存即一種之競爭

前章論權利之起原此章轉至本題論有形權利之競爭有形權利之競爭果何自而生無他由於外部之侵害權利者而生也不問其爲一人之權利全國之權利苟旣曰權利則超然於侵害之外而能長保其安全者無是理也權利之競爭凡涉乎權利區域內者無處不行私法之溪谷公法國際法之山頭靡不有其跡曰戰爭曰叛亂曰革命曰自保曰訴訟以及美國民間之決鬪法歐洲中古之武斷政治封建制度其所爭得失之目的不同其所行之形體範圍又互異然要之不外爲權利競爭之故演此一番戲劇而已其不同之處不過樂者異其人劇場異其地而已余所舉數者之中其最非激烈者莫如關乎訴訟之個人權利余所以必解明者非謂訴訟之事法律家於此其利害較切之故特訴訟之情形果因何而起有時法律家與非法律家均不免有誤解之處也夫訴訟之情形無一非件物問題其

性質顯然。雖至愚之人亦皆知之遇此種問題而曰不必相爭不如舍而去之者必無是人也惟當兩造之人奮其畢生之力捨身不顧旁觀者視之以爲是必有大不得已之原因存乎其中。然反之當局。不過爭一人之私權其情節有不盡然者其問題所自生不過曰我之物爾之物而已。當其積年累月。固結不解若全爲計較錙銖而起。加之其競爭之道又極機械變詐。不能爲自由率直之行故人之視訴訟大有無味之感雖然試廻溯往古有兩造見於爭鬥之場以腕力決勝負者則知訴訟之事實足見競爭之眞相也夫以我之物爾之物之故至出於戰鬥其目的所在非僅爲金錢之得喪而已保其固有之物不爲外物所侵以完一己之權利此可信無疑者也

以上所述格鬥時代之事至今日固已消滅無跡矣然其外狀雖泯若其精神之所在則依然尚存也試觀社會之狀態察人物之現象又近而證之吾心格鬥時代之情狀其有不隱然在目者乎。

今有人於此其權利爲人所侵。則問題即因之而起曰爲此人者將確立其權利而防禦其侵害乎。抑將避競爭之勞而任其放棄乎對此問題全視其人之心志如何而終不免有一

徧徇者主權利者則曰平和者不可不爲權利之犧牲也主平和者則曰權利者不可不爲平和之犧牲。也有執中者出。則曰富者遇此當捨金額以求平和貧者遇此當捨平和以求金額何也以比較而論則此金額者於富者爲輕於貧者爲重也。信如是說則權利之競爭全爲數學上之問題其便利與否一以比較輕重爲準而後得其判斷者矣

雖然由是說也。其不合事實固人人之所稔知也爭訟之目的。其所生之煩勞與其所銷之費用有數倍其前日之所失而不能比較者往往然也。今有人於此墮一金於水爲此人者決不以取此金之故復以一金傭人以致之也何者出入不相償耳然則訴訟之起其進止取捨何獨不能以比較輕重爲準乎或辯之曰。是無他訟者必期其勝其訴訟之費必將使反對者（即被告者）當之而已。雖然此尚不足以釋其疑問也凡訴訟之事雖得制勝。而尚得不償失者比比皆然然而原告者知之而不以此廢訟者。此法律家之所知也凡律師無不有其依賴人。（指請律師者言。包括兩造在內。此處則專指原告。）而有時以比較之說勸訟者訟者必曰。第訟之費用所不計也此又律師所常遇之事實也。假令握牙籌操珠算計較依賴人之得失何如則盡失其本意矣。

然則何以答之曰訴訟者發乎害敵之熱情也有純然抗敵之意故即知其損失而終不能止也

今試舍一人一家之事而設想兩國國民交爭之局於此有一國不顧法度奪其鄰國不毛之地方一里被害之國以訴訟之例例之其起而與爭必矣是與農夫有田爲其隣人鋤而去之同一情節而戰爭之結局則不可同日而語矣戰爭一起士民棄其職業財產歸於消滅富貴貧賤同受慘刼甚至國瀕於危而不可復以若是之價而求達其目的不亦愚之極乎雖然若使遇非禮之屈辱而默爾而息今日割一里不敢問明日割百里又不敢問必尋至全國歸於他人之手而侵害曾無已時此勢所必然也然則卑屈之至其結局乃亦如彼則欲進而立於善運之下者舍戰爭末由也

借如是說國民以一方里之受奪不問費之多寡有可以興師問罪之理然則農夫亦何獨不可以片地之蹂躪而起訴訟乎古人有言於神則許之於物則禁之此最非理也夫國民之戰非獨以一方里之故爲其個人權利而戰爲其榮譽而戰爲其獨立而戰也訴訟之事亦何獨不然其爭訟之目的不及其所費用前既已言之矣然則訴訟之起欲博何物乎曰

理想之目的而已理想之目的何曰在其人確立其身確立其權利之感情而已故關乎訴訟之各種損失各種妨礙皆不暇計其意中所有之目的有足以償其不便不利者在也蓋受權利之侵害者即其人被無形之痛苦也故當訴訟之日良心常語其人曰爾勿却退爾所爭者非瑣瑣之物件爾之權利感情也爾之自重心也由是觀之訴訟者非爲財物問題而爲品行問題亦確然有證矣

然而以吾人之所經驗同此訴訟問題而截然反對者亦復不少大抵世俗之見以爲與其以憂慮煩勞購一己之權利不如安於平和之爲善耳或復解之曰此由於人之嗜好與性質而定者也甲以爲自己之心不得滿足不止乙則求滿足之意不如其求平和之切也自權利之本而言二者均不可非何則權利云者其性質中含有二義或從而確立之或從而放棄之皆任有權利者之意也此說盛行於世然以余觀之則最不可不排斥以其與權利之眞意正相矛盾也若此論不滅則權利之本體將因之而滅矣何也權利者有存立之意而常立於抵抗侵害之地持此論者視權利如怯夫當侵害之來則逃而避之此正與余見相反者也余以爲抵抗不正防禦侵害有權利者對乎己之義務也此即人類形而上自保

之法也不實惟是此又對乎國之義務也何也欲確立已之權利則抵抗之行舉世所不能廢也

二三

第三章　論權利之競爭即對乎已之義務

權利競爭云者受權利侵害之人對乎已之義務也夫自保生存生物之大原則也萬物皆然而人類則尤非僅保其形而下者尚未足爲盡責必保形而上者而後可形而上者何權利是也人無權利即與禽獸無異（此義第四章更詳言之）故羅馬之法律視奴隸與畜類同一地位而不謂其不當也由是觀之確立已之權利爲形而上自保之義務明矣今日之世設以已之權利盡付諸他人固爲法律上之所不許至上古則往往有之夫舉權利而盡付諸人謂爲無形之自殺獨何不可乎抑權利云者固爲分離之集合體其各部分皆有特別之要件如財產、婚姻、名譽之類莫不皆然人不能放棄其一猶之不能放棄其全體也是以外物攻擊其一即有抗拒之義務何也生存之條例悉委之法律之保護未足爲盡其責也受權利侵害者必以已之權利恢復之斯可矣

法律上所認爲損害者未可即謂之橫逆也譬有一人占有余之財產此人固以爲是物之

所有主矣決不自棄其財產權之觀念不寧惟是又將以財產權之觀念抗拒余也余與此人之問題不過二人之間孰爲眞有而已較之盜竊之輩全不相同何也此輩置身法外視財產權若無有也使此輩之行普及於世則法律上之定則將如何而財產云者無論理論與實際皆將絕滅無存矣夫財產者生存權利中必不可缺之一也故此輩之行不但損余之財產損余之身也余防衛己身固爲余之義務然則防衛財產謂爲義務又獨何疑乎然亦有放棄財產而不得謂之失義務者是何也財產與生命有時不能兼顧也譬之遇盜保財產則棄生命余生命則失財產二者不可得兼則無寧捨財產以就生命蓋保衛生命之義務較重於財產也自此以外余決不能視財產之侵害默爾而息也人侵我之權利必竭全力以抵抗之始不失其義務不然使受權利之輕侮而容忍不言則所謂惡不自長而我乃助惡者矣噫此固非他人之責而已之責也

以吾意占有余之財產余之處此與盜賊大異何也以其與權利感情無涉不過得失之問題而已彼於余之物件有產財權之觀念而與余之生存條例不相侵犯故雖任其占有亦不得謂之失義務也余計其利害權其得失可訟則訟可已則已可付之公斷人則付之公

斷人。爲所欲爲。固綽綽然有餘裕矣。

按余之所論。或有誤解者。以爲余不問境遇。不論時機。專以爭戰爲得計。不容稍有退讓。此與余之本旨大相反背。余所言者。謂其人爲他人所蹂躪。當防衛自體。防衛名譽。盡社會上之義務而已。故復舉必爭與不必爭之故。詳列於此。冀讀者得以自悟。然尚有以煽動爭端刺余者。余謂凡此之人。非挾惡意與余相非難。必其讀書不得其道。或僅讀書首。而遺忘其後耳。余又何責焉。

以上所言。以公斷爲最得宜。然而付之公斷。似易而實難。何也。以兩造拒公斷者甚多也。兩造之計算。互相懸隔。互以反對者爲皆有惡意。於是公斷遂不能行。是以有訴訟之起。雖由物件被告之故。而原告心中以爲被告者出於故意。故原告對之。與對侵犯權利者無異。卽就道義上而言。其抗拒之正當。亦與抗拒盜賊無異也。故當是時。有人以訴訟之費。陳說其利害得失。冀原告之息訟。此可謂大謬矣。何也。原告心中。固非物件問題。而權利感情之問題也。蓋原告所以猛起抗敵之念者。疑被告者之有惡意而已。此疑若息。則原告之息訟與否。始有機可圖。然而息此疑念。固非易事。原告先入爲主。往往膠執一見。不容忠告。此法律家之所知也。而此疑念之深淺。非僅由於其人賦性如何。亦關乎教育與職業也。農夫易涉訟。世人嘗之。以爲有訴訟癖。此亦有二因焉。一則農夫財產最重。一則農夫猜疑最深抑茲所謂重財產者。固非貪慾之意。深知己之得失。竭力保守其所有。而因訴訟之故。則以之爲犧牲而不顧。此可以見其心矣。蓋農夫者。財產之感情最發達者也。惟其感情最強。故其對財產侵害之感覺最捷。惟其感覺最捷。故其抵抗侵害之反動力最激烈無匹。故農夫之爭訟癖。其財產之感情。與其猜疑之念。互相混合。不由正道者也。世俗戀愛嫉妬之場。嘗有類是者。夫人當不能達其目的。怏望不已。倒刃自殺者。往往有之。吁、此可以喩農夫矣。羅馬法中有足以証余之說者。夫農夫當權利之衝突。必想像反對者之惡意。余既已詳言之。及觀羅馬法。則同一思想。而著爲明文矣。其言曰。當權利之衝突。兩造雖各無惡意。而負者有抵抗之過。事後不能不科以金。是何也。僅回復其權利。尚未足以慰受蹂躪者之感情也。故無論負者有罪無罪。不能不以反對權利之故。而爲相當之賠償也。今使農夫得制定法律。余知其必與羅馬法同出一律矣。

羅馬法分侵害爲二種。一曰有罪。（即故意）一曰無罪。（即無意）或曰主觀。曰客觀。二者之區別自立法上及學問上觀之極爲重要而自權利上言之則一人之感情未必與之符合也法律之所嚴議者未必一人之所憾而一人之所深惡者或爲法律之所寬此數見不鮮者也今有人於此其權利爲人所侵自法律而言全屬客觀之類而被害者推測害者之心以爲本乎惡意而爲之於是處分之道全異矣又有人於此貸金於余未幾而沒其子不知不承焉余當是時使証書猶在則余固有請索之權而法律亦有善解之條也然余之心中往往有不願其善解者何也以其無理抗拒與竊盜無異純挾惡意而攘奪余之物耳然推之其子之本意寧有是耶特未眞知之耳余上所述以善意占有者大率類是若是者雖以和解可也雖然使其眞懷奸曲余必決然起而與爭費縻之巨亦何有焉不然是余以負我者爲正當矣余奈何自棄若是哉

或問曰子誠諜諜矣然舉世之人果知財產權爲形而上之生存要件乎應之曰固有不知者然不知與不覺大有區別是不可以不辨也今夫人之肝也腎也肺也舉凡形而下之物固有雖知者矣然而肺之炎也肝腎之痛也孰有不覺者乎孰有覺之而不急思療治者乎身體之苦痛內臟機關之失和也此即外物侵害力及於機關之微也置而不治將成瘵疾

惡意之侵害所謂精神上之苦痛者其關係亦猶是耳人之感情有敏銳遲速之不同故其目的亦因之而異而無不發之於心奮然而不可遏其疾痛之原因即其抵抗之念所由起也自非麻木不仁未有不覺者也今夫受侵害而隱忍不言欲求心理上之無憾何由得哉是故由心中憤懣起而抗拒者猶之受身體之苦痛而求療治之法也形而上之生存自保與形而下之生存自保精神之苦痛與身體之苦痛其又何異乎

余更有一証今夫武夫者名譽之感情最發達者也使其受名譽之毀傷默爾而息是不得爲武夫矣夫防衛名譽人人之義務何獨於武夫而責之曰是有故也武夫者其所處之地位不能無勇烈之行爲與常人絕不相同此其所自許者也蓋武夫之地位一勇氣之集合體也使其一部受怯懦之詬則全體盡解矣今使武夫與農夫較斯間有不可同日而語也農夫之防衛財產雖極堅忍至其名譽心之冷淡則實有可驚者是何也階級之不同耳農夫之感情惟犯其生存條例最不能忍蓋農夫決無耀勇於世之志其所願證者勤勞而已而財產者所以表彰其過去之勤勞者也農夫不治田與武夫不惜名譽其爲人所訾議無以異也然而農夫決不以名譽之故而涉訟武夫決不以生產之細而受謗百畝之田五畝

雖。一毋錢。農夫生存之本也。故以尺地之奪而起爭端者。猶之武夫揮劍而爭權利耳。當是時。皆捨身不顧。其所得損失。亦毫不置念。若有不得不然者。凡此之爲。非皆由於嗜好。從其形而上之生存自保之規則而已。使農夫任陪審官之職。余知其視財產之案。必重於毆傷之案矣。此事證之往古。固有顯然者。古羅馬之法。批人之頰者。罰二十五阿司（羅馬貨幣名。不詳其制）。傷人之眼者。許還傷其眼。而農夫等遇此事。往往自願私和。不欲涉訟。至於關乎財產之事。則大異是。農夫獲竊盜。可以使之爲奴。有抗拒者。許格殺勿論。較之前例寬猛之異。亦甚矣。是無他。財產者。農夫之生存要件。若身體名譽。固其後焉者耳。

今試更以商人之例觀之。商人之重信用。猶武夫之惜名譽。農夫之愛財產也。故有以契約失信之事毀之者。商人病之。視毆辱其身。奪掠其物爲尤甚。近時法律。欺詐之罪。亦以商人爲最重。亦由是也。

以上所舉各節。所以示權利之感情。視人生關係之輕重如何。非僅表明其階級職業異同之故也。余一得以言決之曰。人之保衛其權利。即所以護其生存之職分也。由前之事實觀之。凡權利感情之反動力。純視各人之稟性若何。而風俗習尙亦因之而微有不同。其反動力之最激烈者即其人之心中以爲此種權利於己之生命關繫最切者耳。推而至於一國。亦何獨不然。觀其國之法律即可知其國之命脈所在。蓋各國莫不以關係最重之件定法尤嚴。故欲知其命脈何在。就刑法上觀之昭昭然矣。各國刑法之輕重寬嚴固有不能比例者。試舉數例證之。以宗教立國者瀆神之罪至死。而侵犯疆界則甚輕。以農立國者則侵犯疆界爲首刑。而瀆神之罪甚輕。他如重商之國以贋造貨幣爲最重。尙武之國以抵抗士官爲最酷。專制之國謀革命者罪存不赦。共和之國創君權者世所不容。比較以觀固有大相徑庭者矣。是故無論何人無論何國。其生存條例關繫最重者何在。則其感觸最捷而處罰亦較嚴。斯固有不可易者也。

按此節大意本於蒙的斯鳩所著萬法精理。余不過述其言如此。學者不可不知也。

以上所舉各例。有尙不可概論者。則奴隸是也。奴隸之性質與他人不同。名譽感情最遲鈍無比。其所處之地位以柔順爲習慣。卑屈爲本分。即有一二人稍欲自奮顧全名譽。而與之同類之人決不以此動心。此一二人者無已則決然舍去其職業。否則亦伈伈俔俔俯首而與同儕爲伍耳。假使此一二人之氣概普及其同類。奴隸之階級藉以一新。豈非社會之福哉。

余論權利感情消長之理。既以名譽爲證。而財產之事。亦有足徵者。財產上之權利感情。亦有種種原因。不可不注意也。所謂財產上之權利感情者。非指貪吝好利而言。指一物之所有主而已。百金之物。人必寶有而防衞之。非以物之可貴也。物屬於我。我固當盡所有主之責耳。彼農夫之事。固其代表者也。或者曰。天下之物。不過便於用而已。我有一物。不過便我一用而已。我既無積財之義務。以瑣瑣之物。輙致涉訟。勞身傷財。毋亦自擾已甚乎。且涉訟之意。欲保我財產權。而亦欲求財產也。則起訟之日。必統籌全局之有利與否。奈何可以徑情直行乎。

嗚呼。爲此說者。不誠知財產爲何物矣。世俗富豪奢侈之流。不得即謂之失財產之眞意者。爲其於權利之感情尙無傷也。然由其背棄道德。則其結局不至失財產之本意不止。夫財產之所由來。不外勤勞而已。當其創業之初。不知費幾許之才力心神。而其後乃得此結果。故凡創造新物者。專利之權。非僅及其身。而子孫亦得繼有之。否則必其人親以傳之他人。則他人始得享有之。是無他。勤勞所獲之財產。即所以報其當日之艱難辛苦。故與其人有最切之關係也世風日下於是有不勞而獲者其源愈濁而其流乃愈不可究詰終至公司之倒閉債劵之虛僞一切欺詐之事無所不至事勢至此道義蕩喪財產與其人之關係蕩然無存寧復知防衛之義務乎彼終日辛勤僅得糊口者眞有索解而不得者矣且此等陋習最易流傳不及數年而已成一安逸世界是可悲也

余有一證德國諸都縣其有大學校者大抵風俗奢靡蓋大學之生其費用皆受之父母不由勤勞而獲故視費甚輕都縣之人化乃之成此陋習焉

購買股票之業數百萬金博之頃刻其影響所及最足以動人即生平以勤勞爲務者而一入局中吸惰慢之空氣其心爲居所移將以勤勞爲詬矣彼均貧富之黨蓋終日汨沒其中而喧擾不已耳由此觀之一階級之人之財產感情其餘勢所及其他各階級之人輒爲所動鄉居之人習與農夫居則有節儉之風久於澳京維也納者徽逐於富豪之閭則成一浪費家皆其例也

求安逸而不思競爭此懦夫之政畧非處世之道也今夫臨陣而棄甲曳兵而走他人皆死而我獨存寗曰不幸然其如名譽何不寗惟是以一人之生命而禍及社會罪孰大焉假使

全軍之士皆存此心則社會之良民皆爲敵所屠而已身亦終不免而已矣嗚呼彼世之怯怯俔俔自棄其權利者其與此逃亡之卒何以異乎雖然亦有委棄權利而其害不及社會者此其故何也曰一人之事一人不主之尙有國家主之耳國家者實其競爭之大力者也凡侵害之事有關乎一人之生命財產者國家輒以其權力爲之保護而伸理之故即其人懦弱而不致使法律失其効也然究之告發之權仍其人自主之國家不預聞焉此無他欲毋使國民効怯夫之政畧耳即不然但使不溺於安逸則他日亦足備戰士之列也嗚呼國家之權力大矣試設想太古之世刑法未立警察未設有若古代羅馬凡竊盜之事悉聽被害者自處國家無干涉之條則其勢之所趨將何若哉必至盜賊橫行無所顧忌而已矣

今欲觀兩國國民之關係亦視羅馬人而已凡國民有國民之資國民之外無代分競爭之勞者故不可不自出其力爲防禦抵抗之計若論其結局如何則廻憶前舉之例爭端起於方里足以知之矣夫不顧權利而惟退讓主義是持即得善終而此主義之不能通行不待言也又況其餘勢所及欲求免於害得乎

由是觀之凡姑息偸安主義其宜排斥也必矣自古至今國民之號爲有强權者未有採此

主義者也何也以其爲徇物主義不足以保其權利耳余嘗下定義曰權利者受法律保護而後得之利益也然至橫逆之行既及我身則利益之思想在所當息矣我有權利人得而侵害之又得而剝奪之我之身體欲免於傷害得乎

防衛權利之事其所爭之爲何物可置不問凡物固皆同耳使世界之物輒可以僥倖而得則雖以鄰人攘吾之物亦可謂於吾身無甚害矣然我之爲我與我之所有之物其間有至切之關係我固常存此心而不忘也蓋天下之物莫不由我之勤勞或他人之勤勞而得之者則雖曰物也我力之一部或他人力之一部固與此物並存也此物之歸我決非偶然我固以印章記其上矣然則侵犯此物者即侵犯我也搏擊此物者即搏擊我也何也我固存乎物之中也故財產者非吾身外之物吾之身藉物以表彰者耳

人身與權利之關係是若其切其權利之理想實由此關繫而生也且此權利之理想非僅高等人物寘有之極粗野之人與極文明之人極富貴之人與極貧賤之人極野蠻之人與極開化之人無不同具者也吾人知權利之質以心之堅定爲根而此心之堅定不外乎有權利之感情而已故權利者自一方觀之內我外人純乎爲自私利慾之境又自一方觀之

政治學研究之方法

東京專門學校學長高田早苗述

此篇所述方法專爲初學及獨學有志之士示其門徑詳其梯階凡一時無良師友可得者卒讀此篇不難循序漸進不至誤入岐途也

凡研究各種學問、在學校之學生、與獨修之士、其順序方法、自迥然不同、蓋學校修業有定時。且必數科目同時並習。而在獨修者、則不妨一科目卒業後、始研究他科、較之在學校不無便利之處、不過學校有教師之指導。且必委身於學。不能再務他業。獨修之士。因操業之餘、從事學問。不如一時專習一科、（一科者指政治學中之分科言）可無錯雜之處也、今因此方針。而述政治學研究之順序如下。

凡有志政治學者。不可不先習地理。歷史二科。此二者。爲研究政治學之基礎、如工業家之於圖算、天文家之於測候、舍此莫由入其堂奧也、地理學在中學校小學校之時、無不設此一科。青年之士。由小學中學而進身者。於地理上相當之知識。當可無虞。但獨修者之中。未履教育之順序者。於普通地理智識之缺乏。或在所不免。當於坊間地理書之內。撰擇良本。

二

熟習政治地理之大要。庶於宇內各國之地位形勢。可暸然也。歷史學與地理同。在小學中學之時。已童而習之。然爲研究政治學之基礎。則尙須深加研究。非普通學之可比。歐西諸大學。凡教政治學之諸科目中。史學實占其七。此實至當之制度。蓋言政治而不證之於歷史。不免爲蹈空之論。不特政治學然也。其他各種學問。亦無不重歷史。故研究歷史學。近時學問界中。大增其聲價矣。我國近時之講政治學及他種學問者。於此點不免有遺憾焉。現時之教者學者之間。大都詳於理論。而疏於實事。殆不知實事爲理論之基礎乎。初學者愼無蹈其流弊也。

我國學界於歷史學之研究。不免荒廢。因而良好之著述。不可多得。於修學者。不無遺憾。今畧舉歷史家研究之順序於下。從事於斯學者。如欲十分精細研究。非就歐美各國古今歷史家之大著述。一一研究之不可。如就古洛氏之著述。而修希臘史。就流生及傑明氏之著述。而修羅馬史。就庫樂靈蠻姆島苦歷等氏之著述。而修英國史。就傍古樂府脫及希耳獨立司之著述。而修美國史。然此等大著述。我國無繙譯之本。讀其原書。又非一朝一夕所能卒業。不得不就簡略之途。而示其順序。以供學者之參考。然猶不免有材料缺乏之感。不過

畧示一班而已

歷史學研究簡略之順序。宜先讀列國史。於太古史、中古史、近代史之事實。詳其大體。然後於政治學最有關係之二三大國之歷史。加意研求。其中如近代史於政治學之有直接關係者。則當特別研究。坊間流行之列國史。出版甚多。當意者又甚少。學者於本校講義錄所載浮田松平二氏講義之外。所當讀之善本。如

磯田良氏著　世界歷史

長崎市藏氏著　新篇萬國歷史

元良勇次郎氏
家永　豊吉氏　共著萬國史綱

天野爲之氏著　萬國歷史

故山下寬一郎氏著　萬國政治歷史

辰巳小次郎氏
小川銀次郎氏　共著萬國歷史要

足以備參考用之近代史。如

德國史學博士密愛耳氏原著亞美利加合衆國信馬耳補譯東協協會譯　歐州新政史

幸田幸成氏譯　十九世紀史

坪井九馬三氏篇述　最近世界史

密愛耳氏之著述。繁簡為宜。近時稱善本焉。最足備參考之用。本校發兌之有賀長雄氏所著近時外交史。酒井雄三所著今世歐州外交史。自維也納會議以來。各國之外交政策敘述詳細。評論適當。讀之可知外交變遷之情狀。又馬亨大佐之海上權力史論。於政治外交商工業上海上權力强盛之由來。叙論精詳。為近代之名著。學者必讀之書也。其他於政治學最有關係國之歷史。宜特別研究者。翻譯書中無適當之善本。就研究之順序而言之。先讀英國史。次及法蘭西、德意志、伊大利、亞美利加之諸史。蓋不讀英史則不知立憲政體之為何物。故本校目下翻譯英國今代史。以補其缺。此外支那歷史之研究。為當務之急。不待言也。

歷史研究之方法中。尚須申言之者。凡事實之記臆。不可不努力也。近年史學之變遷。古風之歷史派。一概排擊之。不屑為瑣末之記事。而專論文明之大勢。其弊也。事實記臆之教育法。亦一切排斥之。殊失之過當也。

四

夫教歷史者及習歷史者。固當注目於大勢。務明因果之關係。不可拘泥於區區之事蹟。然事蹟爲社會變遷之要具。亦當記憶於胸中。苟不以記憶爲事。則歷史無從研究。初學者尤不可不注意於此也。

著述之爲名著與否。可毋庸深求。惟以多讀爲貴。取捨分別。自與學問同其進步。初學者但當勤勉。可無慮也。迨讀至史論。文明史。社會學等。而前所記憶之事蹟。自然融化貫通。其利益之大。乃可見矣。既習歷史之後。當讀社會學。有賀長雄氏著有

社會進化論

一書。大致本於斯賓塞之社會學。必當一讀。又巴枯爾及基左所著之文明史等。雖舊而不多見。亦宜選擇一讀。所益匪淺也。至若原書之內。足資參考者甚多。茲不備載。

歷史之綱要既經研究之後。則宜研究政治學。(一名國家學)然此學所包甚廣。宜分類研究。分類之法。言人人殊。如伯倫知理。分國家學爲國家學汎論。國法學。及政略學三種。又有分政治學爲國內政治學。及國外政治學二種者。而國內政治學中。又分憲法及行政二科。國外政治學。即萬國公法是也。

六

分類之法雖因人而殊然國家學之汎論。或原理。終不可不研究。研究之法。宜一面推之理想。一面證之實事。此學之參考書相宜者無多蓋關乎政治學之著述於德法雖不少而英則甚鮮。此譯書中所以罕見也。今就所知者列舉如左。

東京專門學校政治經濟科講義錄

平塚定二郎 平田東助 二氏共譯 伯倫知理氏 國家學

山崎哲藏氏譯 拉多根氏 政治學

笹原頁福氏譯述 伯耳蓋斯氏 政治學 國家之部

土岐僙氏譯 拉雷氏 國家學要論

木下新三郎 石原健三 二氏合譯 格蓮氏 政治學

此外尚有摘譯之威爾孫氏政治汎論。爲研究政治學之沿革者。所不可少之參考書也

研究國家學原理之後。宜及國法學。研究國法學。亦須分爲數類。即憲法之原理。各國之憲法及憲法史是也。研究國法之原理者。宜參考左列各書。

加藤弘之氏譯 國法汎論

平田東助氏譯　國法汎論

有賀長雄氏著　國家學

小野梓氏著　國憲汎論

前橋孝義氏譯　彌勒氏代議政體

波留氏著　今世國家論

季家隆助 山崎哲藏 二氏譯　拉多根氏憲法論

研究國法原理。亦可參考拙譯之政治汎論。因其於歐美諸大國之制度。無不網羅其中也。

又本校講義錄內所載有賀氏之國法學。亦於參考最宜。

考究各國憲法之先。宜習日本憲法。其適宜之參考書如左。

伊藤博文氏著　帝國憲法義解

有賀長雄氏講述　帝國憲法論

穗積八束氏講述　憲法大意

一木喜德郎氏著　法律命令論

八

研究日本憲法之後。宜於外國憲法中。先習英國憲法。然後研究各國憲法之異同優劣。英國憲法之參考書。宜用者如左。

法學博士阿弗士脫著斯賓塞尼波爾校 林田龜太郎岸清一爾氏共譯 英國國會政治

天野爲之氏 石原健三氏 合譯 英國憲法精理

論英國憲法得失之著述中。以巴甚奧脫及代希兩氏之著爲最。然巴甚奧脫氏之著。尚無譯本。代希氏之著。已由梅若學士、及余共譯。於本校出版矣。余所講述之英國憲法講義。自謂最資參考。至比較憲法之書。譯出者尚無所見。本校現譯伯耳這斯氏之著。不久即可出版。岡松參太郎氏所譯之

布脫密氏英美佛比較憲法論

一書。亦足資參考也。

憲法史、及英國憲法史。皆必須研究者。然原書雖頗豐富。而譯本甚希。除本校講師松平康國氏所述之英國憲法史外。惟有

島田三郎氏 乘竹孝太郎氏 合譯 默氏英國憲法史

是書論近代英國憲法之變遷。必當一讀。而余所譯科陀氏之英國國會。尤爲詳簡得宜。亦當備作參考之用。九一

國法學研究之後。既知國家之如何建立。則當進究行政之事。此行政學一科。所以不可廢也。行政學之研究最深者。爲德法等國之學士。英國行政之實際。雖不讓於他國。然其學士之著述甚希。雖資參考。德國若奈斯脫氏曾研究英國之行政。著英國行政法一書。而英國學士所著者則無聞焉。故坊間所行之行政法譯本。槪係德法學士之著述。今就其中之重要者列舉於左。

渡邊廉吉氏譯　斯坦氏行政學

深井要一氏譯　邁爾氏德國行政法論

中根重一氏譯　休德古里氏德國政典

波留氏著　今世國務論

李家隆助氏譯　拉多根氏政治學行政篇

有賀長雄氏著　行政學內務篇

一〇

司法省譯　巴陸披氏法國政法論　（司法省藏版）

近日本校出版部發行之比較行政法。係美國哥倫比亞大學教授古德臘代所著。浮田和民氏所譯。是書將英美法德四國之行政制度。分析而比較之。宜與巴德爾氏之比較憲法參看。

著述之關乎日本行政法者列舉如左。

非阪石三氏著　日本行政法大意

穆塞氏講述　中根重一氏口述　自治制講義

山脇玄氏　中根重一　講述　府縣制郡制釋義

織田萬氏著　日本行政法論

穗積八束氏著　行政法大意

前述之葛奈斯脫氏所著英國行政法。固爲習英國行政法者。不可不讀之書。惜尚無譯本。余譯有

英國政典

國家學原理、國法學、及行政學、皆經誦習之後。始可通政治學之大端、然此猶屬於國內政治學之範圍。至國外政治學。尚須別爲研究。必明乎此國與彼國之關係而後可。故國際公法。在所必習者也。參考之書。除本校講義錄所載有賀長雄氏及中村進午氏之講義外。可用

藤田慶三郎氏著　萬國公法

大築拙藏氏譯　何以通氏國際公法

有賀長雄氏譯述　戰時國際公法

中村進午氏著　新條約論

此外尚有本校近日刊行之國際公法。爲俄國國際公法大家瑪爾田士氏所著、中村進午氏所譯。欲窮究國際法之蘊奥者。必當一讀也。

研究政治學者。不可不兼習法理學。蓋公法與私法。有密接之關係。苟於法理學稍知其大概。獲益必有可觀。故法學通論、民法、商法、刑法、刑事訴訟法之大意、及法理學等。皆爲習政治者所當研究者也。近來此種注釋之書雖多。而適宜者甚少。其足資參考者惟有本校法

律科講義錄。及左列各種。

富井政章氏著　法學論綱

關直彥氏講述　奧斯欽氏法理學

江木衷氏講述　荷拉立德氏法理學

富井政章氏著　民法理綱

江木衷氏著　近世民法汎論

本尾敬三郎
木下周一　二氏共著　商法注釋

岡松彥太郎氏著　民法理由

梅謙次郎
本野一郎　二氏合著　商法義解

岡田朝太郎氏著　刑法論

富井政章氏講述　刑法論綱

井上正一氏著　刑事訴訟法義解

梅謙次郎氏著　民法要義

松波仁一郎、仁保龜松、仁井田益太郎、三氏 合著 民法正解

古賀廉造氏著 刑法新論

近年新法典發布之後。注釋書愈增多。然惟岡田岡松古賀三氏之著作。最新而佳。習政治學者。又當考察實地之事。故必通統計學之大綱。參考之書。宜用

吳文聰氏著 統計原論

吳文聰氏譯述 統計學論

以上所言。不過就實際而研究政治學之次序。講政治學者。猶當兼有哲學思想。故政治哲學。在所必習。惜無參考善本。茲故不載。然習政治學者。又與習他學者同。不可不修論理學并宜與史學同時並修。若夫潤色文章。暢伸辭說。則宜習修辭學。嘗謂論理學與修辭學。如鳥之兩翼。互相爲用。故有志於政治學者。不可不先爲攻究也。其參考書列舉如左。

大西祝氏著 論理學

添田壽一氏譯 遵朋士氏論理學新論

坪井九馬三氏譯述 論理學講義

清野勉氏　論理學

大和田建樹氏著　修辭學

凡茲所論。不過就政治學研究之次序。述鄙見之大概而已。讀者諸君。苟於此有所參考焉。則幸甚矣。抑又謂日本人當以日本語研究政治學為務。猶英人以英語。德人以德語。各研究其政治學也。我專門學校創立以來。素以邦語教授政治學為主。按十數年來之經驗。其結果頗為佳良。然以歐美之書繙譯未廣。致適宜之參考書無從備置。實憾事也。今日本校政治學生。由校中講義及講義錄所得之智識。雖頗不少。然不能讀歐美書籍者。除習講師之講義外。不克自為研究。殊可惜也。今日之急務。當廣譯歐米政治學及其他學問之書。以備不克讀原本者之參考。本校夙有見於此。故於前年選譯原書。載之講義錄。又譯政治經濟等名著。題曰早稻田叢書。以期他日之大成。雖然。欲探政治學之蘊奧者。終不可專賴國語。必擇學外國語言。以便涉獵各參考書。況我邦著述繙譯之最少者。莫如政治學。然則有志斯學者。其可不兼修外國語乎。

政治學研究之方法　終

經濟學研究之方法（經濟云者理財或富國之義因原文通用此名故仍之）

法學博士　天野爲之　述

吾人當講求經濟學研究法。必先明其意義而後可。蓋此名稱有二種意義。一爲高尙而屬於論理者。一爲卑近而屬於學習者也。若以高尙論理之義解之。則此名稱之意在講求論理方法。以窮經濟學上未發未定之理。即於演繹法歸納法及他論理法三者中。審度其孰爲適用也。若以卑近學習之義解之。則此名稱之意在考究了解方法。以習經濟學上既發既定之理。即於學習之次序、參考之書籍、及研究之方法。審定其孰爲最宜也。

關乎論理之經濟學研究法。其著譯甚多。如彌勒氏之論理學中所載經濟學之研究一章即解論理上之研究法也。又喀阿尼士氏所著經濟學研究法。亦關係乎論理者。此書爲東京經濟雜誌社所譯。名曰經濟要義者也。又苛撒氏所著經濟指針羅西爾氏所著經濟原論及堅斯氏所著經濟學研究法。皆係以高尙之理想。窮究未知之理之方法者也。

夫經濟學之研究法。既分爲二途。則吾人宜將何擇乎。抑須二者併講乎。以吾言之。莫如從學習主義。即探究了解方法。以通曉既發之原則也。蓋論理主義之研究法。已爲學者多所說明。即如余譯之經濟學研究法。亦頗言之詳審正確。不留餘蘊也。經濟學之研究法。次宜分類。又次宜定研究之次序。分類有四。即(甲)經濟學史、(乙)經濟論理、(丙)經濟原論、(丁)應用經濟學是也。今將四者之性質略說如左

(甲)經濟學史者。叙明經濟學之起原以至今日之進步發達也。然世人有誤以經濟之機關如銀行貨幣租稅等之歷史爲經濟學史者。此大謬也。拉扶令氏曾辨之曰。經濟學之起原在十六世紀以後。則其歷史創始之年月。亦當在近代。然世人往往混同經濟學與經濟制度。故於經濟學之歷史及經濟制度(如貨幣租稅等)之歷史。亦混之爲一。以爲由經濟制度漸成之歷史。即係經濟學史。如鎖拉禁氏之所論是也。然此實大謬。不然。夫經濟學之歷史與經濟制度之歷史之不同。亦如數學之歷史與實質物體之歷史各異也。經濟學史云者。紀人間思想中經濟之法則漸次進化變遷之事也。顧研究斯學之原理者。始於近代。故其歷史。亦起於是時。若夫經濟制度。則近代以前已有之。故不可視爲一物。讀者於此最宜留意也。

未完

雜錄

帝國東洋學會

此會發起人常盤井堯猷　渡邊國武　渡邊龍聖　高楠順次郎　坪井九馬三　南條文雄　村上專精　上田萬年　上井圓了　大內青巒　前田慧雲　松本源太郎　藤島了穩　澤柳政太郎　三宅雄次郎　三上參次　島地默雷　島田蕃根等諸氏會之趣意如左

此會先就東洋諸國現在所有文書中攷求言語　文學　宗教　哲學　歷史　地理　神話　工藝　美術等凡有關於史乘者分別類聚再就外國諸典籍對照考覈然後編纂大成其豫定目錄如左

第一　印度百科叢書編纂

一言語文學　二大乘諸派　三大乘諸派　四波羅門教　五箭伊那教及其他　六六派哲學及其他　七歷史地理　八天文　算數　九藥物　醫卜　十神話　俗話　十一　工藝　美術　十二經　律　論各書批評

十三印度　支那　日本　朝鮮　西藏佛教發達之特盛　十四雜纂

第二　字書編纂

一梵漢字書（大小）　二漢梵字書（大小）　三一切經典文字索引書　四印度事物起源　五佛教人名字書　六和譯佛教字典

第三　論文出版

一會員撰述如有益於學術上則譯以英德法文頒諸各學會　二外國碩學鴻儒如有文章與本會目的適切者則譯以和文頒付各會員

第四　原本調查

一採集外國梵書　購求　調查　二搜羅國中現存梵書　借覽　調查

三調查古有今無之梵書

第五　典籍出版

印度文漢文和文之撰述凡於學術上有益之書籍次第印行

第六　原譯比較研究

巴比原本　梵語原本　西藏譯　支那譯　蒙古譯　滿洲譯等凡同原之
典籍同類之問題對照批判

第七　質疑應答

第八　日本佛教學書組織

以上雖分八門但不能同時開辦視本會基本金之多寡漸次舉行基本金計
分二類一本會總基本金一贊助者寄贈凡贊助會員本會固永保其芳名於
竹簡也

日本文部省高等專門兩會議

前月廿二日高等學校及專門醫學校兩校長會議案如左

高等學校會議之案

一高等學校卒業生分入兩帝國大學校之件

一高等學校第一年新募生班數之件

一高等學校商議員規定之件

一高等學校入學考試一切關係之件
一高等學校入學考試程度之件
一高等學校教科用書相關之件
一高等學校學科規程之件
一高等學校教員生徒等設備之件
專門醫學校會議之案
一醫學專門學校學科程度之件
一醫學專門學校加設之件
一醫學專門學校入學考試程度之件
一醫學專門學校入學標準相關之件
一醫學專門學校商議員相關之件

本編代派所

上海新北門外　中西書室
上海北市拋球場　廣學會
上海三馬路望平街　中外日報館
蘇州廟堂巷　東來書莊
蘇州元妙觀前東首　開智書室
杭州城内銀洞橋　譯林
無錫崇安寺　三等學堂
蕪湖鎔澍觀南岸　晉康煤炭公司
江西馬王廟背後　賦梅山房主人
香港荷理活道　聚文閣
香港上環海旁　和昌隆
香港文武廟直街　文裕堂
新加坡衣箱街　天南新報館
東京神田區表神保町　東京堂
東京神田區今川小路二丁目一番地　博愛館
大阪川口三十二番　鎰源號
神戸榮町三丁目　中外合衆保險公司
臺灣臺北府大稻埕六館街廿一番戸　良德行

明治三十四年五月廿六日印刷
明治三十四年五月廿七日發行
明治三十四年八月三十日再版

東京芝區愛宕下町四丁目八番地
編輯發行者　坂崎斌

東京牛込區喜久井町二十番地
發行所　譯書彙編發行所

東京本郷區九山新町十九番地
全　譯書彙編發行所

明治三十四年一月廿八日第三種郵便物認可
譯書彙編第四期　明治三十四年五月三日發行

No. 4.

THE
YI SHU HUI PIEN.

A MONTHLY MAGAZINE OF TRANSLATED POLITICAL WORKS.

OFFICE:

No. 19, Maruyama-Shimmachi Hongoku;

or

No. 20, Kikuicho Ushigomeku,

TOKIO JAPAN.

東京山本活版所印行

譯書彙編

一九〇一年第一卷第五期

（明治三十四年一月二十八日第三種郵便物認可）

（每月一次定期陰曆十五日發行）

光緒二十七年四月十五日
明治三十四年六月三日
發行

譯書彙編

第五期

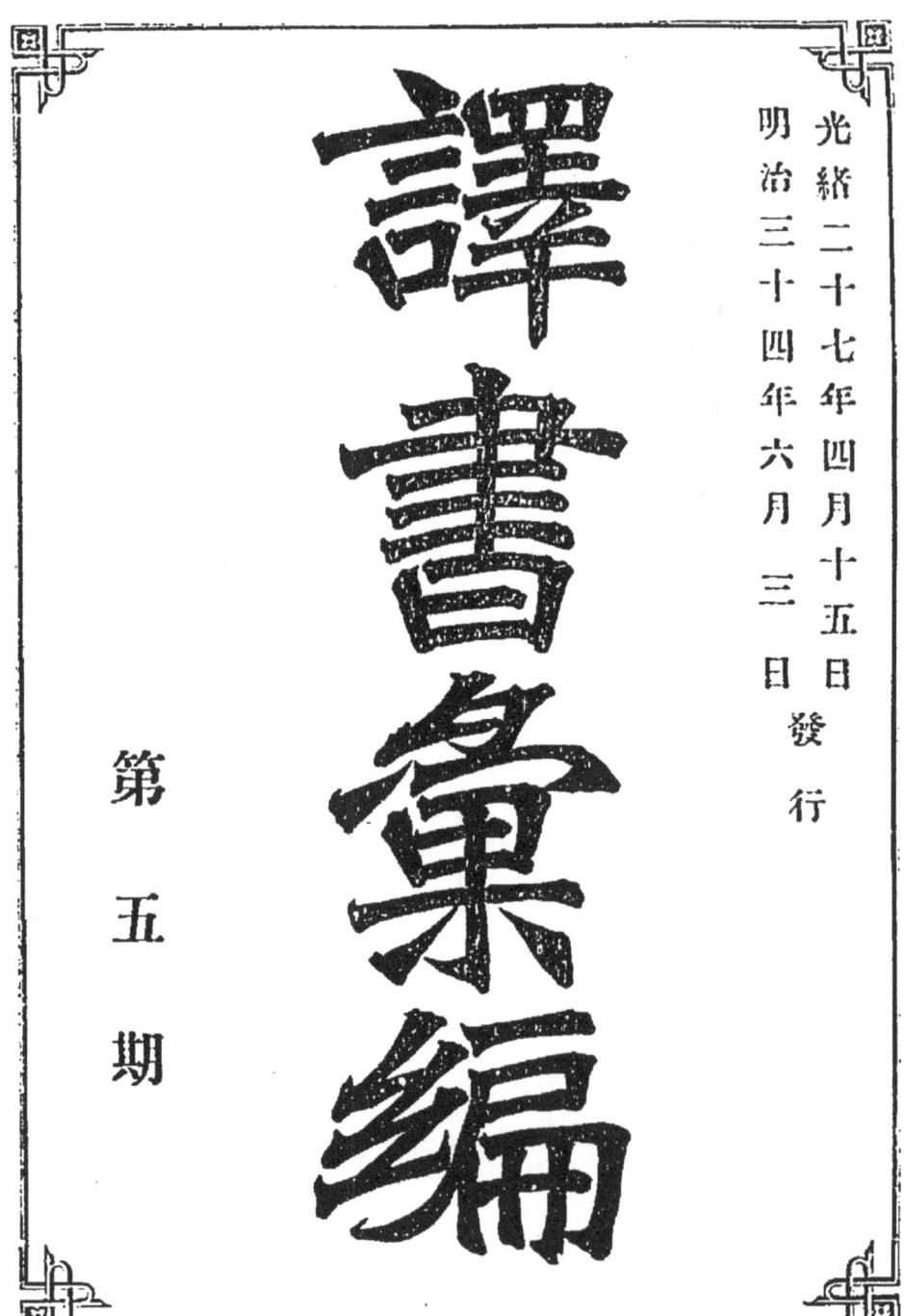

譯書彙編第五期

目錄

簡要章程

一是編所刊以政治一門爲主如政治法律理財歷史哲學各門每期所出或四類或五類間附雜錄
一政治諸書乃東西各邦強國之本原故本編亟先刊行此類至兵農工商各專門之書亦有譯出者以後當陸續擇要刊行
一是編之外尚須刊刻譯成全部之書目錄均附於後
一是編由同人捐貲創辦尚祈同志之士慨與資助賞酌益賜書以稱高誼

定價

一月一冊洋兩角　半年六冊洋壹元壹角
全年十二冊洋兩元　內地酌加郵費

購閱畧則

一定閱本編可函向譯書彙編發行所掛號每期當按址寄送外埠可就近向各代派處購取
一價銀必須先付掛號後若不付銀及已寄滿所付之價均一律停止不送外埠同
一定閱本編以半年起碼概不零售
一代派照定價提二成作爲酬勞

謹告閱報諸公

本編承內地諸君子來書。交相謬許。而東邦搢紳有道之士。亦謂開通民智。期諸此舉。此固愈宜奮起者也。始因創辦之多疏。繼因印刷之緩慢。再因財力之困難。遂致前者屢屢延期。誠無以副內外屬望。同人等頗自引歉。今乘暑假餘暇。擬補足今年輯編應出之數。庶不致失按月遞出之信。而第一期及第四期。已散盡無存。邇來內地函索頗多、已囑印局再版。旣欲補出。又欲重印。需欵實鉅。現計每月銷數已在一千份以外。而收回報費者。未及十之一二。亦未收其他捐項。悉係籌墊。聞內地往往恐此編中止。故不定購常年。實則此事最可無慮者也。蓋日本自尋常中學校。至高等學校。及大學校學生。莫不月出一報。以公佈同志。今吾邦人士之留學東土者。實繁有徒。月起一編。固學業中應有之事。亦綽乎餘裕。是編可保源源不絕。固敢爲　閱報諸公訣。或以出數旣多。而不能收回報費。則刊費無着。因而延期。亦勢所容有。此所切望　閱報諸公爲之轉移也。

本編同人頓啓

簡啓

一日本同文求學最易苦無援引來者頗艱倘內地有欲來學者但備二百四十元即足一年學費房食之用來時同人可代爲招呼一切並可紹介入日本各種學校有志之士幸毋裹足本編第一期及第二期內言每年一百八十元已足者乃指學費房食而言其衣服零用未括在內故復據其一歲約之數於第三期內更正爲二百四十元近因內地有來信詢其詳後不周者故特誌之

一日本書籍之多浩如烟海內地之人雖知其名苦無門徑何從購買同人既事探討頗能知其一二若有欲購閱各種專門書及一切有用之書者即祈函告同人當舉所知擇要以聞至購買之後必可效勞代寄照原書定價另加郵費可也

一中國乏才由無教育教育之難由於無書同人現編輯小學中學各種教科書然茲事體大海內名流有素留意此事者望賜函見教以匡不逮　　信來請寄本編發行所

本編告白

一本編自第五期起概不零售以歸劃一

一本編第一期定價郵費在內嗣以內地郵費過大實在賠累不支故改定郵費照加茲再申明凡日本郵局所通之處仍由本編認墊其內地無日本郵局者由代派處照遠近酌加閱者亮之

一本編迭承同志惠書詢以所載各書全年可以成書幾種同人現查除內有一二種篇幅過鉅不能急切成書外其他各書大約一年以內可以陸續告成同人現商定自本期始前期未經列入之書不再舉辦添入以省篇幅藉副閱者早窺全豹之意

一本編所譯各書間有沿襲外國名目難於索解之處閱者儘可函致本編同人相與析義問難同人知力所及無不竭力以告閱者鑑之

已譯待刊書目錄

政治進化論	英國	斯賓塞爾著
社會平權論	同	
教育論	同	
政黨論	德國	伯倫知理著
今世國家論	法國	鮑羅著
理學沿革史	法國	阿勿雷脫著
歐洲文明史	法國	尼騷著
教育論	法國	盧騷著
平民政治	美國	勃拉司著
政治泛論	美國	威爾孫著
社會學	美國	吉精顏斯著
教育論	美國	如安諾著
東西洋教育史	日本	中野禮四郎著
美國民政	美國	英里著
國際論	日本	陸實著
國法學	日本	有賀長雄著
文明論之概略	日本	福澤諭吉著
明治歷史	日本	坪谷善四郎著
外交通義	日本	長岡春一著
加藤講演集	日本	加藤弘之著
國際法論	法國	羅諾而著
自助論	英國	斯邁爾著
新聞學	日本	松本君平著
國家學原理	日本	高田早苗講述
近世二英雄傳	英國	格理飛司著
經濟學史	日本	井上辰次郎著
俄羅斯史	日本	山本利喜雄著
十九世紀	日本	博文館編
丈夫之本領	日本	鈴木天眼著
政教進化論	日本	加藤弘之著
近世海軍	日本	福本誠編
近世陸軍	日本	新橋榮次郎編
萬國國力比較	英國	默爾化著
國法學	日本	岸崎昌 中村孝 合著

閱報諸公鑒　本編自第五期起始增刷收條交各代派處經理凡賜閱諸君于以後或定閱全年或半年交費時可問代派處領取收條庶賬目出入得以羅羅清疏便於稽查也今將本編收單式樣登載如左

令收到

先生譯書彙編全年/半年費　元正　自　期起　至　期止

光緒　年　月　日

譯書彙編經理人收單

第　號

令收到

處全年/半年費　元正　自　期起　至　期止

光緒　年　月　日

譯書彙編收款存單

日本　有賀長雄著

第一章　維也納公會　千八百十四年

第一節　拿破侖戰爭及維也納公會

當千八百十四年之初。俄羅斯、澳大利亞、普魯士、英吉利四國。合軍大擧。伐法蘭西。乃相約曰。若非拿破侖帝允諾四國平和條件。誓不休戰。斯時惟日耳曼不與約。常背四國連衡之議。聯軍入法境。爲巴黎城下盟。而拿破侖以位辭。尋流之於幽兒泊島。

列國君主使臣會於維也納。始正國界。籌永保大陸平和之策。議將決。而急報至。曰拿破侖出幽兒泊島。復起兵。席捲南歐。千八百十五年三月十五日。八國乃宣言曰。拿破侖者、平和之公敵。法律所不保護者也。雖然。馳檄不能製破竹之勢。拿破侖軍威大振。人稱之曰。百日天下云。既而烏脫耳羅之役。一敗塗地。列國兵再入巴黎。爲二次城下之盟。有法國償兵費七萬佛耶。與五年內許列國屯軍十五萬於其內地。以備拿破侖再興之約。

論曰。拿破侖之一興一敗。於外交上觀之。誠自中古而之近時。爲世局轉移之一中心要點

二

故試申言之。拿破侖者經三十年宗教之役。而殲滅千六百四十八年烏優斯德富里之約。所定歐洲列國之權力世界者也。夫此權力世界者果何謂哉。蓋即以君主專制爲一國內政之宗旨。且即以之爲列國外交之宗旨。於斯時也。舉國之土地人民。悉爲其國之君主所有。而其土地人民之所產殖。即爲養君主權力之具。故夫土地人民而見奪於外國君主也。其本國君主之權力於以替。土地人民而兼及隣封之所有也。其本國君主之權力於以增。當時之外交所以惟君主與統系之權力是計。而社會公共之利害不顧焉。其間十四紀之一紀。尤爲以君主行外交之模範。然而踵北美合衆國之獨立而起者。有法國之革命軍。毀君主宗旨以建民主宗旨。如拿破侖者。以敷播民主宗旨自任。其訓令及宣言。常曰、余反對封建君主之權力以挑戰者。欲救億兆之困苦也。余豈欲藉人民之義務以自立乎。毋亦以人民之同此感情。欲使其樹權勢基礎耳。由是旌旂所樹。迭沛風聲。人民之久困專制者。無不欣喜相迎此革命軍之所以大獲勝利也。

然拿破侖之宗旨。自千八百十三年以來。至是而忽焉一變。整軍經武。専事一身之威力。豈其始即以謀一身之威力爲主。而所爲民主宗旨者。不過藉以籠絡衆心乎。當拿破侖舍棄

五二

民主宗旨之時。正列國君主拾其唾餘以要結民志之時。此又不可不知者也。蓋列國君主與拿破崙相抗。知欲藉民力以保我獨立。不可不先有以慰撫之。於是有以自由權利與民相約者。厥後大陸諸國。如日耳曼之合成聯邦。就史攷之。大抵今日之憲法。皆淵源於當時之民約。千八百十三年以後。日耳曼意大利西班牙之民。皆以願成獨立國。故熱心輔主。不避爭戰。其間君民交際得如此親密者。皆拿破崙所倡之自由民權爲之也。然使拿破崙倡之。而不自棄之。則各國亦安得享如此之報酬哉。

觀乎千八百十四年維也納公會之議。各國權力若別成一世界。與前此之歐洲。迥然不同。至於今而益覺顯著。無他。所謂一國之國際者。爲擴充國民一般之利益。與毋使稍損其利益計。非爲增長君主一家之強盛。與毋使稍替其強盛計也。彼君主者。第當交際之時。爲國民之代表。以求充其國民之權力利益已耳。國際之本義。固在民而不在君也。雖然。此外交之旨。豈一夕而遽能如是之主宰大勢。播弄全球。至若此之盛哉。憶其始爲主持君主宗旨者所抗。迨其後逐漸進步。立國際法。以至今日。其間之窮通險阻。不知幾費經營矣。試於後略述其概焉。

第二節　歐洲外交之宗旨及國境分合

維也納公會中所著名者。莫如千八百十四年。巴黎城下之第一次盟也。何則。列國經界。悉被法蘭西革命與拿破崙戰爭所淆。至是而欲復行分晰。以整理各國權力。乃於千八百十四年十一月。開議於維也納府。其列國鈐印。則自翌年五月二十八日起。至六月九日終其事。(二來會者。爲俄羅斯、澳大利亞、普魯士、諸君主。及各國大使。其第一問題。在定列國將來之權力關係。按此問題。議者厥分三派。第此三派。不獨見於維也納公會中。後此之列邦交際。亦時有陰行其餘緒者。試進述之。

一曰時宜主義。謂欲定歐洲列國之權力關係。因而立一規則以爲標準。不得也。唯一任實際之形勢。而於其利益所在。則以各國之外交祕策。與外交技能。隱相周旋。以俟其自然歸束。此澳大利亞相姆脫耳誼企之論也。

一曰正統主義。謂國境分界。與國權大小。皆宜以法蘭西革命戰以前之史記爲定。史書國者則國之。史書君者則君之。其版圖權力。亦皆從其史之所載可也。按是說主者不一。而法蘭西大使韃利耶德。尤提倡之。蓋韃利耶德君以正統主義與平權主義。巧相參雜。而出以英蓮犀利之論。加之各國君主使臣。俱以革命風潮。日漸强盛。恐家天下之藩制。將爲所破。從而附和之。其說遂盛。

一曰國民主義。夫所謂國民主義者。不藉外交之策畫技能。不泥歷史之君權舊制。一以國民固有之資性爲準者也。申言之。昔謂政治之時有變更者。類皆成於偶然。而非必成於國民資性之自然。所以不能持久。可知國民資性者。一國有一國之國民。必有一國之資性。而不能與他國同。(如舊習慣言語氣質等類。有難以人力化者。)所謂自然之資性也。當熟思而詳察之。務使其同者團結而爲一國。異者分晰而爲二邦。舉凡各國境界及外交關係。均宜任國民資性之所趨而理處之。不容强爲分合也。持其說者。爲日耳曼相斯坦英男爵云。

以上三者。當以斯坦英男爵所倡國民主義爲最高。且能合於國際之自然。後此趨向。亦多歸之。此觀於後之所述。而可知者也。第於維也納公會時。則以鏈利耶德所主正統論爲獨勝。蓋其時分合各國境土。如俄羅斯皇帝兼襲濮蘭恩特國王之稱。而分華耳少荷爲公國。且於其內割泡式影一洲。讓之普魯士。歸墺所奪之卡理璽耶於澳大利亞。認克喇恰烏爲•

六

獨立共利國。而屬於俄澳普三國保護之下。千八百四十六年三國同盟以爲喇恰烏於澳大利澳大利亞之領土。於拿破侖戰爭時所失喪者。悉與恢復。且益以意大利之符愛義希耶及羅姆敗耳岐兩州

普魯士之領土。爲拿破侖所割者。亦盡恢復。更於千八百六年間。所得於索撒王國之領地。至是而兼併之。復於喇陰川兩岸。廣置市邑焉。

澳大利亞普魯士及其他日耳曼諸國。開聯合會。即所謂日耳曼聯合也。締互相救援以保境土之約。是時代馬克亦與盟。而推澳大利亞之大使爲議長云。

合荷蘭比利時爲壽兒耶篤合衆之國。而以荷蘭國主爲其王。以屏扞法蘭西之蠶食焉

以瑞士去就大有關於歐洲平和之局。因而於其所失諸州。悉行反之。且舉其疆域爲永久中立之地。無論何等强國。均立有不侵其境之保證。薩耳忌嫛耶王國。新與碩慉阿共和國合。而其北部諸州。以與瑞士接壤。亦得享有永久中立之保證云。

英吉利國王。自普魯士認爲哈娜勃兒國王之稱。遂於哈娜勃兒之舊領城內。得數小地。又於西班牙得藉勃喇耳韃兒地。而合諾威爲瑞典王國

當時意大利之北部。爲澳大利亞所領。他如薩耳忌嫛耶王國。餒勃兒斯王國。韃斯檻泥大。

公國暨卡耳瑪、耳權、罕迢那、三公國及法王領國均分占其境固不能成完全無缺之國矣土耳其則依然爲希臘、埃及所領

第三節　定國際法之三原則於維也納公會

列國疆界其決於維也納公會者大半皆正統主義前已言之蓋以拿破侖戰爭以前之入繼正統與襲有君權者皆欲復其舊領也非無考國民之資性顧黎庶之幸福以將來之關係爲定衡如俄王阿摟克深特耳第一世極難斯坦英之論以開展民力爲本維持列國並立之約欲於友邦中倡言內政採用代議政體之議者無如來會之各君主其趨向相反者居其大半無可與語其議乃寢雖然斯會也其於國權之伸縮雖無直接關係而就其一般之國際法之問題而論則亦非全然置國民利益於不顧者如三原則亦以衆人之幸福爲外交本旨本此方針久久進步即至今日而謂受維也納公會之賜也亦可三原則者何進詳於左

(一)列國於川河交通一例得以自由往來

(二)列國於奴隸買賣一例禁止

八

(三)公認外國代表者之資格。無關實際爲外交之原則。

(一)凡川河之通流數國及界於二國國境者其關於諸國人民之貿易與交通也極大故自國家之邊防言以封禁航路爲要而自國民之利益言則有不得不許其自由往來者以是維也納公會中立有精密條款凡此類川河各國人民一例得以自由出入載之盟書並其川河所經之處應由何國設立稅關及警察等事均立有一定權限以便遵守此約始行於喇陰、幽兒勃、塞耳德三河至千八百五十六年以後乃行於達紐泊至今日而爲一般之原則矣無論何國不能背約也

(二)自奴隸買賣之習興而亞非利加之人口以減歐羅巴之國體以傷此人世間最堪悲恨之惡弊也凡我入維也納公會者均當以力行禁止爲同盟之義務議決於千八百十五年之二月七日雖經簽印而於禁遏之法當時猶有未能盡備者洎各國於條約中將此義務互訂實行之法(英國於千八百二十二年定西班牙、及荷蘭之約千八百二十四年定瑞典之約千八百二十六年定葡萄牙之約千八百三十一年定法蘭西之約千八百四十一年定澳大利亞、普魯士、俄羅斯之約千八百六十二年定北美合衆國之約)迄今而洪

(未完)

纖畢具無遺例矣。

(三)所謂代表者。對外國之朝廷。以謀一國之權利利益者也。若以代表者等級之尊卑輕重。因而尊卑輕重之。不特不公。且有害於國民之發達。維也納公會。因謂列國使臣之等級。唯於儀式上用之。若其實權。則與等級固毫無關係也。其三月十九日所定之規則。厥有三等。詳列於後。

（一等）　大使。及法王使者。（對君主以代表本國之君主者。）

（二等）　公使。特命公使。全權公使。（對君主以代表本國之政府者。）

（三等）　辦理公使。（對外務大臣以代表本國之政府者。）

此後千八百十八年十一月二十一日。諳機斯掠稼派耳之會。於全權公使與辦理公使之間。更設一等。曰在留公使。按以上各等。雖至今猶然。然於今日外交之實際。其差別果何如耶。試就外交之事務上觀之。則大使者。不特代表本國之政府。實代表本國之君主。其於星軺所至。不啻甲國之君主。駐蹕於乙國焉。故其待遇之隆。自不待言。即其對所駐國之外務省。亦遠勝全權公使之對外務省矣。

第二章　自維也納公會至巴里公會　千八百五十六年

第一節　神聖同盟千八百十五年九月　五君聯合及反動政略

繼維也納公會之後。四十年間。而以歐洲大陸。與前比較。有不得不稱爲平和時代者。以承拿破侖戰爭之後。各國國力衰耗。人心思靜也。故觀其外交所著。雖絕無驚天動地之事。而於各邦之間。仍自有一種難掩之變象。流露行間。無他。彼正統主義。與國民主義。陰相傾軌也。就其事實之眞相言之。此時之相爭者。其君主欲全其專制之權力。其國民欲展其自由之勢力。所謂自由革命之運動。大演劇於法蘭西以來。駸駸乎延及西方矣。君權民權之衝突。隨處皆是。雖於外交之上。尚未顯然呈露。而君主之外交。則以維也納公會爲本。維持列國分立之舊制。即爲維持專制權力之利器。人民反對其舊制。而以國民主義爲本。定人民之分合。即爲伸自由勢力之作用。此自現世紀第十六年至第五十六年之外交之大勢也。而其間有二三軼事。足證國民主義之進步者。

維也納公會議成。其簽押在千八百十五年六月九日蕆事。而是年九月二十六日。澳大利亞、普魯士、俄羅斯三君主。即有神聖同盟之約。其盟書所載。連篇累牘。無非謂鄰封之君主。互相親愛。如兄弟然。無論其於內政。於外交。各當以平和公正仁愛爲準。乃合於天帝之聖意。應乎宗教之妙理。別立盟約三條。亦無非以親睦相助之義。反復矢誓。蓋其所以固結同盟者。在一一引用經語。上溯天帝。史所以稱之曰神聖同盟也。然究其實。其所謂互相援助者。既未備夫方法。復不加以裁制。但憑虛語。而無一款足爲外交條約者。要之當時所訂。亦不過爲將來內部之用。或他國之人民徒黨。有背維也納公會所決之議。而欲擾亂當時之正統主義者。則三君當協力以鎮攝之。此其命意之所在乎。

是時英吉利國會中得其報告。雖以所立之約。不足重輕。而不允合盟。然於政畧之聯合。實贊成之。法蘭西亦以同盟諸國。遇有國難。有協力互救之請。乃加盟焉。五君聯合之名遂盛。雖然。其所謂聯合者。在五國政府脈絡貫通。無論其爲聯合中之一國。爲聯合外之一國。苟有欲於歐洲現在之政體。出一策而播弄之。而使之貴賤失序者。則其國即向認爲獨立之國。亦必同聲干涉。務使鎮靜。此互相團結之旨趣。考諸當時之事蹟而可知者。而要之外交上之感情。則有藉此而轉生反動者。如澳大利亞相媚德耳宜裔傳中所載是矣。

千八百十八年。五國會於埃計斯喇基牙稗兒。澳大利亞普魯士俄羅斯三君臨焉。滅法國

之償金。與屯兵年限。暨自後列國交涉。胥準國際法之原則辦理云云。宣告各國。承維也納 一二
會議之後而補其不足。意甚善也。故其約中所載。不特五國國中政務。應時時會議。即遇有
被他國干涉。與被他國要求之事。亦應聯集而商議之。憑公決而後可也。

千八百十九年。澳大利亞及日耳曼聯邦之代使。會於恰爾爾斯稗德。謀攝日耳曼聯邦之
自由運動也。既而復會於維也納。

自由民權之運動。其見於日耳曼聯邦中者。雖因會而中止。而翌歲千八百二十年。起革命
之戰於西班牙餒勃耳斯王國葡萄牙等處。又翌歲起革命之師於毘也蒙德。五國屢相會
議。以兵力鎮攝之。策既定。以澳大利軍軍餒勃耳斯王國。先是餒勃耳斯國王。爲人民所迫。
發布憲法。至是遂恢復專制政體。並占領毘也蒙德諸州。以抑制革命舉動自任。法蘭西亦
縱兵西班牙。以制服國會黨。所以各踐會中之約也。維時葡萄牙之亂方熾。乃歸其職於英
吉利。而英吉利以先有他國國民背叛。設與我國不關利害。即爲他國內政。英國不得干涉
之旨。乃排斥俄澳等四國之策。而確守其素定之方針。其貴族恰斯忒賚禮卿。於千八百二
十年五月。復澳大利、亞普魯士、俄羅斯諸國之文有曰。英國當他國政變。除與我國有直

接之危迫。不敢以干他國之內政。爲我英吉利分內事也。又各國促英人干葡萄牙內政時。英相岡磷莘斷之曰。干涉葡萄牙國民之事。非英政府之所盼望。亦非英政府之所樂圖者也。是等問題。尤宜使葡萄牙人自決之耳。其復各國如此。然當西班牙政府聲援葡萄牙民黨之時。葡萄牙之王統。幾爲所絕。而英國素有扶持葡萄牙王統之誓。且以西班牙之不法。不爲懲創。後世外交史上。將遺爲惡例。因而發兵援之。其千八百二十六年十二月十二日之檄曰。朕素無干涉他國內事之意。見有欲與他國內事者。必擯斥之。此朕志也。第葡萄牙者。與朕有最密之交。同盟之誼。且其當今之政府。並無貽害於西班牙與其他諸國之事。而徒以外國之勢力與密謀。以醞釀其內部之亂萌。而朕乃不能默爾而息矣。事既至此。無論葡萄牙受何人之侵襲。俱不得不速爲救援。以盡吾人之義務。義務既畢。即當絕不干與他國內事。蓋吾人之入葡萄牙者。非謂理國事也。非謂扶政綱也。非謂垂憲章也。亦惟以保全同國之獨立已耳。觀此三事。而當時之干涉他國內政。與不干涉他國內政。已爲外交史上之一大問題矣。

第二節　希者獨立千八百三十年

千八百二十一年。希臘與獨立軍設假政府。斯時也。俄帝阿澁克聖德兒第一世。渙相美忒兒宜義。均以希臘國民之舉。爲攪亂歐洲當時之政體。擬援手於土耳其焉。而歐洲一般之意見頗不爲然。彼英人之輿論。尤足破其夢夢。蓋以希臘國民。不特其種族不與土耳其相統屬。而自古史攷之。直爲歐洲文化之源。且其言語風俗。即至今猶與土耳其全然不類。而崇信基督宗教亦異。故自國民主義與宗教保護上言。均宜使希臘獨立。迨阿磷革入爲英相。諳確喇斯第一世即俄帝位。乃本輿論而施公然政畧。而於千八百二十六年。撒土耳其之援。兩國使臣。互相密議。謂所定各欵。設使希臘不欲遵奉。則必使其如達紐泊濱岸各國。爲土耳其所保護焉。議既定。將談判筆記。籤字於聖彼得堡而出爲希臘行成。次年六月六日。復與法蘭西盟於倫敦。訂國際條約。即此事也。約中附有秘密條件。即謂土耳其不於一月內從速允和同盟諸邦。當即以兵力相制。毋稍寬縱。既而希臘允和休戰。土耳其亦允之後。旋復背約。派艦隊於希臘海岸。以衛送兵丁糧食。而爲聯合艦隊所覺。乃於十月二十日。大戰於那秡里椰。不幸埃及艦隊。全軍覆沒。翌歲千八百二十八年。遂逐伊普喇意姆派西亞之軍於墨利阿半島。自是而希臘國民所居之地。復見新月旗飛舞矣。千八百二十八年。及二十九年。俄土交戰。土不軍利。乃於千八百二十九年七月十四日。議利於阿德里耶挪勃耳。認希臘爲獨立國。是役土也耳其償露西亞之權利。及土地甚夥。其最重者。爲割達紐泊河口諸島。及高加索斯之轎忌兒亞阿耳米尼亞之一部。伊茂漏希亞米恩克漏利亞等處。並於黑海行駛船隻。凡與土耳其和好之國。皆得以商船航運於濮斯復喇斯。及達兒鞑餒耳斯海峽。而達紐泊濱岸各國。向爲土耳其所保護者。至是而移其權於俄羅斯矣。千八百三十年。迎巴威里王之子鳥脫。爲希臘主。而據倫敦談判筆記。以爲獨立國焉。

第三節　比利時獨立　千八百三十一年

自希臘之獨立成。而歐洲國民之不服於正統主義者。在在有革命之意。而欲步其後塵焉。維也納公會之策。殆將潛歸烏有。此千八百三十年七月。法蘭西再度革命。所由廢勃兒濮翁。（維也納公會所立）而立爾伊咈利。（按此變史稱之曰七月革命云）比利時示乘機而起。而逐荷蘭之兵於境外也。夫比利時者。當維也納公會時。其決議第六十八條中。雖議爲爾逗耳蘭恩德王國之一部。屬於荷蘭國王權力之下。而溯其源。固與法蘭西同一民種也。試觀其言語風俗利害。無一不與荷蘭民異。且久困於荷蘭壓制之下。故一得法蘭西國民之援助。而遂成獨立之舉。此國民主義之所以勝於正統主義也。第國力微弱。不能自立。欲置之法蘭西保護之下。則又害權力平等之義。因而澳大利亞、佛蘭西、英吉利、普魯士、俄羅斯。五國合謀。決爲永久中立。如瑞西等。而於千八百三十一年十二月十日。五國與之結永久中立之約於倫敦。而迎薩克斯栄勃耳克王之子。烏濮兒篤立之。越八載千八百三十九年四月十九日。五國合盟。始認爲獨立國焉。

按當今稱永久中立者。有瑞西、比利時、露課聖勃耳克公國。千八百六十七年五月十八日條約 阿伊烏尼亞羣島。千八百六十三年十一月十四日條約 孔克地方 千八百十五年二月二十六日條約 等處。蓋所謂永久中立者。不特於加盟諸國。當守中立之約。即其他各國。亦不得有交戰之事。故於各國交際。凡有涉及戰事。足以開後日之戰衅者。如與他國結攻守同盟之約。及爲他國加擔保條約之盟之類。皆不得擅自舉動。第因國中內治與防他國之犯其中立。因而繕修兵備。則亦在所不禁。當千八百七十年普法戰爭之際。比利時防兩國軍隊之入境也。常費巨萬之兵以衛國境。蓋他國戰隊。一旦攬入已境。而不能與之相鬭。使其退出國外。求爲中立而不得。反致國家之多難矣。故不得受他國之保護。亦不得與他國結聯合之約。此其所以謂之中立也。

第四節　埃及之半獨立　千八百四十年

埃及者攷之古史而適駿有聲者也。然已久入於土耳其版圖之中。而幾無形迹之可求。迨千八百三十三年。其民始奮發自强。叛土耳其而於小亞細亞獲大勝仗二。進而攻君士坦丁土耳其其危甚。先是土耳其遣麻哈麥武阿利於埃及使爲知事。麻哈麥武乃欲自王。遂據埃及以叛。雖其始本爲一身之願望而起。與希臘之叛起於國民之眞精神者不可同日而語。然埃及國民素屈服於土耳其政体之下。一旦獲此勝利。而謂不欲助知事之成以謀獨立者。其誰信之。此土耳其愬諸歐洲列强以請干涉。而澳大利亞英吉利普魯士俄魯斯四國。雖允其請。以千八百三十三年四月草約議成。干戈中止。商議經數年之久。至千八百四十年七月十五日倫敦約成。而埃及進爲半獨立矣。按約中所重者。約有數端。茲詳於下。

(一)麻哈麥武阿利及其子孫。應世有統治埃及內政之全權。第仍須以土耳其帝之敕授爲名。

(二)埃及軍艦。悉歸土耳其節制。埃及陸軍。當自爲土耳其陸軍之一部。

(三)埃及貨幣。一面鐫土耳其帝之肖像。其他一面則鐫埃及國守肖像。

(四)埃及當立一歲貢金額。年年照額入貢於土耳其。

(五)埃及外交。當以土耳其爲介紹。土耳其與列國所締結之條款。埃及當一例遵守。

以上各條。爲封廢哈麥武阿利世爲埃及國守之約云。

第五節　法蘭西革命之影響　千八百四十八年

當千八百四十八年。法蘭西再度革命。廢王政而建共和政府。斯時也其變動之影響及於歐洲全體。自由革命之運動。無地不發揚蹈厲焉。在日耳曼則有國民會議。其始開於孚朗克富耳德阿姆瑪尹。欲改造德意智聯合之制。乃於五萬人中公舉代議士一員。以議定德意智之憲法。至千八百五十一年。聯合議會再開。而國民之全權振起矣。其在澳大利亞則有確斯德。以一新聞記者。而匈牙利之國民均爲煽動。以組織革命政府於浦塔派斯德。而起匈牙利之獨立戰爭於澳大利亞。嗣以澳大利亞得俄羅斯之援。故遂爲所敗焉。其在代馬克則有西酉漊斯隈革。紹耳斯坦尹二公國。亦欲脫羈絆而獨立。而德意智聯邦援之。雖與代馬克交戰。終以俄羅斯相干涉。故千八百五十年行成於伯林。仍以二公國爲代馬克領土焉。其在意大利。則有法王領地之住民。一時鋒起。放法王怕依阿斯第九世而立共和政府。後爲法蘭西所敗。仍復怙依阿斯第九世之位。而駐兵於羅馬焉。

按自千八百十六年至五十年。其間三十五年中。歐洲大勢。已漸歸於國民主義。與自由主義。而其間希臘與比利時之獨立。尤爲國民主義之完全勝利者。當十九世紀之半。其尙未定者。即龍兒岡半島中各國所處之地位。與意大利國民團結所關之問題。及西西溇斯隈革愨耳斯坦二公國之當屬於代馬克。抑當屬於德意智德意智聯邦中其覇權當歸於澳大利亞。抑當歸於普魯士之數大問題耳。

第三章　巴黎公會　千八百五十六年

第一節　歐洲之大勢及枯里米耶戰爭　千八百五十二年

法蘭西於千八百五十二年之際。復行革命。破當時之共和政府。而拿破侖第三世以人民一般之選舉。其投票得五百四十三萬四千二百二十有六因即帝位。於斯時也。歐洲之外交。若澳大利亞。若普魯士。若法蘭西。若俄魯斯。若英吉利。之五國者。當爲一致之運動。即前章所謂神聖同盟及五君聯合之旨趣也。於是乃結合君主之權力。以謀鎭攝自由之運動。而無如當千八百四十八年。革命之影響已起。拿破侖第三世爲法國民心所歸。而人民自由之象。已有確乎不可拔者。欲謀鎭攝。亦不過因其緒而整理之。而斷非勢驅力迫之所能制。至此而五君之聯合。乃漸歸於無效。兼之即事生因。因生果。紛至沓來。萬端竝出。而向之結合者。轉日成離散之機矣。

然而成離散之機者。雖紛紛不可指數。考其大要。約祇二端。一則以俄羅斯從土耳其之後。而欲伸其權力於地中海。一則以法蘭西欲凌駕俄羅斯之權勢之上。而自居於歐洲外交家之指導。坐此二者。互相衝突。而歐洲千八百五十二年以後之外交。俱由此畫成矣。

俄羅斯當千七百七十二年。欲與澳大利亞普魯士。割波蘭之際。對澳大利亞結同意之約。而伸其權力於罷兒岡半島千七百七十四年。遑苛鶩克裕衣那兒崎之約。而認華喇寗耶墨耳毘耶爲土耳其之領土。第是處素有基督教徒居住。該教徒應仍歸俄人保護。又黑海瑪耳陸喇海達紐泊及一切土耳其界中所有川河。俄羅斯均得以商船行駛。又其於濱岸各處。俄羅斯得以多築堡壘。復於千八百二十八年九年之際。有俄土之交戰。卒認希臘爲獨立。而土耳其之勢力。反因之而衰。俄則益伸其權力於歐洲東部矣。第其威武。以地中海爲限。盈盈帶水。雖一葦之可航。苟非歸我掌握。則歐洲半耳。終難飛渡而執之。而於是更伐土耳其。其必欲俄之軍艦。自黑海以達地中海。其間濮司撫兒海峽。瑪耳瑪喇海。達耳達餒而斯海峽。均得以自由航渡焉。蓋俄羅斯之於土耳其。以其國中耶蘇教徒。俄有保護之職。故苟欲開戰。借教案以爲口實。無論何時。未有不可飾詞以逞者。第澳大利亞居俄土二國之間。當匈牙利之役。俄雖大有造於是邦。而無如內亂相尋。國力萎徵。無可倚望。俄之隱而不發者此也。至千九百五十四年。普魯士亦爲自由運動所困。內部糜爛。無用兵於他國之理。俄帝諳羅喇斯。適偵知之。乃急向土耳其宣戰。是役也。設使土耳其果爲俄人所勝。則黑海爲俄國之一大造船所。而自地中海以入黑海一帶海峽。節節防禦。祇供俄艦出地中海之用。則他國之欲挫其鋒也難矣。幸拿破侖第三世。當此之際。正欲立功外國。取悅人民。以保法蘭西之帝位。因而於外交各事。勇猛當先。有直認爲歐洲列強指導之槪。乃乘機而起。急謀所以制俄羅斯之權勢者。遂成聯合英吉利以援土耳其之舉。薩耳忌藝耶王國。亦以名相哈佛兒所言。援助英法。有有益於意大利國民之團結。故亦相附焉。唯澳大利亞與普魯士二國。袖手局外。始終不與其事耳。

是役也。鏖兵黷武。經四年之久。慘殺偏歐洲東部。而卒以識拔斯德拍兒之圍。俄軍不支。乃相行成。人謂之格里米耶戰爭。又曰東方戰爭云。自千八百五十六年開議。以至巴黎條約之成。其間事實。俱詳史乘。茲不復贅矣。

第二節　巴黎條約之要領

巴黎條約者。關係歐洲全體之權力。而英吉利、法蘭西、土耳其、薩耳忌薩耶、澳大利亞、普魯士七國。締結於千八百五十八年三月三十日者也。澳普二國。雖未與戰。而當其會議之際。蓋亦附問其間。薩耳忌薩耶相恰留耳。主張意大利國民團結之舉。而自居其代表。有保護該國利益之議。至土耳其之於歐洲國際。得以平等往還。以列於萬國公法之間者。亦此會之力也。且此會之談判筆記。一洗秘密舊習。而刊入新聞中。實為各國國民輿論見重於各國外交之起點。茲特際其綱領、撮其要畧。詳錄於下。

(一)以黑海為中立地。其開諸港。惟商船得以出入。不得行駛軍艦。土耳其與俄魯斯兩國。不得於該海岸營造海軍工場。惟以海上之警察。不能缺然。因特許二國以輕弱武裝船隻。游行於中。以為巡邏之用。至一切戰艦。仍不得在該處往來。各國戰艦。悉照古來規則。不得通航於濮斯斂耳斯韃耳韃餒兒斯二海峽。第和好之國。所有輕弱武裝船隻。屬於公使館者。

與照約允其以武裝船隻碇泊於達紐泊河口者。不在此例。（第十一條至第十二條）

（二）以達紐泊河爲通商公地。其通流之川河。有流經二國以上者。則當倣維也納會議之所定條款。由列國選任委員。編輯其自由航通之規則。至二年以後。當更置永久委員。照公認規則以監督達紐泊及其河口之航運事件。（第十六條至十八條）

（三）稗紮衛喇毘亞之境。今羅馬與俄羅斯兩國分界之處 當少更改。以奪俄羅斯制達紐泊之權利。至俄羅斯之土地。當爭戰時被聯軍所侵占者。悉行歸還。其有爲俄羅斯所放棄者。則當併諸墨爾達毘亞云。（第四條及第二十條至第二十六條）

（四）墨爾達毘亞華喇企亞二州。雖爲土耳其之屬國。而締盟諸國。當聯合擔保。以使其享有特權。無他。翼其內部之立法行政。與信教通商。有獨立自由之權也。但締盟諸國。雖各有保護二州之權。而不得以此權專之一人。苟非列國一致。亦不得以兵備干涉二州。二州之常備軍隊。與立法機關。其所定之制度。當與各保護國之委員意見相同。方得允行。土耳其於二州所行之憲法。允與各國協力贊其改正。且締盟諸國。公選二州之國情調查委員一名。駐紮於勃渴樓斯德地方。與土耳其之委員一名。互相妥議。以立改革法案。（第

二十三條）

（五）褒耳比亞州。各國亦當聯合擔保。使其與二州一例享有特權。特是州之內地。仍許土耳其有設置營隊之權。（第二十八條第二十九條）

（六）土耳其於歐洲萬國公法。與列國連合動作之便益。不得分爲二事。而締盟諸國。自當保其獨立及領土之安全。總之土耳其苟有背於外國之行爲。即爲歐洲全體利害之所關而各國所當認爲開戰之原因者也。（第七條）

（七）基督敎徒之住於土耳其領內者。其身體財產信敎自由等。當與回回敎徒一體保護。且將此旨明宣勅諭後。（千八百五十六年二月十八日）締盟各國。不可干涉土耳其之內政。（第九條）

（八）土耳其於此次同盟諸邦中。無論何國。偶生嫌障。致此約有不能永遠遵守之處者。當兩未用兵以前。應偹開釁以外諸同盟國。出爲調停。（第八條）

（九）土耳其與俄魯斯兩國。於黑海地方。均有設立沿海警察之責。第所置輕小艦船。其船數與噸數。應由同盟各國定一別約。而即爲本條約之一部。非經公允增改。不得私爲更革。（第十四條）

(十)交戰各國、當時所獲俘虜。悉應放還。且各國君主。於其臣民之曾爲敵役、與因制敵不力而獲譴責者。一律赦免。(第五條第七條)

以上十則。巴黎條約之大要也。至是年九月。七國復會於巴黎。謀合墨耳達毘亞華喇企亞爲一州。(即今之羅馬尼亞)而於土耳其之臣民中。選一國守立之。至所有特權。悉由各國協議保護。千八百六十四年六月。會於君士坦丁尋盟也。千八百六十六年。國守薨。無嗣。乃會於巴黎謀立德意智之霍恩智伍兒藉克馬令懇王之子。楷鏤斯羅依。先是千八百五十八年九月之會。有國守必自土耳其臣民中選立之約。至是而各國迎立楷鏤斯羅依。俄魯斯與土耳其不允會於羅馬尼亞。以其與巴黎所訂及追加之約不符。頗欲以兵力從事。而英吉利與法蘭西則以此事爲不足重輕。不欲與謀。土耳其亦遂宣迎立楷鏤斯羅依爲守之勅。時千八百六十六年十月三日也。惟俄魯斯則以各國爲不遵條約。大有待時而動。以圖己利之意。而惜乎無機可乘耳。

茲特於巴黎公會之全體中。而就其所以爲近時外交之轉機者言之。按歐洲外交。自維也納公會以後。操指揮之實權者。維澳大利亞。然自千八百四十八年之革命運動起。而澳大利亞之權力以替。承其乏者爲俄羅斯。處心積慮。欲雄於地中海因而無端搆釁。與英吉利相咀唔。而卒歸其權於拿破侖第三世。此諺所謂兩虎相鬬。駑犬伺其疲而兩得之者也。蓋拿破侖第三世者。使各國全權來會輦下。而以議長自命。以協議歐洲將來之權力。是固不獨使法蘭西。加於歐洲協商之中。而居然爲歐洲協商之主腦矣。然其所以得至此者。其要亦不過得强兵與民主之主義而已。

拿破侖第三世。以投票當選。得國民之委任。有外交全權。不事國會議決。而得以便宜宣政。且其所練陸軍。頗稱强悍。有不避鋒鏑之概。而復以用兵外國。爲國中人望之所歸。而力任之。遂使各國之薄於兵力者。無不退避三舍。澳大利亞困於財政。兼之匈牙利人時相反側。國家多難。不暇外征。俄羅斯帝阿樓克深特耳第二世。性仁愛而好平和。在位二十年。未嘗用一兵出一旅。英吉利帝怕兒馬耳司統。非不用其恫嚇。而無如英國陸軍。不過義勇數隊。豈足寒拿破侖第三世之膽。此其所以稱雄於歐洲者一也。當此之時。各國外交。俱以正統主義爲本。而彼獨破維也納會議之成績。而以民主主義爲本。觀其行事。一若謂國民之運命。不可使國民無自決之權利。而因而自由主義。爲維持國中權力之源。並爲維持國外權力之源復舊來之政體助國民之運動而以得土地爲報酬（畏斯馬克所謂爲酒手主義也）如助意大利之統一得尼斯娑乏夾之類且能於國際法中發明國籍撰擇之法謂當從住民之多數決其地之所屬此其所以稱雄於歐洲者又其一也

第三節　海上法要義

千八百五十六年巴黎公會之約其關於海上國際法者固多然以決議之後我國曾加盟於其間尤不得不詳述之蓋以巴里之約其與會之各國全權委員自條約成而簽字後更以戰時之海上國際法苟非立有定章則海上捕獲敵港封鎖之類紛紜錯雜殊多不便且中立各國其商務之爲其所害者尤覺不少因而於其本國授有全權之時復行開議以訂定章而佈各國俾得一體遵守云我國曾於明治二十年三月十九日奉勅將原檄頒布全國特照錄之

千八百五十六年三月三十日巴黎條約與盟各全權委員議爲戰時海上法自古失修致生紛議而成遺憾事按自海上法律與義務等戰時無明確條例致局外中立國與交戰國之意見不合橫生葛藤者比比皆是則於此設立一定規則實爲至便並全權委員

各體本政府意。於此等利害攸關之處。互議列國交際原則。庶足各副本政府之望矣。因而各國政府。各於其所委人員。畀以全權之任。使其妥爲籌度。以達斯旨。而得其所議條款四則如左。

第一　凡拿獲私船（指民船商船而言）以供軍用之陋習。自今以後。當悉行廢止。

第二　凡樹局外中立國旗章之船隻。其所載敵國貨物。除戰時禁止品外。概不得濫行奪獲。

第三　凡樹敵國旗章之船隻。其所載局外中立國貨物。除戰時禁止品外。概不得濫行奪獲。

第四　凡對鎖港口。果有裨益之時。不得不實力防堵。如欲斷絕敵國港路之際。自當以軍律從事。嚴密提防。

按第一條。所謂不得以私船供拿捕之用者。以中古封建之世。國家無保護商船之例。故其於海盜敵寇諸警。特設軍裝以爲之備。而當兩國交戰之際。則又因國民敵國民之說。兩國商船相遇於途。輒即戰鬬。勝者舉不勝者之船隻貨物以歸。此古來之慣例。最有礙於通商

三

之進步者也。下至一千三百年。各國政府乃議設商船監督。給護照以辨別之。凡未領政府護照之船隻。概不得妄捕敵艦。（其照名鋑德兒特馬而克、其領照之船、名鉫里拔非耳、）至千五百年。亞美利加以開通東洋之航路。故海上商務。既日益進步。工藝砲術。亦日益精嫺。遂發明造船之制。使商艇軍艦結構各不相同。然當時之破敗敵國商權。一以私船捕敵國商船為妙策。其陋習尚未除也。乃復創立私船會社。使一以拿捕敵國商船為事。而以政府董理之。其嘉惠於中立各國之商船。固已不淺。何則。據當時公法。凡中立國之船舶。苟載有敵國貨物。則其所載之貨我固得而奪之也。而因而藉為口實。留難海上。俟其申請釋放。乃勒索其償金。為此種惡弊。指不勝屈。當時有鑒於此。因特創設私船會社。使各國公布法令。以戒不虞。且責令該會社於創業之先。納保証金若干於政府。以備中立國之船隻。苟有不應損害而被其損害者。則照章議賠。即由保証金中支給之。庶足免任意攫奪之弊。而無如各國裁判所。每自庇其私船。至國際間之紛議。仍無已時。千七百八十五年。普魯士與北美合衆國修好。有兩國商船不得互相拿捕之約。法蘭西革命之時。其立法議會中。亦以停給私船執照。為彼此互有利益之舉。議請各國衡之。（時千七百九十二年五月卅日也、）先是、英吉利不允其請。西班牙亞美利加等。復從而和之。

遂至行其議者。祇在海恩斯聯合諸港之中。此海恩斯港之船舶。所以無鍍德兒特馬而克也。厥後拿破侖戰爭時。英吉利任用私船。以困大陸各國之商務。最爲獲利。洎至維也納府會議。始將廢止私船之舉。另立專條。千八百二十三年。法蘭西與西班牙戰。西班牙不分船之領照與否。均準掠奪敵艦。而法蘭西獨不蹈其權利。自與合衆國促各國政府締結廢止私船之約。第會於帕那瑪而未成。遂延至千八百三十年。巴里之會。始將廢止私船爲拿獲敵國商船之具一語。公然發布。載入本會約章云。

其第二條。保中立國之商船也。凡船隻之非籍隸敵國者。即令搭載敵國貨物。亦不得藉口以捕。第三條。保中立國之貨物也。凡貨物設非敵國之人民所有。即令載以敵國船隻。亦不得肆行劫奪。蓋此二條。要皆爲保護中立國之商務起見。

然自此約公布以來。通行日久。弊竇潛生。有不免私相違背者。獨英則始終固守。以困陸上各國。自成堅持不易之操。雖自各國公認此約以至今日。其中之沿革。已幾難更僕數。而但就其護國際而涉外交者言之。則當時之本旨。要不外此四則而已。

(甲)敵國船中載有中立國之貨物。……………………勿捕也。

四

五

（乙）中立國船中載有敵國之貨物。……………………勿捕也。

（丙）中立國船中載中立國之貨物。……………………勿捕也。

（丁）敵國船中載敵國之貨物……………………則捕之。

然有以此四則爲未足者。北美合衆國是也。謂敵國之船隻。雖載有敵國貨物。而所載爲個人之私財。非敵國官家之所有。則亦不應奪獲之。蓋是時北美合衆國尚無堅强艦隊。萬一兩國生衅。而從事於洪濤駭浪之中。則其商船既不能有制人之權力。復不耆爲之謀。恐商務中之損害滋多。因特借端於個人資財。無與戰爭之說。謂陸上戰爭。既以個人財產仍行保護。則海上戰爭。自當仿照陸戰之法。以保護個人之貨物。故當巴里宣言之際。頗欲加是語於約中。觀其國務尚書麻爾希伊之復駐劄華盛頓之英法俄普澳等公使書。意可知矣。蓋其言曰。

兩國交戰。使兩國之良民而有私財在於遠洋。則兩國之軍艦。決不當任意以刦奪之也。

坐是合衆國未曾與盟。而西班牙墨西哥符諾稜籍西辣組固拉那達善利符阿烏爾固愛伊等國亦遂不與盟。至千八百六十一年。亞美利加南北戰爭之際。南美大發私船以擾北方之商務。時北美政府雖已決議派私船以礙南美。而終以未及實行而止。

按此所最宜注意者日本之地位也。夫日本自加盟於巴里宣言以後。其於同盟各國交戰。固不得任用私船以刦奪敵國之商船與中立國船隻所載之敵國貨物。第苟與日本之對岸諸國。及比鄰諸國交戰。如支那、朝鮮、暹羅、墨西哥、北美等國。則固無庸遵巴里之宣言。而自得行其自由也。

其宣言之第四條。則在確定封鎖港口之制。按所謂封鎖港口者。礙敵國之通商。與絕敵國之需應也。故於敵人之入口港汊。嚴兵隔絕。為海戰中分內之事。設故意破其所封之港灣而出入之。則此故意出入之船。與其所載之貨物。均得持強捕獲之。此各國公認之規則也。第當拿破侖戰爭之際。有所謂紙面封港者。各國屢相倣效。致生弊竇。特立此條以防止之。何則。所謂紙面封港者。非有軍艦堵於敵國港口以防止出入也。第以一紙宣言。謂自何月何日起。某國某港已被我國封鎖。而苟有向此港而進發。與自此港而出帆者。則曰彼固破我所封鎖之港口者也。其船隻貨物。我固得而沒收之。時英吉利屢以此法困大陸各國。而拿破侖欲攬全歐商權。遂於千八百六年七年、兩度實行大陸制度。凡英國之通商。一律阻隔。英國之製造品。與英領地所產之穀物。一律禁其買賣。時普魯士、代馬克、俄羅斯、澳大利亞、瑞典等。併與斯盟。英吉利乃以大陸之封鎖報之。以法蘭西、及其同盟諸國之港灣口岸。爲被其封鎖之所。凡航海船舶。苟有出入於以上各國之港灣口岸者。悉應捕獲。此自千八百六年以至十二年。所以爲歐洲通商之大厄也。　七

第四章　伊大利之建國

第一節　千八百五十年以前之伊大利國民

當維也納公會之際。他國國民皆得復我獨立政體。獨伊大利國民。不幸而受他族壓制。如俄羅斯之據堡蘭也。許澳以伊大利之駱姻稗耳基及毋藹尼西牙兩州相易。而此二州遂致受澳大利亞之制。以拍耳瑪爲公國也。而使麻利亞露衣弱爲之君。以韃斯喀尼州與墨逗那爲大公國也。而使富臨兒忌男恩特三世、與富臨兒忌男恩特四世分臨之。夫麻利亞露衣弱者。拿破侖第一之妻。澳大利亞帝之女也。富臨兒忌男恩特三世、與富臨兒忌男恩特四世者。澳大利亞帝之族也。以故澳大利亞之權力。盛行於伊大利。且其中部四分之一。

爲羅馬法王所領。南部餒勃兒斯州合西西里島爲一王國。使復蒲兒蓬之王統。以續富隘兒忌男恩特四世之位焉。

若是則伊大利民之戴其本國君主者。獨薩耳忌耳耶王一之脈矣。然跡其領域。自薩罰時、尼斯、墨那碓等。以至熱餒阿。而渡薩耳忌耳耶島。置首府於柏林。則固與法蘭西、瑞西相接壤也。

國土之分裂既若是。民情之不同。遂因之以起。夫伊大利北境。爲澳大利亞所轄。其土人固與澳君不洽。第懾其凶燄。不得不強爲服從。至伺隙以逞之心。未嘗一日忘也。澳帝忌之。遂激爲强迫之舉。若其中部。則爲法王領土。崇尙宗教。一切治理之權。悉爲僧侶所占。以致朘民脂膏。阻民進步。國民經濟。敗壞不堪。南部則蒲耳蓬王統之所在也。外染西班牙之積習。內襲中古之專制。人民怠惰。賭博是耽。人世道德。幾不可問。獨薩耳忌尼亞之君主。默參世運。知當時之國政。非許民以自由不可。蓋欲免他國之干涉。不得不進其國與列強爲伍。欲使其國與列強爲伍。不得不藉國民之翼贊。此薩耳忌尼亞之王所以有志於自由。而人民之欲復國權者。遂皆屬自於王。

九

千八百四十八年。匈牙利之亂。伊大利國民乘機而起。冀脫澳大利亞之羈絆也。時義勇兵雲集於薩耳忌尼亞王麾下。彼望伊大利之獨立者。如法王領土及餕兒勃斯等。亦俱喜爲聲援。薩耳忌尼亞王楷爾斯阿兒稗而脫。出於愛國心者固半。出於併澳領伊大利以覇伊大利全島之心亦半。遂決意抗澳。維時有韃斯喀尼民力迫政府遣軍七千人助伊羅馬民不受法王節制。遣軍萬人助戰。餕勃兒斯王亦分兵四萬。協力擊澳。當此之際。伊民之願若何其奢。惜薩爾忌尼亞王之韜畧。既不及澳將拉逗企。其兵士復少於澳。致七月二十四日喀斯脫翡一戰。伊遂不支。往約休戰七閱月、焉英法二國、雖亦出爲調停。而無如澳軍新勝於匈牙利。聲勢逼人。法王與餕勃兒斯王畏之。初援於薩爾忌尼亞者。至是亦反顏相抗。棄立憲以附專制。焉在羅馬人民。憤法王之中變也。殺其相駱子希。並建共和政府於羅馬。與罰尼司羅稜斯兩府相聯絡。使同立共和政府。固未嘗以澳軍勢盛。稍沮其氣。惜其舉止鹵莽。勇而無謀。不能成一節制之師。以是轉瞬七閱月休戰之期既滿。而薩爾忌尼亞轉處於孤立之中。宜其與澳軍一戰。大敗於娜拔辣也。既、薩爾忌尼亞全軍覆沒。王遂別其子維克脫爾哀瑪紐喫兒偕一僕突敵圍去。未幾薨於葡萄牙。蓋以敗北後。一生絕望。且恐澳帝仇己過甚則親與議和轉於國民不利不如長去之爲愈當時躬際艱危而深知乃父之胸臆者獨後時創建伊大利獨立之維克脫爾哀瑪紐暖兒一人耳雖然再造國基亦豈易易歷觀近世各國其情形之錯雜如伊大利當日者不特史册中曾不多見即求之今日外交中其影響之所及猶有難以言語形容者玆錄其梗概述於後節

第二節　國民團結之障礙

伊大利國民以欲成不羈獨立之國故致生種種困難其錯雜之極有令後之讀史者索其所以致變之由一再尋繹而不得者而要其大旨不外直接間接與外交之關係而已

第一澳大利亞之勢力　當美的兒尼依爲相之時欲以所領各土之在北伊者據爲紹業根本庶由是而擴充之得以行威權於全伊使伊大利各州中設有結成一致團體者則駱姆稗耳基、毋謠尼西亞兩州必附之以叛而澳領之北伊遂隨之而去勢所必然此伊之中部南部有事澳所以不能不以兵力相干涉也試觀千八百二十年派兵於餒勃兒斯千八百三十一年派兵於羅馬不特伊之內政時阻撓之以壞其團結之力即伊之外交亦必離間之使伊大利各州不能藉他國之力以遂其團結之願伊幾無所措手足矣

二

第二法王主義。 自古羅馬法王。有統治各國國民宗教之權。乃不意日久思僭。遂欲主宰各國國政之權。致不問伊大利之人民。是否在其領地。而惟奉舊教者之是與彼澳大利亞固伊之公敵也。以有利於已。不避嫌而結之。法蘭西爲崇奉舊教者。遂時相提携焉。如薩耳忌尼亞之役。法王拍衣阿司第九。遁於餕勃兒司矣。法蘭西乃召集舊教各國之全權委員。以協力恢復之。當是時羅馬市民已激昂慷慨。迎民權家馬齊尼爲統領。設立共和政府於羅馬。法蘭西乃決之曰。羅馬領土。凡在法王所駐之國者。皆舊教界也。初非羅馬市民所有。故其地之政府。市民不得而任意興廢之。法蘭西爲奉行舊教之國。爲法王恢復領地分所應也。市民聞之懼。乞援於英。謂英爲新教之國。或能出而與抗。而不意英政府不敢驟舉。第令駐法國之英公使言於法曰。英雖不以貴國之助法王恢復領地爲非。而將來之法王。必使其改行立憲政體。尤願貴國力保之云。時法將烏忌吶率兵三萬圍羅馬。市民以萬四千人禦之。至千八百四十九年七月三日。不能守。遂開城降。法王以軍律治之。且使他國之兵守領土焉。翌年四月十三日。法王歸於羅馬

第三政論之不和。 當時之伊國政黨。其互相爭競者。約分三派。一爲專制主義。即餕勃兒

斯、韃斯哈尼、璺逗那等君主國。意在壓服自由以維持專制政體。雖自千八百四十八年。法蘭西革命以來。爲人民所迫。允改立憲政體。而無如薩爾忌尼亞之役。澳地利亞勝後。亦遂忘其成命。一爲共和主義。即創議建新伊太利者。其一切動作。不特對澳有獨立之概。直欲聯合伊太利各州以爲共和政府。當薩耳忌尼亞敗後。毋蕩尼西亞民。依然與澳相抗。舉愛國者馬齊尼以爲之首。時有韃斯哈尼國首府夫邏稜司者。亦以君主矢立憲之誓後。復自食其言。故致激動市民。使韃斯哈尼王不得安於其國。旋即設立共和政府。爲當時之新聞及演說等。無論其在毋蕩尼西亞、在羅馬、在夫邏稜司者。皆極論當行民主政體之理。馳驅周道。一若忘其爲敗軍之後。無策以抗澳者。未幾停戰之期既滿。共和之政亦復自由運動雖未嘗一律瓦解。而因與專制主義立憲主義相衝突。致國民之團結。亦終成爲畫餅。其一爲立憲君政主義。欲維持古來之君主。而借開議會以保國民之利益。於伊太利國民似最適宜。惜於千八百四十八年。薩耳忌尼亞本此義以要約國民。而不問他州之趣向奚若但謂我國擬國會於柏林以制憲法。此後決不再改。遂制專制者既嫌其過寬。共和者又以爲未足。而事々掣肘。良可惜也。

第三節　克利彌亞之戰

伊太利半島中不受他國君主之制而儼然自成一王國者獨薩耳忌尼亞一國耳憶自戰勝澳太利亞以來繼君父遺志布立憲政體以制革命者之狂吠而即藉以廣民生之幸福爲國民團結之首領焉有識者當娜罷拉初敗之時早已刮目俟之益以維克脫爾哀瑪紐腰兒雖非人傑然趣向苟定永矢勿諼有賢臣以啓沃之固未嘗不得爲英君也又況其輔彌喀務兒曠達機敏不憚刻苦經營十載始得排百難以立奇勳則其得志也豈偶然哉

彌喀兒本貴家子千八百二十六年入營以三十年之變昌論自由故隱居於阿而拍司山之孤城然未嘗勸時流以抗政府也既而脫兵籍以爲農在民間者十有二載無日不注意政治以使伊大利脫外國政府與法王政府之羈絆爲念厥後游歷英法究心於立憲之關鍵旋於千八百四十七年艸中興新聞謂開議會養民力爲中興之本翌年乃促王制憲法焉一則使得與澳地利亞決戰一則使急激派之議論不至目無政府千八百五十年自柏林擢爲商務大臣與閣僚不合致仕歸五十二年復入爲相乃專事休養民力如發賣寺院廢地以所得之値歸之僧侶及築鐵道訂商約使民得輸重稅後然後擴張陸軍增製軍艦

之類。

而無如陸軍之戰備尚整。內有法王及急激黨之爲患。不特澳地利亞當竭力以抗之。即國中之荊棘。亦有不得不潛以俟之之勢。會千八百五十四年。俄土有隙。遂得乘其機而入之。當俄土之未戰也。俄固視澳地利亞爲去就。然聯軍亦視澳地利亞爲去就。雖其勝負不可知。而澳地利亞之巧於避戰。則有不難預決者。何則。澳地利亞義當助俄。而助俄則又不能歟英法。此其巧於中立之所由決也。雖然。澳又豈果能久於中立哉。俄之軍隊。入墨爾達毘耶、滑拉金耶兩州。自匈牙利以達黑海。而因而制達紐泊上流。則泝流而上。侵入澳匈兩君主國矣。澳於是要俄以退二州之軍。而俄復要澳以中立之旨布告各國。在澳非不欲中立也。其如德意志聯邦之商務。須往來於達紐泊川。而澳又有保守是川之責。遂拒之。與普魯士結防守之盟。時千八百五十四年四月二十日也。

千八百五十四年九月。英法聯軍自克利彌牙上陸。雖小有勝負。而雄雌未決也。是年冬疫病大作。聯軍苦之。有不得不作冬營之勢。此即喀務兒所據爲一刻千金之時。蓋以爲兩軍勝敗。視澳之向背爲斷。然澳而背俄。則俄之不支。固意中事。第其於全歐外交。澳必有不能得心應手者則無論何時伊皆將得志意以爲之即不然澳而向俄不能不敵英法而伊屬之薩耳忌尼亞即乘機以援英法焉英法二國必感薩耳忌尼亞之德而以助伊人之獨立爲報則伊固不必招俄人之怨涉土耳其之興廢而亦得伸厥志也然一則慮澳地利亞之得志一則結英法之私情以是二者爲伊大利中興之本固有間不容髮者而喀務兒乃全力注之又不欲明以示之故其於拍林之會故爲之說曰恐俄人得勝乘勢入君士坦丁堡以占黑海則汪洋萬頃將據爲海軍船塢而地中海可以制全歐之權可以握矣我薩耳忌尼亞不幾首被其害乎用特發兵以制之也既而邸而餒牙之役助法人絕塞拔司脫泊兒之餉以促其潰遂大敗俄師

俄土之戰土耳其之獨立未成而伊大利之建國已固何則澳大利亞不能報鎮定匈牙利之德而失信於俄不能援英法聯軍之厄而見怨於英法國際之間勢成孤立千八百五十六年巴里之會喀務兒遂以強國之全權委員自任當和約甫定之際即痛論伊民逆境且揚言於澳全權公使泊鏤伯之前曰陷伊民於今日之困態者駐劄伊大利之澳軍爲之也英法二公使聞之頗以爲然而澳大利亞之外交由是見挫於全歐薩耳忌尼亞政府之信

用。由是得博於內外。彼馬齊尼覺理拔耳基等。向之急激者。今亦舍共和而以薩耳忌尼亞王爲君主。當斯時也。澳大利亞雖急向澳領之伊大利除苛政赦罪囚還籍沒之財產罷軍律之政治。澳帝復親幸米蘭以勉撫伊民。而無如爲時已晚。不獲見效。欲以利益誘之。喀務兒又不爲所動。而伊澳之隙由是成矣。

第四節　喀務兒之政畧

伊之於英法兩國。其所以如是親密者。欲其援也。不意以兵力援薩耳忌尼亞。英吉利勿之許。喀務兒乃不能不求助於法。夫欲得法之助。豈能不允法以利。特恐允利於法。而於全歐之利益有關。則國際間猶未善也。唯以薩耳浩衣許之。庶境與法蘭西相接。族與法蘭西相近。庶不致別生權力之關係。意既決。遂於千八百五十八年夏。會澳帝以結密約。且慮其洩也。不載盟書。唯以口舌相結。厥後始知當時之約。謂薩耳忌尼亞與澳大利亞交戰。法當以兵力相助。使併駱姆羅耳畸與毋臘尼西亞於薩耳忌尼亞。以爲北伊大利王國。併法王領寺與羅馬於雖斯喀尼。以爲中伊大利王國。合餒勃兒斯王國。鼎足而三。而仍以法王爲盟主。此其謀成聯邦之策也。至薩耳浩衣與尼斯州。當歸併於法。以酬援助之德。且以薩耳忌尼亞王之幼女。古洛娣爾德。嫁於法帝從弟石邏畝那普柳溫。

當此之際。喀務兒若心孤詣。眞有令人不可及者。夫以拿破侖帝之不足恃也。即使併二州於北部。不致嘵嘵有辭。而當南方一統之時。安保無利權之衝突。又況幸而恃其盟約中變無虞。而內部之措施猶多荊棘乎。何則以戰時之利用急激黨也。不能不與覺理稗耳基相聯絡。而覺理稗耳基又與法帝有隙。則聯絡急激黨也不能使法帝知覺理稗耳基本尼斯人。以尼斯許之法帝。覺理稗耳基必不悅。則許法帝以尼斯。不能使覺理稗耳基知且也。課軍輸於薩母浩衣。而隱以薩母浩衣許之法帝。則薩母浩衣人知之。有重稅之苦。無獨立之樂。其怨喀務兒也必深。以古洛娣爾德嫁石邏畝那普柳溫。則朝野知之。以與國之名。行和親之實。其攻喀務兒也必甚。其此轇轕。而喀務兒獨毅然曰。我爲民死。就令名譽墮地。但使伊大利得以獨立。則我亦何所惜哉。語載喀務兒傳中 其堅持有如此。

千八百五十九年春。拿破侖帝以伊故向澳宣戰。嗣以英政府勸阻。欲不果。喀務兒以法帝之躊躇不決也。親詣巴里促之。時澳屢進兵於伊法。遂伺其隙而襲焉。六月四日。澳軍至米蘭。與法軍遇於途。遂戰。澳軍敗於馬坑搭。以隴駱姆稗耳基歸之薩耳忌尼牙。法帝拿破侖遂偕維克脫爾哀瑪紐暖兒王入米蘭。休兵二月。然後南下。八月二十四日。澳帝羅馬西司驕嗇夫乃親督三軍戰於索而傳愛里。是役也。以澳帝昧於戰術。無一定之號令。致怨左怨右。疲於奔命。且二將意見不合。兩軍木隊遂互相衝突。雖聯軍十五萬。澳軍有過之無不及。而鏖戰九時。終致大敗者。職是故也。當是時澳軍死傷者萬四千人。聯軍死傷亦如之。天氣炎熱。負傷兵丁。至數日之不久。獲滴水困苦之狀。慘不忍言。今日之赤十字會盟書。蓋即當時亨利抽斐所書之索而傳愛里慘狀也。

聯軍之捷。雖卓著聲威。而於毋愛尼西亞之地則仍未復也。拿破侖帝乃以死傷者衆。恐領兵南進。更遇普魯士以爲之援。則勝負難言。不知罷兵之爲愈。遂親會澳帝以議和。使以駱姆稗耳忌併於薩耳忌尼亞。而以毋愛喀西亞歸之伊大利聯邦。仍以澳地利亞領土爲名。彼韃斯喀尼盤逗那等。則依然戴舊時君主。斯時也。維克脫爾哀瑪紐暖兒以拿破侖帝所議。力不能拒。遂於十月十日。借盟於支理伊。而喀務兒居柏林間之憤不能堪。以拿破侖帝之背約也。責之至。帝不敢與見。乃復痛詈維克脫爾哀瑪紐暖兒王歷二時之久。未嘗稍息。既辭官去。奔走四方。冀遂初志。而薩毋浩衣與尼斯之地。已定於千八百六十年三月屬

一九

法領矣。雖然。支理依之約。固屬失策。而縫斯喀尼、拍衞瑪、墨逗那、羅馬等。已相率逐君去。奉謝克透脫閭爲主。以援於維克脫衞哀瑪紐鍰兒王。則當時之所未征服者。亦僅此餒勃兒斯王國耳。

第五節　覺理稗耳基征服南伊

伊大利之得以征服餒勃兒斯者。俠士覺理稗耳基之力也。按覺理稗耳基本船將。世居尼斯。以與民黨謀自由故。見逐於薩耳忌亞。嗣客於烏而華愛衣。會千八百四十八年。薩耳忌尼亞開設議會。得赦歸里。尼斯人舉之爲代議士。每與喀務兒爭於柏林議場。千八百四十九年。竭力於羅馬府民守禦之事。助羅馬之建立共和政府也。聞喀務兒之謀。喜之。遂以征服南方及兩西西里島自任。時餒勃兒斯王富臨兒忌鑾德第二。暴虐無道。常以美謝那稗而墨等。好爲民權運動也。以兵擊之。銷毀國民於餒勃兒斯市。且以一切有關民權運動之人。悉置之獄。雖薩耳忌尼亞英吉利時相勸戒。而餒勃兒斯勿聽也。喀務兒遂決意暗使覺理稗耳基進兵。而佯作不知之狀。以免民黨有失薩耳忌尼亞之權力。亦爲所侵。且致法帝之反對也。千八百六十年五月十一日。覺理稗耳基率愛國義勇兵千八人。熱諾河港。

獲商船二。遂自熱諾阿渡海。赴西西里嶋。俱服赤色上衣、如南美洲之牧童狀。雖島中守兵、防範甚嚴、而以該島居民久蓄叛意、聞義勇兵至、爭相協助。守兵遂敗走。七月。稗拉而罷美西那兩城降。覺理稗耳基遂據有全島。奉薩耳忌尼亞王號。以設立假政府焉。

既。覺理稗耳基歸。謀伐餒勃兒斯國。而喀務兒恐覺理稗耳基之生致餒勃兒斯王於薩耳忌尼亞也。乃遣人賄於餒勃兒斯王之水夫。使衛焉、八月。覺理稗耳基率兵二萬五千。圍餒勃兒斯。其王已先遁、覺理稗耳基乃直入餒勃兒斯市。市民爭迎之。十月一日。復敗其勤王兵、立假政府焉。而於是伊之未征服者。僅法王領地。突然在覺理稗耳基、固欲使羅馬毋藹尼西亞諸州。亦全歸附於伊。而後謂爲伊之政權。盡復而無如征及羅馬。法帝又將不安、何則。共和之程度過度高。則鄰封之帝政。必被其波及而有所動。而因而伊法交訌。意中事耳。

喀務兒憂之。乃乘覺理稗耳基未發之先、諫維克脫耳袁瑪紐曖兒王將兵入羅馬。以寺地二千四百英方里。劃爲法王領土。餘則併入薩耳忌尼亞焉。且乘勢南下。向覺理稗耳基乞餒勃兒斯及西々里島。庶伊之全國。盡爲我有。千八百六十一年二月。遂於柏林開全國議會。議以維克脫爾袁瑪紐曖兒王爲伊大利全國之王。以四月加尊號焉。而毋藹尼西亞及法王領寺終不能隸入版圖覺理稗耳基乃知爲喀務兒所賣矣遂大怒喀務兒以不得不然之故告之且謂以伊故一身毀譽不暇兼顧所可表者惟此丹心既覺理稗耳基解義勇兵之職以去隱於恰普鏤拉島喀務兒亦以三載憂勞卒致成疾沒於千八百六十一年之夏爲國盡瘁良可敬也

已而澳大利亞雖與薩耳忌尼亞盟於支理伊而不允維克脫爾哀瑪紐愛兒稱號伊王之請俄羅斯亦以革餒勃兒斯之藩而蓬王統故拒之普魯士固德意智聯邦中之盟主也而畏澳之勢力亦不敢允惟伊大利國民則已團結一體堅不可拔至全伊之王號則尚須徐以圖之也此所以普澳之戰普法之戰一再與於其事與

第五章　福爾克撫兒德國民會議以後之德意志聯合與休鏤司味克罷爾斯剌尹事畧及畢士馬克之外交政策

第一節　澳地利與普魯士之關係

澳地利與普魯士二國雖同爲德意智人種然其古來政治自歷史上觀之已覺絕不相同而至維也納公會以後外交上之利害尤覺各據一偏何則澳地利於其本土外領有匈牙

利、薩海迷崖、覺理西牙以及伊太利等殖民地。於國民主義上、固無所關其痛癢。而惟正統主義之是賴以維持世襲之君權。至普魯士之民則絕無異族相雜。而一以國民主義。與他國之德意志人種相結合。情勢之不同固如此。澳地利爲舊教之魁首。普魯士爲新教之首領。宗教之不同又如彼。此千八百四十八年福朗克撫兒德國民會議之際。德意志聯邦中所以有排斥澳地利之舉也。初當協議德意志民族憲法之際。雖種々荆棘。不可枚舉。而其荆棘中之尤甚者。要莫如定澳地利之與德意志聯邦之關係。以及定德意志聯邦中之首長。此二事爲德意志民族憲法中之最大難題。蓋以澳地利國中。既含有非德意志之人種。（如匈牙利薩海迷崖覺理西亞伊太利等處）則其治非德意志之人種必不能以治德意志人種之憲法治之。此德意志民族憲法草案之第二條。所以載德意志國土與非德意志國土。同戴一君主之時。兩國關係。有僅々爲人體上連合之語也。（謂兩國雖共戴一君、而其間除共戴一君之外、政治、法律絕無關係也、）當此條初定之際。澳地利頗有不能攝服匈牙利薩海迷崖之慮。澳相休治兒隣碑耳克遂決意與之反對。致德意志聯合會中。忽分兩黨。其崇奉舊教與不利於普魯士之得志者。則皆附於澳地利。而一意欲聯合德意志之人種者。則又堅守聯合之旨。將使澳地利別樹一幟。而不願稍 宗 變 其旨。

其第二問題。即定何人爲聯邦之首長之問題也。按其時有以爲宜立一世襲皇帝者。有以爲宜以澳地利帝。與普魯士王。迭爲首長者。有以爲宜選立一君主。而崇奉以終身者。有以爲宜選立一君主。而分任以年限者。有以爲宜選舉大統領者。有以爲宜選舉委員者。雖至第一期決議時。已定爲就聯合各國之君主中。舉一君主爲聯邦之首長。而奉以德意志皇帝之稱。第於應否世襲。尚懸而不斷也。

千八百四十九年二月三日。憲法議會第一期畢事。其第二條。仍照原案決議。至聯邦首長之宜推何國君主。與應否世襲。則仍待後日協議。而即以此案移送各國政府。廣徵意見。謂爲第一期議會議案。當是時澳地利雖擁其國中疆土。與國外領域。極欲加入聯邦政體。而於聯邦首長。決不願於澳國君主之外。別選他國之君主當之。且其於索撒喝娜。稗兒巴威里。瓦敦堡諸國。既使其加入聯合會議。又不令其有所表見。種々動作。不啻與福爾克撫兒德會議之原案相反。既復於三月九日。公然以畫一之法律。發布全國。使德意志人種。匈牙利人種。薄海迷崖人種。伊太利人種。各廢其特別權利。以就一致之範圍。果爾則澳地利以三千萬之非德意志人種、加入德意志聯合中。恐後日各國以保護德意志民族故、欲與他族戰。而澳地利必致以欲驅他族故不允交戰。將見德意志聯邦之利益、一變而爲澳地利一國之利益矣。又況匈牙利、薄海迷崖等各謀利益。而澳地利以我國之利益故、容或致殉他族之請。以致不能不與德意志民族戰。此亦事之所必至也。其結果將何如耶。因而國民會議中。激昂慷慨。率皆以澳地利之主義爲非。甚至向以排斥澳地利於聯邦外爲不然者。至是亦以主張德意志民族之利益故、擬開第二期憲法議會。所可異者當第二期開會時。仍照第一期決議。而於德意志聯邦帝位。謂當定爲世襲者。會員五百人中。占多數者共祗四票。三月二十七日憲法第二期議會藏事。定期集會選舉德意志聯邦皇帝。是時投票舉普魯士王者。共計二百九十人。其未嘗投票者亦有二百四十八人。要皆與德爲反對者也。

然當時之普魯士王傅鏤迢栗克威靈。安其必辭德意志帝位。亦意中事耳。何則。欲居德意志帝位。不能不與澳地利戰。而當時之普兵實不足以敵奧。則其不能不辭者一。普魯士王以世襲之故。得爲一國君主。今乃被國民選舉而爲人民之代表。則名爲聯邦皇帝。而實不奮自君權而變爲民主也。將來之黜陟不可知。何如辭之以保我固有之祿位。此其不願不辭者亦其一。傳鏤逗栗克威靈安素粲貴族習尙。而於澳地利帝方尊敬之不遑。何忍忽然於其上。此其不得不辭者又其一。具此三意。安得不辭。

四月五日。澳政府乃曉諭全國。謂國民會議中所布之憲法。實屬不法。其自澳國選出之代議士。悉令退會。無違。自是以後。福珂克撫兒德之國民會議。雖依然存立。然其於德意志聯合之機關。已全然失去。而成爲民權黨之會所矣。傳鏤逗栗克威靈安王。雖於德意志帝位。躊躇不敢遽即。而於德意志國民之團結固一。意繼持也。故當辭德意志帝位之時。已計及於諸國聯合之法。嘗通牒於各國政府曰。苟其有意於聯合之章程者。則希於五月十七日。各遣使臣至伯林府開評議會。以議聯合之別策。時澳地利、索撒喝、哪稗兒、巴威里。俱遣使來會。未幾。澳地利與巴威里使先歸。僅普魯士、索撒喝、哪稗兒三使臣留焉。相與協議德意志聯合之新策。時稱爲三王國聯合會云。五月二十六日。議以德意志民族憲法。宜再招集聯合會員與各國政府互相協議。以期盡善盡美。蓋當福珂克撫兒德會議之時。專取決於國民之代表者。致各國政府不得與聞。而所議終成畫餅也。議既定。六月十一日乃公布憲法新案。按新案所議。較福蘭克撫兒德之會已覺偏於君權而以定制限民權矣。自由黨之反對。因之蜂起。而不知新案本旨。仍不外堅結國民之團體。不過於君民之間參以折衷。此有識者所以皆樂從之。各國政府。除澳地利、巴威里、及瓦敦堡外。其二十八小國。無不入其聯合。惟索撒、喝哪罷兒。尙界於兩岐。而以澳地利之勝負爲斷。未幾匈牙利與意大利皆敗。二國遂附於澳地利焉。千八百五十年三月二十日。普魯士與二十八小國開新聯合會議於梢而撫兒德。以新憲法草案。逐條討論。大費時日。恐生中變。明知未盡美備。而以急欲告竣故。遂於大畧删妥後。即行決議焉。

時澳地利與梢而撫兒德之議會相反對。謂其所議各條。無一足認爲定例者。當時之聯合會議。當仍以維也納公會爲本。況自千八百四十八年以後。國民會議。徒釀亂端。已於前年四月間解散。則前此之會議。自當復行遵守。彼新聯合會議。又何足道哉。坐是澳政府於梢而撫兒德之會。一若未嘗知者。布告各國。有續開維也納公會之舉。普魯士與聯邦拒之。而當時之議論。遂紛紛無所底止。澳相休滑兒曉勃耳克。知非以兵力從事。不能取勝。然欲猝然啓衅。又覺無所藉口。而不得不從事於離間之計矣。

當是時釆用新憲法諸國中。有名海司喀斯塞爾國者。其君主深以楢而撫兒德所定之憲法爲保護君權。不便於行。澳相知之。急乘閒相唆。使任一極頑極恐之壓制家海司勝勃兒克爲相。既、海司勝勃兒克與議會相衝突。至議會解散者再。而海司勝勃兒克依然不能退。遂欲以兵力服從民黨。勉副政府之望。特置抗官者於軍律。既而國民大憤。揭竿四起。幾有危亡之勢。政府發兵鎭之。而士官等又復皆辭職去。不獲平。時澳地利適開會於福朋克撫兒德以謀恢復舊聯合會議。海司喀斯率爾君遂往訴焉。夫澳地利欲博舊聯會議之名。固不能不援手於海司喀斯率爾政府。而普魯士擁護張民權之望。爲楢而撫兒德會議之首。則又不能不援手於海司喀斯率爾之人民者也。未幾。普國遣兵入海司喀斯率爾境。澳兵從之。兩國之間。遂生衅隙。有汲々不可終日之勢。變既急。普王懼。乃求直於俄羅斯焉。俄帝尼禘拉司。以普澳事親赴滑兒所。澳帝會焉。普王不至。使弟卡兒往訟。時俄普雖有葭莩親。而俄帝頗有護澳之意。遂以不親臨責普。且以休鏤司味克與墾爾司塑尹之事相讓直澳帝而責普王。普王憤。下詔詰問。欲以兵力從事。而無如普之大臣。俱以力不能堪。輕啟兵端。恐貽國患爲對。不得已。王乃進主和之孟德伊撫兒爲相。使赴塢而迷幽枝議欵。是役也。普魯士旣撤退海司喀斯繫爾兵。自不得不允散新聯合會議。以維也納公會爲聯合會議之本。且以休鏤司味克與鋻爾司韜尹事件。移交聯合公會議公判。蓋以一切約章。悉由澳相主持。而普相但照約簽字。曾不容稍事齟齬故也。

第二節　休鏤司味克與鋻爾司韜尹事略

澳普二國之關係。德意志聯合之解散。自此以後。均於二州有事跡有關。故特於此述之。

按維也納會議之際。所定歐洲各國疆域。其不合於國民主議者。至意大利統一之後。尙有二三邦國存焉。其最著者。莫如休鏤司味克與鋻爾司韜尹之屬於代馬克也。夫二州之人民。除休鏤司味克人占居一小部外。餘皆德意志人種也。而乃以代馬克國王爲之君。且代馬克舊法。王位繼承。男女並嫡。而於二州統系。則使遵守薩烈克舊律。（薩烈克爲二州國有之律、）不得以女子入承君統。坐是二州人民。時有獨立之意。德意志人民復贊助之。至千八百四十八年。革命風潮遍及全歐。而二州之獨立運動。亦因之加釀。時代馬克王傳鏤逗栗克第七。女主也。二州乃藉爲口實。大興獨立之軍。且設假政府於崎耳。爲普魯士謂鋻爾司韜尹之宜入德意志聯合也。復自任德意志聯合之代表。引兵來援。戰端遂啟。然澳之於普。深忌其得志也。故急使俄羅斯公判之。既千八百五十年塢而迷幽枝之役。議以二州聯合事。移交德意志聯合會協商。遂有二州屬代馬克。而仍以澳地利、普魯士合軍守之之議。惟代馬克之王統。則仍遷延未定。直至千八百五十二年倫敦之約。始議以格而克司喀族中之克利司鏘入承大統。而二州之分合。不盡如維也納之舊制矣。然據薩烈克舊律。入繼者當在鄒塢格司聽孛兒克二州人民。因欲推之爲主。以冀於二州聯合時。不致中生窒礙。千八百五十五年。傳鏤逗栗克第七以急思統一代馬克。故遂於十月間制定憲法。頒行全國。包含休鏤司味克察爾司鞮尹在內 時德意志民聞之。無不以此舉之爲破其聯合也。屢促聯合會議。問罪千八百五十八年。德意志聯合會中決以兵力相干代馬克。懼。以察爾司鞮尹之併入德意志聯合也。擬令立於代馬克憲法之外。不必與代馬克本土一律遵守。而不知休鏤司味克與察爾司鞮尹。本爲兄弟之國。今既所處不同。則憤激之心自益覺怦々欲動。況獨立之勢力。自鄰封意大利來。已將傳播周遍。故即利害相關如英。而亦以廢千八百五十五年所定之憲法。別定一立法行政之機關。以統治二州爲勸。不獲已。代馬克王乃於千八百六十三年三月三十日。布告各國。使察爾斯鞮尹按歲納貢。以屬於德意志聯合。而以休鏤司味克爲代馬克之一

部蓋冀分沾利益也而不意斯言一出聯合會議之反對益甚謂非代馬克速反前言則我
聯合會中必當興師直搗暢行本旨而後已時代政府固守前言不稍退讓而因而聯合會
議遂於八月一日決意進兵十一月十五日傳鏤逗栗克崩克利司鏘嗣代馬克民與其政
府俱以執行憲法迫彼新君而德意志之征伐急於眉睫矣二州擁君獨立頗有推戴郞塢
司聽孛兒克之議適聯合會議中下令傳索撒喝哪羅爾軍向二州進發代政府聞之亦遣
軍歸休鏤司味克固守時畢士馬克借澳外部鏤希稗兒克之力諫澳政府勿以德意志聯
合之代表自任而以普澳兩國之聯合軍脅代馬克以廢止憲法焉既代政府不允廢止之
請聯軍入休鏤司味克自千八百六十四年一月以至四月連攻三月代軍不支遂購和於倫
敦使割二州以任獨立代政府恃有英吉利之援拒不荅約聯軍怒復圍代都代人懼盟於
城下卒以二州爲普奧所共領時稱之謂千八百六十四年十月三十日之維也納條約云
厥後二州之善後事宜普澳協議直至翌年八月十四日甕司鞮尹之約成始定以鋻爾司
鞮尹歸澳地利統治休留司味克歸普魯士統治其二州南部之一小地名羅英稗兒克者
由普魯士出金向澳地利贖回後然後劃歸普屬而一時之紛擾始定然畢士馬克之不憚

艱苦以軌成此局者要以普之內部機運未熟而特藉此以爲一時之權宜耳試觀其於澳地利之對二州也所有一切權力何等居奇直欲使澳地利不入德意志聯合而德意志國民之聯合亦自得以堅固焉此等苦心固非詳察其普魯士之內情與毘司馬克之外交不足以輕易見也

第三節　普王擴兵備以貫外交之基

澳地利以非德意志民種之領土加入德意志聯合中德意志民恐其因之束縛而不能和戰自由也頗有厭惡之心此第一節已詳言之時普王深知其意而欲別成一聯合團體又以兵力微弱不能如願而因有塢而迷幽枝之約以屈從於澳焉然普魯士之兵力微弱固爲屈從之一大原因而普王傅鏤逗粟克威靈安自德意志國民共舉以爲聯合之首長後雖藉以民權之贊助者相許而無如心折於澳且爲澳相麻滑兒賺勃兒克所操縱致其極意聯合之初志一轉而銷歸烏有而普相孟德伊撫酉兒之外交又遠遜於麻滑兒賺勃兒克惟時以兵力不足爲籍口偸安旦夕無所事事此又屈從之第二原因也千八百五十八年傅鏤逗粟克威靈安病狂不能理委政於王弟威靈安（按王弟威靈安即與毘司馬克共造德意志帝國者當今德皇之先帝也）遂於

是年秋使攝位焉。

威靈安生於千七百九十七年。至千八百十四年拿破崙戰起。躬列戎行。轉戰疆場者四十載。凡普國軍隊。曾無一人不被其指揮者。固天生之將才也。彼普國陸軍之瑕疵。身經閱歷。固勿庸知。如公者。曾不獲第二人。千八百五十年。鳴而迷幽枝之役。普國見屈。大有死事疆域之志。以孟德撫西兒之阻。終以議欵卒事。然其飲恨固未忘也。一旦身膺重任。遂黜老邁釐兵制。誓雪大恥。以鎮邦國焉。

千八百六十一年一月。威靈安即位。罷孟德伊撫西兒相。以溫和改進之流。織成內閣。先是千八百五十九年。意太利多故。普魯士遣軍備邊。而按冊徵調。凡籍隸後備者。率皆年長成家。有仰事俯畜之憂。不能供役。於是知後備之不足恃矣。威靈安改革兵制。遂首以預備兵役期更為四年。（向例豫備兵三年、）使不必徵及後備。而常有四十萬精兵。足供驅策。以免不敷調遣之虞。第其於增多備兵之中。所有一切應加軍費。必由議院協贊。方能餉有所出。而不意議院於釐定軍制之時。雖皆翕然附和。至增加餉項。則率皆反對。千八百六十年議院協商僅於下年分之餉胥元為增加。而於持久之策。仍未計及。所幸更改兵制。王已握有全權。遂將新增各軍。編為聯隊另立一軍。至加費之事。迨千八百六十一年。議院開院。仍未決定。時意大利國民。正在團結堅凝。逐日進步之際。德意志民見之。深以普政府之外交政策未能敏捷為咎。謂自澳地利之舊聯合會議中。欲別成一純粹無疵之德意志國民會議。而卒不能集合者。皆由內閣之不得其人故也。千八百六十三年。下議院於籌加軍費一案。斷然不允。王乃以強硬之略。解散下議院議員。使更成一保守主義之內閣。而以上議院議長呼亨羅為相。當斯時也。政府曾時々干預選舉。以增進保守黨人。而無如民氣所趨。不特不能獲效。且覺被選者。率係急進黨人。此增加軍費之所以終成決裂。而呼亨羅囹之辭職也。既王乃舉畢司馬克為相。

夫畢司馬克者。與卡蒲兒伯同為草莽之英雄者也。當千八百四十八年之際。又皆以自由運動得名。第其不同於卡蒲兒伯者。伯以一意急進。而公則與世相逆。反以保守主義見長。故於伯林及哀而撫兒德會議。均推公為保守黨首領。千八百五十一年。澳地利復集舊聯合會議。以公為普魯士代表。當斯時也。與澳地利官吏相接。適成交結之媒。至其導引德意志國民團結之心。原不如謀其本國利益之心之甚。故於聯合會議時。有排斥澳地利之舉。

六〇 迨威靈安即位。任駐俄全權公使。未幾移駐巴里。至千八百六十二年之秋。擢為總理大臣。兼任外部事焉。

時陸軍大臣羅洪。絕不以議員之可否介意。而惟以更張兵制。在々實踐為事。得毘司馬克以贊成之。遂得措施如意。蓋當時之德意志帝國。令使威靈安毘司馬克羅洪三人毅然決然。不受議員之牽制。不顧清議之譏諷。而但求於民有俾。就令加以違背憲法之名。亦覺不暇分辯。直至功成事遂。然後知其任勞任怨。非人所能。而德意志帝國之組織所由得備也。毘司馬克有言。欲使普魯士之國境與至强之國境相勒。則非多蓄兵力不為功。然此多蓄兵力之事。又豈多數之演說與多數之投票所能決哉。夫亦惟鐵與血以決之耳。觀於此而其行事可知矣。

毘司馬克羅洪嘗以議加軍費事。與下議院議員相衝突。時下議院屢々駁詰。不允其議。而上議院仍以應加決之。下議院憤甚。相譁然曰。上議院議事。不如律。應無庸議。遂置勿問。毘司馬克乃曰。當應加軍費之時。而豫算不為之加焉。時政務將何如哉。夫憲法既無明文。則國王不得不以獨權定之。何則。政府者有執行政務之責者也。以下議院之豫算不能定。

而因而中止其政務焉。是下議院有左右國政之大權矣。然憲法中未嘗以是權與之。則無論其豫算之果決與否。而但依政府於執行政務之時。得以支用一切應需之費之律。是不必俟豫算之決議。而亦可以擴充軍備也。既議期已滿。兩議院之辯難訖未終局。直至翌年開院之時。下議院以政府違憲。引責上奏普王。求免各大臣職。普王拒不使見。反以下議院爲立憲機關之一。不得以一機關而蔑視各種機關。上僭國權。左右國政等語。下詔相責。遂於五月二十六日命閉議院。且連發緊急勅令。以諭新聞雜誌之堅執舊說者。謂凡受政府二次詰誡。而一切議論。仍任己意。則悉遵勅禁止之。此普魯士憲法史中之一大軋轢也。

第四節　毘司馬克之對俄法意三國政策

毘司馬克之爲政也。當增兵於國內之時。即爲畫策於外交之時。故首以澳地利之勢力得俄援之而強。而因欲聯俄以制澳之勢焉。千八百六十三年。適保蘭叛俄。俄人征之。頗爲所苦。毘司馬克乃急要於俄曰。俄普二國之間。設保蘭叛軍有互相繞越之事（謂保蘭叛軍。或被俄逼而入普。或被普逼而入俄。則互相繞越矣。）則當合力攻擊以保平和。既保蘭賴之以靖。而當時之澳地利既失信於列國。復有匈牙利民黨。重與獨立戰爭於內。是其國勢已岌岌可危。宜乎俄之舍澳而求結於普也。

千八百六十五年。毘司馬克復與拿破崙第三會於被牙烈址以結密約惟以口舌相矢不立盟書。如當時之與卡蒲兒伯約等後世無有知其詳者第觀拿破崙之屢向東北拓土而毘司馬克不敢過問則於戰勝澳地利之際或已將辣陰以南許歸法國或第以比利時允爲法有俱未可知先是卡蒲兒死意大利之獨立功虧一簣。而霧藹尼西亞之共和政府復爲澳傾法國援軍已擁立教皇於羅馬矣覺理稗耳基急欲覆之遂於千八百六十二年起義勇兵團於西々里進攻羅馬時意大利王以欲制自由黨之跋扈故急遣官軍止之與覺理稗耳基軍遇於阿司學洛蒙楊互相砰擊傷及覺理稗耳基焉虜之千八百六十四年九月法乃與意約不特意政府不得進攻羅馬即他人有攻之者意亦當以兵力相禦約既定。法軍遂退且有使教皇自設兵備之議至千八百六十五年春毘司馬克始與意相拉瑪兒墨辣議。談判經年迨千八百六十六年三月意始遣大將確泊鏤於伯林使與結攻守同盟之約。四月八日約成。載自簽字之日起改遣德意志之聯合普魯士當於三月內舉兵攻澳屆時意亦當以兵來援直俟告捷之後然後兩國各照約章意自澳收回務藹尼西亞州時爲澳所占普亦得於澳地利疆域中。得等於霧藹尼西亞之領土。此當時之盟約也。按普意之談判。致如是之久者。無他。拉瑪兒墨辣。恐爲毘司馬克所賣耳。何則普得意援。普之能屈澳也固也。特恐澳屈於普而普之願償意則不特不能恢復霧藹尼西亞。且徒見怨於澳。則亦何樂有是戰。夫意之助普。固非助德意志之聯合也。助己之得霧藹尼西亞耳。是故不助普而能得霧藹尼西亞。則意固未嘗有意於普。試觀其於與普協議之時。嘗陰謀於澳曰。澳苟以霧藹尼西亞歸我。則我當以金償之。且分任澳之國債焉。意謀如是。意之志可知矣。特是澳人不允。而意乃不能不遣使於普。殊不知確泊餒之來。毘司馬克已早計及之。故一俟其至而即以三月內舉兵伐澳相約。使非素有成算。何能裕如若是。蓋自千八百六十六年一月以來。休鏤司味克與黎衛斯翹英再亂。普已布告各國。促爲改造聯合之舉。特意之心志未定。致多費時日耳。

第六章　澳普戰爭千八百六十六年

第一節　澳地利普魯士之分爭自千八百六十六年一月至六月十五日

休鏤司味克黎衛司坦尹之民。憾普澳之分其國土也。擬擁郞格司汀孛而克以獨立焉。

普魯士乃遣前相子論德伊撫兒往鎮之。時鄰衛司坦尹亦同時獨立。但澳人不特不爲之禁。且有聲援之意。蓋以冀普魯士之權力。自是不能加於二州。而二州之人民。感澳厚意。庶樂爲澳所保護也。千八百六十六年一月二十三日。鄰衛司粗尹人方於阿爾脫那寺中。爲郞格司汀孛而克上書。且開二州之人民會議。毘司馬克聞之。欲澳帝出爲排觧。澳帝不允。普人怒。遂啓釁焉。三月十六日。澳政府宣告各國。欲以二州事件申請德意志聯合會議々之。而於是普魯士以澳爲背覺司坦尹之條約也。憤之。普魯士王遂決意興師伐澳。以洩斯憤。此蓋一日千秋。毘司馬克所屢求而不得者。而不意慰之於今日也。蓋澳普爭領二州之問題。至是而一變爲改造德意志聯合之問題矣。

當斯時也。普意初盟。普政府遂擬令出使福郞克撫兒德聯合會議之全權大臣。提議於德意志國民選舉議員之時。即開一德意志國民議會。以一變從前之聯合方法焉。議未竟。巴威里請於二國曰。當協議未決以前。二國應暫息戰事。時巴威里固小國中之一大國也。故威允之。而無如澳地利之兵卒。仍陸續向霧諾尼西亞進發。未嘗稍止。普人以澳爲失信也。恨之。遂復事兵革矣。

拉瑪兒墨辣當普意同盟。尙未發字之際。嘗就商於拿破侖焉。時拿破侖雖無禁其與盟之意。而頗欲將意普之事告之澳君。使有所警。既澳帝知之深以爲慮。而因擬將務蕭尼西亞賄意。使意背普特立盟以立於中立之地。五月五日。拿破侖帝告於駐劄巴里之意國使臣曰。使澳果得勝於普。併有希鎭西亞。當此之時。我二國再給同心同德之約。則澳人聞之。當亦願立約平和。而以務蕭尼西亞俾意也。按此其即爲意法兩國中立之條約乎。拉瑪兒墨辣。初聞是言。中心忐忑。頗難自決。夫以不勞一兵而得務蕭尼西亞。誠莫如此時若。但毘司馬克以意普同盟脅澳。其心祇求如願而止。初非實有鬭志。而其對澳之言。頗若以仇澳之事委之意人。意人得毋自疑。既而以外交之上信義爲重。雖涉仇澳之跡。亦不敢計。而惟決意拒澳以從事戰備焉。此拉瑪兒墨辣之所以爲人傑。而意大利之一統。所以能日逐鞏固乎。

拿破侖帝曾亦欲乘此機會以達素志。常使人語於毘司馬克曰。設普能以辣除以南諸地。允屬於法國保護之下。則法當以三十萬兵相助。不意毘司馬克聞言。既不承允。亦不拒絕。而惟以飾詞敷衍之。時則訶若於威鎭安王之頑固。時則謂以比利時地易瑞西之一部。或足爲法國之利益。處與委蛇。曾無實意。既。法使促之急。乃應之曰。此等事件。宜直接君主協議。予固當至巴里晤之也。何用急爲。

五月二十八日。法英俄三國移書各國。欲開歐洲列國公會。以決議休鏤司味克、鏖衛斯鼉尹、及澳意分爭之事。蓋欲就有關全歐之處。一一妥議。以因而改革德意智之聯合制度也。時普魯士意大利領之。獨澳地利不然。謂欲開此會。必先與入會者約。無論何國。均不得議及增長權力。與增加領地之事。然後可以集議。夫此固各國所不能允者。澳地利明知之而故爲之。則其見擯於公會也何疑。乃不意澳地利於移書中復中立各國之時。已要求於聯合會曰。休鏤司味克與鏖衛斯粗尹之事。當就二州集議以決定之。而於是毘司馬克以澳爲毀覺司坦尹之約也。遂命將軍孟脫伊斐攸兒進攻鏖衛斯粗尹。澳軍不能守。退駐於喝吸飛耳。且申訴於聯合會焉。會中議以聯合各國軍隊。繕甲兵以備戰。普使臣聞之。謂德意智之聯合。已成瓦解。遂將普政府所對德意智聯合會之意見。一一申報後。即行退出議場。而澳普之交際。自此決裂矣。時六月十二日也。十五日。毘司馬克復移檄於喝吸飛耳、桑撒、海斯喀司娑衛三君主。以令其國中一切戰備。即日中止。所有組織聯合等事。當悉聽普魯士之主張。三君主不從。普軍遂進據三州以戰。時沿伊瑪兒、美克積孛耳喀。及北方諸小國皆附之。至其餘各國。則附於澳地利焉。此戰之始事也。

第二節　自澳喝彌雅之役以至尼喀而司秤兒克之草約成 按自六月二十六日至七月二十六日也

普魯士以大軍南下。直壓澳地利之澳喝彌雅境。而以小隊駐於北部。以防諸小國之襲焉。六月二十八日喝吹秤耳降王逃於澳地利。未幾海司喀斯塞爾君亦被虜。德意智之北部遂全為普有。索撒知己國之無能為也。乃大啓其首府鏤司鄧門而潛引軍於南以與澳合。時普之大將潑而脫凱方駐師伯林。乃以電信指揮之。使全軍三十五萬人分三隊進攻。各攻一路。而仍相犄角以期進集於藝鈎市。自六月二十六日至二十九日。連戰四朔。澳軍不支遂遁。普三師合於一。三十日。普王從潑而脫凱自伯林發至七月二日抵藝鈎市。入於大營。澳督科飯逗克名將也。伊匈之役卓著戰功。乃自知普之不可敵。曾於七日朔上書澳帝勸教和好。及既敗。秤飯逗克乃收集殘兵。得二十萬人屯於竈嬉克拉址之附近。以冀大固軍心以資邊防。而不意二日之夜。普軍復進攻竈嬉克拉址。天明復戰。澳人大敗。死傷萬二千人。被擒者二萬四千。不能軍。退駐於喇兒泊。並自普軍入境以來方及旬日。而普澳之勝負大定矣。

時意將拉瑪兒墨辣將兵十二萬北入澳。不利。敗於喀司脫阿。其海軍之在阿篤利亞計克海。與澳艦大戰於利薩島傍。亦不利。

澳帝乘意之敗。遣使於那破侖帝。使為澳行成焉。那破侖帝允之。遣普兩國。令即罷兵。時普魯士答以一俟草約議定後。使澳地利果肯允遵我議。則自當休戰。然當時之三軍。固依然進發。距維也納府已不過數里矣

當斯時也。毘司馬克乃要求於澳曰。索撒喝呶羅耳、海司喀斯索爾三王國。宜併入普境。而退澳於德意智聯合之外。使更成一德意智全部（除澳之領地外）之新聯合國。而以普魯士國王為之首。且隱示拿破侖以果能賛成此舉。則即令法蘭西併有比利時地。普亦不敢另生他意。

時拿破侖之意。惟以普魯士為德意智全部之首。似覺非分。故幾經商榷。而終以併入普者。謂僅當在索撒及德意智之北方諸州。澳地利固宜使退處聯合之外。彼應屬於普政之下者。亦不過美陰河以北之國。若美陰河以南。自當別為聯合。第使之有一定條約以與北部

之聯合相通耳。至窩蔄尼西亞。固當使澳地利還之意大利也。議既定。以七月二十六日訂草約於尼確面司孛兒喀。八月二十三日訂正約於孛拉喀。而休鏤司味克與賀爾斯顛非二州。自是全爲普有矣。然當正約簽字之際。拿破侖帝又另擬一條。補諸約章。其言曰。彼休鏤司味克北部。當令該部人民（以其民非德意智種族也）自由投票。定其所屬。如所得票數果爲願屬於代馬克者多。則當歸之於代馬克云。

審是。毘司馬克之處心積慮。所欲淩加於澳地利者。至是已遂。而普魯士之人民。竟得頓增至四百萬口之衆。功亦偉矣。

第三節　澳普戰而拿破侖之外交以敗

普魯士擴張兵備以來。拿破侖第三誤以普之勢力爲斷不至與澳國戰。而遂以二國分爭之局。謂得以平和結之也。而於是以斡旋爲己任。當於二國之間。一意排難。而欲使割澳俾意。割澳俾普。法則以調停之功。求酬於各國間。使各國允以辣陰以南諸國爲我保護。此即澳普戰爭以前。駐劄意國之巴里大使所代爲拿破侖籌者。故其時有窩蔄尼西亞歸意。希鏤西亞歸澳。休鏤司維克與賀爾斯顛非歸普。而以辣陰河岸諸小國集一聯邦。使常屬於法國保護之語也。

既。戰機已迫。拿破侖乃以歐洲權力之所關。揚言於衆曰。今日之事。其源有三。一以普魯士之國境。於地理上位置不協。二以德意智之國民。俱有改造聯合之願。三以意大利之國民。堅持獨立之意。具此三因。以致大變。故欲弭此變者。首宜使普魯士擴張北境。而以霧講尼西亞州還之於意。以德意智聯邦中之二等國。更成一堅强可恃之聯合團體以維持之。則澳地利之於德意智。庶得以永久無虞矣。否則使諸國之中。苟有一偶闢疆土。擴充權力之意存於其間。則我法蘭西以勢力平衡之故。亦當求一得以自補。而何樂而爲此强息干戈之策哉。按拿破侖之語。固屬實事。然使拿破侖帝果欲使一己之意。見諸實効。則當時之毘耶利址之會。固不當與毘司馬克結暗昧之約。而惟在一意牽制意大利耳。使當意澳同盟之際。先要於意曰。意當以法蘭西故。令普魯士立一擔保。則斯鼠之僨。亦意中事。乃不要之於前。而於意普締盟以後。始以已意白之。不知意普既盟。澳之不從已諫。無論何如。法固不能有助普伐澳之機矣。何則。普魯士之心。無論以權力俾法。以領土俾法。苟有可以中傷之處。必從而中傷之。所恨者不得其時耳。今既得雄兵三十萬之意相助。則已無求於法。亦何慮而不中傷之。況乎法欲助澳。而以法所親輔獨立之意。業既許與普盟。亦復何辭以伐之此普所以不虞拿破侖之不處於中立也。夫以歐洲權力之所關。將因此而一變。而際此大事。拿破侖竟不得稍々藉手。而但於意見之所留。空言以表白之。彼一生之失敗不已於此見乎。然使拿破侖當允許意大利與普魯士同盟之時。而即以將來之法蘭西。或酬以權。或酬以地相要。且迫毘司馬克以不得不允。既允矣而復訂一遵守不變之約。則亦何至失敗。乃事已至此。除俟戰爭時何國之領土大闢。權力大增。從而實行干涉之外。實已無可設法。故惟使普魯士乘勝疾驅。進逼首府。與澳爲城下盟。庶普將自恃其勝。以大有要於澳。爲拿破侖或得藉口不平。興師助澳。以與普一決雌雄。未可知耳。

毘司馬克深知其故。且以意軍將校之不和。不能大捷於南。已可概見。而因而不敢過求勝利。但仍借拿破侖之斡旋。重敦和好。斯時之拿破侖。固欲將德意智而二分之也。使在美陰以北者。則皆奉普魯士爲首。加入德意智聯合之內。其在美陰以南諸國。使與北部妥立條約。且明載獨立字樣。以示與北部無與。則南方諸國。既自成一南部德意智之聯合。庶感戴我法人之輔翼。而常願歸附乎。此拿破侖之深意。而不意已成虛想矣。

先是南方諸州。除巴威里、婆典、瓦敦堡、為最強盛外。餘皆彈丸小邑耳。故有割歸意大利之議。當尼確而司孛兒喀草約初締之際普魯士率兵征之南方諸國除婆典不與外餘皆訴之於拿破侖帝以求庇護既拿破侖以南部諸州故。開協會於伯林。且欲使巴威里之一部。拍辣季那及辣陰河以南之海司諾一部。加入法國領土。比司馬克知之。遂將拿破侖之語。告之於巴威里及南方諸政府。且為之說曰。彼等所望以保護之外國君主。其心中固如是也夫普魯士之南方諸州。見制於澳地利者。其相待之嚴。誠屬嚴矣。然猶未至奪彼主權。割為領土也。則何如共排法帝之干涉、以集我同胞君主。而使彼投誠相向。議厥將來乎。蓋以求拿破侖之庇護。不過為苟安旦夕計。固不如國民聯合之為得也。既南方諸政府從之。遂以償金納普。與普政府整理國界。不特一村一邑授受絕無異議。且隱與普魯士訂攻守一致之約。凡與外敵交戰。所有南部各國軍隊。當一例交普王統率。以資捍禦云。此讀外交史者。所以謂外交上之失策。至千八百六十六年拿破侖之所為。為足當龜鑑矣。

第四節　南北德意智之聯合政策

普魯士戰勝以後。國民大悅。供以威靈安王之擴張軍備。為擴充普魯士國權之木。上下一致。無有異言。此當時之與毘司馬克反對者。按毘司馬克不俟下議院之決議、而逕撥支國帑以作陸軍擴張軍備之故、人皆與之反對、所以俄然而滅也、然毘司馬克當豫算未定之前、而撥以己意動支國帑擴充軍備、雖其心在急於自强而與憲法之所載終覺顯爲違背、故其後卒自引咎以全憲法之旨、時普魯士國會題之議以免官定擬。而仍議將毘司馬克之名列入懸賞冊中、以示獎勵云、自是普魯士之國會由急進黨蹶躓之餘。一變而移於自由黨員之手、益以國之內政雖仍取急進主義、若外交與國民政略。固不得不任於與政府合轍者也。

初毘司馬克爲澳地利議和之時。曾與諸小邦約。使共成一新聯合體以禦外侮。洎千八百六十六年十二月十五日。乃實行斯約、以開聯邦會議、其會中議員以國民之一般選舉爲本。至翌年二月七日。北德意智之聯邦憲法以成。

北部德意智之聯合、與南方諸州國法上絕不相關、而惟以國際上之契約。互相協助以理國民事務耳、故其約中所載、大要不外二點、其點維何。曰國防同盟、曰關稅同盟也、夫所謂國防同盟者、聯邦各政府各增軍備、而以普魯士之兵制爲之範、且以其兵爲各軍之中心點、參互錯綜、由某聯貫以成一可戰可守之策、此同盟之後、所以不越四載而得與法蘭西軍一決勝負也。

又所謂關稅同盟者。凡一切商務稅則事宜。南北兩聯邦。通作一國。此往彼來。互相運輸。概不另課關稅而惟運自聯邦諸國外者則當課以保商之稅。然仍須各聯邦輕重一律以昭畫一云云。按此約爲德意智國民協同制度中之最要者。古昔已然。固非自今日始也。特自澳普戰爭以來南北成敵舊約俱廢。至千八百六十七年五月十六日之盟而始得率由舊章耳。

第七章　列國戰律

第一節　柏餒泊公會千八百六十四年八月

自千八百五十九年意大利之獨立戰。至七十年之普法戰。凡十有餘載。其間之各國公會。不知凡幾。茲特就其有關於戰時之國際法者。將其條約與條約之實效。略舉而述之。以明戰時之公法。爲當千八百五十六年巴里之會。曾有海上法四則。爲列國所公允。作爲海戰規例。至陸戰規例則寂焉無聞。從未有議及之者。至千八百五十九年意澳法三國之戰有瑞西善慈家亨理適襲從法軍游於宿兒斐里訥戰場。見夫兩軍兵士負傷至四萬人顛連

六一

痛楚慘憺之狀。目不忍覩。乃筆之於冊以遺各國々民之仁愛者。勸其謀補助之方。救濟之策也。時瑞西之公益協會爲道遜游冊所動。遂以救治傷兵爲已任。道遜復以該會之旨。游說於列國君主貴顯之前。既拿破侖帝。普魯士王。俄羅斯帝。比利時王。皆從公言。遣檄各國政府以開公會協議救護傷兵之策。是會也。如道遜意。一以救護傷兵爲主。使各國志士設立救護協會。以講求救護時之仁愛範圍。並實行仁愛之方法。先是各國臣民。率爲道遜之游說所動。至千八百六十三年十月二十三日。開會於栢餒泊。咸來相會。歐洲各國之代表計共至三十六人之夥。亦云盛矣。時瑞西之公益協會長墨阿尼西兒公。及會員栢甫兒將軍暫攝議長事。遂將協會所議協案。及伯林政府所議方案等。定於月之二十九日重行集會開議。蓋以協會所議者。謂志士協力相助。理宜不存意見。同心救護。與辦理救護事宜。及設立協會之事。伯林政府所議者。謂救護人員。理當公認爲局外中立。無與戰事之人。庶得一心救護。不然。如普魯士者。不特國民之有志者。盡力施救。即身列戎行。曾充交戰時之士卒者。亦嘗以救護傷兵爲已任。使非認爲局外中立之人。兩軍互相保護。不加殺害。不爲捕虜。則戰時之醫務。奮促從事。何以得無遺憾。戰場之傷勇。遺棄遍野。何以得無缺望。此伯林政府之所以有此議也。既。集會之餘。均以協案方案為可。且謂救護人員。固當認為中立。即救護場所。如紮紮所。戰地病院等類。亦當認為中立之地。兩軍望而敬之確訂不加侵害之約。並以白質上畫成赤十字章。以為中立人員。及中立場所之標識。庶使兩軍不致誤犯。然所謂赤十字形者。非別有宗教之關係也。第瑞西國章。以赤質白十字紋為號。故反其色而用之。以作本會原始之紀念耳。按是會也。實為救護傷兵方案之起點。

雖然。是會也。全歐大舉。固不得謂與各國政府絕無關係。然以公會之性質論之。則尚缺焉未備。何則。來會者俱係學士軍人等。以熱心慈惠而來。初非有本國政府之委任也。則即使兼含國命。亦不過為尋常公務員耳。何得竟以全權大使自任。與各國締結國際條約。此當時之決議。所以為列國公允草案。而其正式條約。固不能不重行確訂之也。然此確訂之事。實有不易期者。何則。各國交戰。俱有殺敵致果之意。今以公會故。欲使各抱一仁慈之念。各盡其互相救援之義。彼自由自主之運動。將為斯約所困。而不能任所欲為焉。豈不甚難。所幸拍饒泊以萬國會員自任。遐阿紐兒、拍甫兒、適選帝。既盡力於前。普魯士王、普后、拿破侖帝、及其皇后等。復贊助於後。拍饒泊既公布國書。以通行歐美以招之。法政府復從而為之辭。以促各國政府之公允爲此列國公會所由成。拘束之盟所由定也。按自千八百六十四年八月八日。重會於拍饒泊至二十二日止。遣派全權使臣來會者十有六國。歐美大邦除俄澳外。無有不與約者。審愼周詳。議關出戰軍隊及負傷軍人之事。共成十條。名爲赤十字會條約。即今咸遵守之。其第一條第四條及第六條之末項。指救護之場所言。第二條第三條第六條。指救護之人員言。第五條。使戰地居民。亦得共相補助救護之事。第七條言中立之徽章。其他諸條款。則謂敵軍負傷者。或送之敵軍。或俟其傷痊後放歸本營等事。俄澳二國。當時雖未與約。厥後亦俱加盟。日本以千八百八十六年與盟。及今總計列入赤十字會盟者。共三十有六國。蓋赤十字會條約。不特爲戰時之重要公法。實爲萬國條約中適用最廣之條約也。按日本於明治十九年十一月十五日發敕令內揭一例遵守

第二節　拍饒泊第二公會 千八百六十八年

當千八百六十四年八月二十二日。拍饒泊公會決議之時。正休斯司味克賀衛斯觀平問題初盛。澳普二國聯軍入代馬克之時也。坐是澳人不及與盟。後二年。澳普意三國有變。延及德意智諸聯邦暨意大利三國。國境分地交戰。以六月十六日始至七月二十六日止。此

間之炮火星馳。殺戮慘矣。幸有柏餕泊萬國條約。實地應用。得以獲効。然陸戰之救護。自是以備前海戰規例僅此四條。轉覺猶多遺漏。試思澳意之於利薩。日清之於黃海。俱爲近世不數數覯之事。乃利薩之役。澳艦富愛兒忌灘德馬克司號。與意艦鍍逗意大利號遇。兩艦切近。無可躲避。澳艦乃決意橫衝意艦之腹。以決一死。既意艦被撞。約僅二分鐘時分。全船已沒。其兵士之漂流波浪者。共三百人。雖下此毒手之富愛兒忌灘德馬克司號。亦覺不忍坐視其死。擬令小舟往救。而無如意艦之急於報復者。洶洶不可遏。咸欲向小舟開砲。以洩其憤。小舟懼。不敢前往援救。而意兵遂全然被溺矣。當斯時也。設令各國立有戰律。則此小舟前往援救之時。已處於局外中立之地。如戰時之戰地病院然。得以一心救護。豈不足保全多命。此各國之慈善家。視此慘狀。所以有柏餕泊之約。更推行於海上戰爭之議也。千八百六十八年重開柏餕泊公會。擬令當時與會各員。重當議立法案之任。將千八百六十四年所定之約。詳加增改。既討論之餘。終以千八百六十四年所定條項當悉照原文詳載。惟以應加之陸戰規例五條。海戰規例十條。於原約後追加之名之曰千八百六十四年八月二十二日約中之追加條項。議既定。以所加各欵。有束縛牽制之力。將來海軍舉動。恐爲所拘。故欲定爲國際條約。英政府頗有不欲允從之勢。夫以海上權力最强之英。而不能允則其他各國。雖確遵之。亦何補於實事。此追加條項之所以至今未經簽字也。

第三節　聖彼得堡公會 千八百六十八年

俄帝欲擴充柏餒泊條約之旨。使交戰之時。所有一切軍器。除實能裨益戰事者外。凡徒增兵士苦痛之具。概行禁止。本此旨趣。於千八百六十八年十一月。及是年之十二月。兩開公會於聖彼得堡。雖當時俄帝所議。不過爲好行殘忍者防。並非使銳利器械。一概禁用。但英吉利以立國海島。非如大陸各國。常有大兵屯備。使於此而再設以軍器制限。則於事恐多不利。因不允行。僅以含有爆發性與燃燒性之彈。重量在四百澗拉姆以上者。則禁止燃放而已。然當時之條約。大旨固不僅在禁止此種武器已也。謂當交戰之時。凡一切毒害兵丁之物。設非出於萬不得已。爲克敵所必須之器。則當一例停用。此固大有裨於戰時國際法之進步者。今將本會議決之後。所有各國批行遵照之文。畧譯如左。

惟文明之進步。人世苦痛。概臻輕減。雖危如戰爭。亦當減其苦痛焉。故當兩軍相對之際。爲國家奏功業。祗在行國家應爲之事。與有合於國法者。盡力以弱敵軍之勢而已。先斯意也。但求能奪敵人全軍之勢。故不必於業經不能爲敵人効力者。而因其仍爲敵軍。而復從而增之苦楚。使致之死地。以致出乎交戰之本旨也斯爲得矣。

八〇

日本外務省及外交官官制

第一節　外務省官制

明治元年二月五日。置外國事務局。實日本外交機關分立之嚆矢。翌年七月八日。改爲外務省。即是今日外務省之起原。明治二十六年十月。勅令第二百五十八號。是即今日外務省官制之基礎。以後遂有增修。不過改正局部而已。今將今日外務省官制。錄述如左。

外務省官制

第一條。外務大臣者。施行外國相關之政務。有監督指揮駐劄各國之外交官及領事官等之任。並保護本國商業及人民之在外國者。

第二條。總務局既設有定章之外。所有外國人敘勳以及條約、照會、文書、翻譯、等事。均係外務大臣總其成。

第三條。外務省設官。計專任參事官三人。專任外務大臣處秘書官一人。專任書記官五人。

第四條。外務省置有二局如左。

政務局。

通商局。

第五條。政務局掌外交相關之事務。

第六條。通商局掌通商航海及移民相關之事務。

第七條。外務省置翻譯官四人是係奏任者是爲文書翻譯之助。

第八條。外務省置屬官六十人是爲分理庶事。

策九條。外務省置翻譯官補六十人是爲判任官承上官之指揮備文書翻譯及通辯之事。

第十條。外務省置技手三人承上官之指揮管理電信及營繕事務。

外務省分課規程

第一條。外務大臣官房所掌事務如左。

(一)特命機密事項。

(二)大臣來往親展書信之接受。

第二條　總務局內。分置人事課、文書課、記錄課、會計課、翻譯課、電信課、及取調課等。

第三條　人事課所掌諸務如左。

(一)　外務省所轄諸官吏陞遷等級相關之事項。

(二)　信任狀、解任狀、委任狀、及認可狀、相關之事項。

(三)　外國人之叙勳相關之事項。

(四)　所有各國駐在本國之外交官。及其他外國人之謁見。如何待遇相關之事項。

(五)　外務省所轄諸官吏謁見之事項。

(六)　無稅過關。相關之事項。

(七)　外人謁見相關之事項。

(八)　駐劄本國之各國公使館中。所雇僕人之鑑札。相關之事項。

(九)　外務省留學生相關之事項。

(十)　外交官、領事官、及外務書記生等。試驗相關之事項。

第四條　文書課所掌事務如左。

(一)文書之接受、配付、及發送、相關之事項。
(二)統計、報告、及官報揭載、相關之事項。
(三)管守大臣官印、及省印等、相關之事項。

第五條　記錄課所掌事務如左。
(一)條約書、批准書、國書、及外交文書等保存之事件。
(二)諸文書之編纂、保存、及刊行。
(三)國書之保存、及刊行。
(四)外交要報之編纂、及刊行。

第六條　會計課所掌事務如左。
(一)本省及在外公使館領事館之經費、及諸種收入之豫算、決算、等相關之事項。
(二)本省及在外公使館、領事館、會計、檢査、及金錢出納、相關之事項。
(三)本省所管之官有財產、及物品相關之事項。
(四)本省所屬出納官吏之身元保證金、相關之事項。

(五) 本省傭人之進退及監督相關之事項。

(六) 省中管守相關之事項。

(七) 在外國專管居留地特別會計相關之事項。

第七條 翻譯課所掌事務如左。

(一) 外國文書、翻成本邦文字。

(二) 本邦文書、翻成外國文字。

第八條 電信課所掌事務如左。

(一) 暗號電信之起草及解釋。

(二) 諸電信之接受及發送。

第九條 取調課所掌事務如左。

(一) 調査各局課所掌之事務中、凡與內外法律、及國際法、相關之事項。

(二) 調査前項所揭之外、尙有特命相授之事項。

第十條 政務局所掌事務如左。

(一)外交政務相關之事項。
(二)各般條約相關之事項。
(三)外交官之職務、及權限、相關之事項。
(四)犯罪人引渡相關之事項。
(五)外國人、及外國船艦、在本國、相關之事項。
(六)本局主管之事務、與萬國會議相關之事項。

第十一條　通商局所掌事務如左。

(一)通商航海相關之事項。
(二)通商、航海、條約、領事職務條約、及移民條約、相關之事項。
(三)領事官之職務、及權限、相關之事項。
(四)在外本國人民、及居留地、相關之事項。
(五)領事官管轄區域、相關之事項。
(六)萬國博覽會、共進會、及本局主管之事件、與萬國會議相關之事項。

六

(七) 移民相關之事項。

(八) 旅券相關之事項。

(九) 通商彙編之編纂、及刊行。

第六節　外交官官制。

第一款　官制。

明治三十二年六月勅令第二百八十號

外交官及領事官々制。

第一條、外交官者。特命全權公使、辨理公使、公使館一等書記官。公使館二等書記官。公使館三等書記官及外交官補等官。是也。

第二條、特命全權公使及辨理公使。係勅任官。公使館一等書記官公使館二等書記官。公使館三等書記官。及外交官補。係奏任官。

第三條、領事官者。有總領事、副領事、及領事官補、之別。

第四條、總領事、副領事、及領事官補、係奏任官。

第五條、　不置外交官。可置外交事務官。
外交事務官。領事官可兼。

第六條、　不置領事官。可置貿易事務官。並可置名譽領事。或名譽副領事。
貿易事務官。係奏任者。名譽領事、及名譽副領事。亦以奏任相待。

第七條、　公使館、領事館、及貿易事務館中。皆置書記生。

第八條、　英、德、法、以外之外國語。必需乎通譯。公使館之翻譯官。有一等二等之別。皆係奏任者。

第九條、　英、德、法、以外之外國語。皆需乎通譯。公使館、領事館、貿易事務館中。皆置外務通譯生。是係判任者。

第十條、　外交官、及領事官、一旦解職。或轉爲外務省之官吏。當其未受命之先。是爲待命。
待命之外交官、及領事官、當其居官承職。非逢特別規定之事項。與在職官吏無異。
待命之外交官、及領事官。臨時從事於外務省。則遵在職官吏規定之例可也。

八

待命、五年期滿。可以免官。

待命之外交官、及領事官。能命其休職。

以上規定各項之貿易事務官。及公使館一等通譯官、二等通譯官、皆適用也。

附則。

第十一條、　明治二十八年勅令、第八十二號。及同年勅令第八十七號。自本令施行之日起。前令皆作廢止。

第十二條、　本令施行之際。一等領事。二等領事。不必辭令書之交付。自可赴任。

第二欵　定員。

外交官之定員。有勅令特別之檢定。明治二十六年以來。改正已經三度。現在定員令者。是依明治三十二年六月勅令第二百八十一號之規定。是也。

在外公館職員定員令。

第一條、　外交官、領事官、貿易事務官、公使館一等通譯官、及二等通譯官、外務書記生、及外務通譯生、如左。

特命全權公使、辨理公使、共十六人。
公使館一等書記官、及二等書記官、三等書記官、共三十人。
總領事、副領事、貿易事務官、共三十五人。
公使館一等通譯官、二等通譯官、共七人。
外交官補、領事官補、共三十人。
外務書記生、外務通譯生、共百二十三人。
若外交官兼領事官、又領事官兼外交官、不算入定員內。
第二條、　待命之外交官、及領事官、貿易事務官、公使館一等通譯官、及二等通譯官、共
二十五人。不算入前條定員之內。
其他定員相關之事。猶有二三之規定。
明治二十七年十一月勅令第百八十九號。
戰時事變之際。待命外交官及待命領事官。承外務省及其他官衙之職。皆得支本俸全額。
前項之待命外交官及待命領事官。皆遵在職官吏規定之例。可也。

新書告白

和文漢讀法

全一冊　定價洋兩角　郵費在內

此書最便讀日本文書籍寓東人士深知其益故特印行公世欲購者請函向本編發行所及上海大東門內王氏育材書塾北市拋毬場掃葉山房書坊寄售處購取可也

東語正規

全一冊　定價一元　外埠加郵費一角

此書專爲初學日語者津逮其中分文言俗語長句短句精當便易由淺入深誠學日語者必要之書也寄售處橫濱山下町二百〇一番信箱二百〇二番福和號

國民報告白

本報宗旨以昌世界之公理振國民之精神爲第一要義半月一冊首社說次時論次叢談次紀事次來文次外論次譯編次答問現第二期已出有欲定閱者請函告日本東京小石川區白山御殿町一百十番國民報事務所掛號可也

日本學校章程一覽

此書搜譯日本官私各學校章程其中自大學校高等學校中學校以至小學校幼稚園旁及各種專門學校及師範學校女學校搜羅宏富詳簡得宜凡有教育之責及有志遊學日本者允宜家置一編也不日即可出書

每部價洋五角

政治小說　累卵東洋

全一冊　定價洋二角五分　郵費在內

此書爲日本有名學者大橋乙羽所著近由某君譯出書中皆言印度屈服之慘英國壓制之酷悲壯淋漓激昂慷慨讀之令人熱血坌涌獨立之心油然而起誠我中國前車之鑒也至文筆之婉轉流暢猶其餘事欲購者請函致本編發行所可也

廣告部

各國國民公私權考

全一冊

是書爲日本前文部大臣井上毅君所著專言國民應有之權利及其界限定分並引各國實例爲諸說之可以使權利之觀念劃然分明誠講求政學者參考之良書也不日即可出書每部定價一角五分

新刻譚壯飛先生仁學全書出售

洋紙華裝定價五角郵費在內不折不扣

是書成於丁戌之間時先生服官金陵常至海上得博覽泰西格致學法律學政治學社會學哲學神學數學計學以及聲光化電各種專門名家之書薈萃精英成此鴻寶其腦筋總腦九天總證九淵可謂思想自由之極洵中國二千年以來未有之碩學也鄙人三年以來但聞此書之名惜其秘而不傳今復得之友人之手焚香誦之如讀龍威秘書若蘇子所謂不厭百回讀者其中新理雖西方學子多有未經發明急付棗梨以餉同志異日更當以西字譯之俾文明國見此應知吾國之大有爲也

四合主人謹白

新出 亞細亞東部輿圖

定價洋一元五角 郵稅一角

是書爲河合利喜太郎氏所撰復經那珂通世氏校正東亞形勢瞭如指掌紙張潔白繪刻精良欲購者請即向致本館可也

東京神田區今川小路二丁目一番地

博愛館主人告白

開智錄

此書爲橫濱開智會之會報文筆明顯議論精新主旨皆實閱看誠開民智慧之書也每月兩期寄售每冊一角五分定一月者二角五分外埠郵費另計價銀先付欲購者請向橫濱清議報館及清議報代派處購取

開智會告白

東來書莊

專售東西各種書籍地圖學堂用品向在蘇州胥門內廟堂巷今移至養育巷北女冠子橋堍特告白

近世名家手簡

是書均日本名人手筆搜羅廣博刷印精良有志書法者允宜家置一編誠案頭佳品也欲講者請函致本屋自當照寄不悞

東京日本橋區通三丁目
丸屋書屋告白

代售各書告白

○譯林　每月一冊每冊一角二分

○勵學彙編　每月一冊每冊一角五分

明治三十四年七月十三日印刷
明治三十四年七月十四日發行

編輯兼發行者　東京芝區愛宕下町四丁目八番地　坂崎斌

發行所　東京牛込區喜久井町二十番地　譯書彙編發行所

仝　東京本鄉區丸山新町十九番地　譯書彙編發行所

本編代派所

上海新北門外　中西書室
上海北市拋球場　廣學會
上海三馬路望平街　中外日報館
蘇州廟堂巷　東來書莊
蘇州元妙觀前東首　開智書室
杭州城內銀洞橋　譯林
無錫崇安寺　三等學堂
蕪湖[illegible][illegible]觀南岸　晉康煤炭公司
江西馬王廟背後　賦梅山房主人
香港荷理活道　聚文閣
香港上環海旁　和昌隆
香港文武廟直街　文裕堂
新加坡衣箱街　天南新報館
東京神田區表神保町　東京堂
東京神田區今川小路二丁目一番地　博愛館
大坂川口三十二番　鎰源號
神戶榮町三丁目　中外合衆保險公司
臺灣臺北府大稻埕六館街廿一番戶　良德行

本編告白

本編出書以來承內外同志提攜推廣無任銘感惟本編每月出書同人綿力向無存欵全仗收回書價以資接濟尚希各同志及各代派處早日將欵收齊見付俾得源源不絕是爲至禱

明治三十四年一月廿八日第三種郵便物認可
譯書彙編第五期　明治三十四年六月三日發行

東京出來活版所印行